普通高等教育"十四五"公共基础课系列教材

普通心理学

PUTONG XINLIXUE

刘佳 陈克宏 主编

西安交通大学出版社
XI'AN JIAOTONG UNIVERSITY PRESS

内容提要

本书是普通高等学校教学改革重点课程的实验研究成果,编著的宗旨是:紧扣大学生培养目标,突出能力的培养。即通过对心理科学最基本知识的讲授,让大学生掌握并运用这些知识去从事未来的工作,知道怎样去完善自己的心理品质,从而提高其心理素养。

本书既可作为高等学校公共必修课《心理学》的教材,也可供对心理学感兴趣的读者和相关从业者阅读与参考。

图书在版编目(CIP)数据

普通心理学/刘佳,陈克宏主编.—西安:西安交通大学出版社,2014.8(2024.3 重印)
 ISBN 978-7-5605-6412-8

Ⅰ.①普… Ⅱ.①刘… ②陈… Ⅲ.①普通心理学 Ⅳ.①B84

中国版本图书馆 CIP 数据核字(2014)第 144146 号

书　　名	普通心理学
主　　编	刘　佳　陈克宏
责任编辑	李逢国
出版发行	西安交通大学出版社 (西安市兴庆南路 1 号　邮政编码 710048)
网　　址	http://www.xjtupress.com
电　　话	(029)82668357　82667874(市场营销中心) (029)82668315(总编办)
传　　真	(029)82668280
印　　刷	陕西奇彩印务有限责任公司
开　　本	787mm×1092mm　1/16　印张 13.25　字数 318 千字
版次印次	2014 年 8 月第 1 版　2024 年 3 月第 12 次印刷
书　　号	ISBN 978-7-5605-6412-8
定　　价	49.00 元

如发现印装质量问题,请与本社市场营销中心联系。
订购热线:(029)82665248　(029)82667874
投稿热线:(029)82668133　(029)82665375
读者信箱:xj_rwjg@126.com

版权所有　侵权必究

前言
Foreword

现代社会,心理学越来越受到人们的关注,心理科学发展十分迅速,新的研究成果大量地涌现。本书结合心理科学发展的最新前沿成果,注重心理学在实际生活、学习中的应用,这也是我们编写本书的初衷和目的。

本书是普通高等学校教学改革重点课程的实验研究成果,编著的宗旨是:紧扣大学生的培养目标,突出能力的培养。即通过对心理科学基本知识的讲授,让大学生掌握并运用这些知识去从事未来的工作,知道怎样去完善自己的心理品质,从而提高自我的心理素养。

在编写形式上各章以学习目标、主要概念、案例展示、正文、练习、拓展性阅读推荐等依次排列,力求新颖,富于启发。参加本书的编写人员有:刘佳(第一章、第三章三、四、五节、第六章),陈克宏(第九章),卢凤(第二章、第十一章),王强(第四章),胡林成(第五章、第七章),赵敏(第八章),王昕亮(第十章),蔡俊(第十二章),孙社明(第三章一、二节),本书由刘佳、陈克宏担任主编并对各章进行修改、整合。

本书在编写过程中引用了国内外的大量研究成果,还得到谭顶良、傅宏、侯春在、刁维国等国内知名心理学家和同行专家的大力支持,他们为本书提出许多宝贵的建设性意见。本书既可作为高等学校公共必修课《心理学》的教材,也可供相关从业人员阅读与参考。

编写时我们虽力求做到科学性、先进性、实用性、新颖性,但限于编著者水平,一定存有许多不足之处,敬请读者提出宝贵意见,以便今后修订。

编者
2014 年 6 月

目录

第一章 绪论 (1)
- 第一节 心理学的研究对象 (1)
- 第二节 心理学的发展 (8)
- 第三节 心理学的研究方法 (13)

第二章 人的心理实质 (18)
- 第一节 心理是脑的机能 (18)
- 第二节 心理是客观现实的反映 (23)

第三章 意识与注意 (28)
- 第一节 意识概述 (28)
- 第二节 注意概述 (31)
- 第三节 注意的种类 (33)
- 第四节 注意的品质 (37)
- 第五节 青少年注意的特点及其培养 (43)

第四章 感觉和知觉 (50)
- 第一节 感觉和知觉 (50)
- 第二节 感觉与知觉的基本规律 (60)
- 第三节 观察与教育 (67)

第五章 记忆 (72)
- 第一节 记忆概述 (72)
- 第二节 记忆种类 (74)
- 第三节 记忆规律在学习中的应用 (77)

第六章 思维与问题解决 (82)
- 第一节 思维概述 (82)
- 第二节 思维的过程及品质 (87)
- 第三节 概念概述 (92)
- 第四节 问题解决及其影响因素 (94)
- 第五节 创造性思维 (101)

第七章 表象与想象 (107)
- 第一节 表象 (107)
- 第二节 想象 (110)

第八章 情绪和情感 (117)
- 第一节 情绪和情感概述 (117)

第二节　情绪和情感的基本分类……………………………………………………(123)
　　第三节　情绪和情感的调控与情商……………………………………………………(126)
第九章　意志……………………………………………………………………………………(133)
　　第一节　意志概述………………………………………………………………………(133)
　　第二节　意志行动的心理过程…………………………………………………………(135)
　　第三节　意志品质及其培养……………………………………………………………(139)
第十章　个性及其倾向性………………………………………………………………………(144)
　　第一节　个性……………………………………………………………………………(144)
　　第二节　需要……………………………………………………………………………(150)
　　第三节　动机……………………………………………………………………………(153)
　　第四节　兴趣……………………………………………………………………………(156)
　　第五节　价值观…………………………………………………………………………(158)
第十一章　个性心理特征………………………………………………………………………(163)
　　第一节　能力……………………………………………………………………………(163)
　　第二节　气质……………………………………………………………………………(167)
　　第三节　性格……………………………………………………………………………(170)
第十二章　学习过程中的心理问题……………………………………………………………(178)
　　第一节　学习概述………………………………………………………………………(178)
　　第二节　学习动机………………………………………………………………………(181)
　　第三节　学习迁移………………………………………………………………………(189)
　　第四节　学习策略与学习方法…………………………………………………………(194)

第一章 绪 论

学习目标

1. 了解心理学的发展历史和主要流派
2. 理解心理学的内涵与价值,明确心理学研究的内容与基本范畴
3. 掌握心理学研究的原则和基本方法,并能初步运用心理学研究方法解释一些心理现象

主要概念

心理学　心理现象　心理学流派　心理研究方法

第一节　心理学的研究对象

 案例展示

罗森塔尔效应

1963年,罗森塔尔和福德告诉学生实验者,用来进行迷津实验的老鼠来自不同的种系:聪明鼠和笨拙鼠。实际上,老鼠来自同一种群。但是,实验结果却得出了聪明鼠比笨拙鼠犯错误更少的结论,而且这种差异具有统计显著性。通过对学生实验者测试老鼠时的行为进行观察,并没发现欺骗或做了其他使结果歪曲的事情。似乎可以推断,拿到聪明鼠的学生比那些拿到笨拙鼠的学生更能鼓励老鼠去通过迷宫。也许这影响了实验的结果,因为实验者对待两组老鼠的方式不同。

"罗森塔尔效应"产生于美国著名心理学家罗森塔尔的一次有名的实验中:他和助手来到一所小学,声称要进行一个"未来发展趋势测验",并煞有介事地以赞赏的口吻,将一份"最有发展前途者"的名单交给了校长和相关教师,叮嘱他们务必要保密,以免影响实验的正确性。其实他撒了一个"权威性谎言",因为名单上的学生根本就是随机挑选出来的。8个月后,奇迹出现了,凡是上了名单的学生,个个成绩都有了较大的进步,且各方面都很优秀。

罗森塔尔的"权威性谎言"发生了作用,因为这个谎言对教师产生了暗示作用,左右了教师对名单上学生的能力的评价;而教师又将自己的这一心理活动通过情绪、语言和行为传染给了学生,使他们强烈地感受到来自教师的热爱和期望,变得更加自尊、自信和自强,从而使他们在各方面得到了异乎寻常的进步。

在这里,教师对这部分学生的期待是真诚的、发自内心的,因为他们受到了权威者的影响,坚信这部分学生就是最有发展潜力的。也正因如此,教师的一言一行都难以隐藏对这些学生

的信任与期待,而这种"真诚的期待"是学生能够感受到的。

由此可见,心理学对学生的影响是巨大的,学习心理学对今后工作是大有好处的。

我们生存的世界存在两种现象:物质现象和精神现象。人们对物质现象比如日月山川、四季更替以及自己的身体状况等有比较清楚的认识,而对精神现象比如人的心理则有许多不够科学的看法,尤其涉及与自己的气质、能力和性格相关的方面,或多或少就会有些偏见和误解,认为心理学是一种玄妙的、深奥的、带有神秘色彩的学问,甚至有些人还抗拒学过心理学的人,认为学过心理学的人能看穿他们的内心所想,也有人认为心理学和占卜算命是一个类型的,可以预测人的祸福,当然,这是完全不正确也是不可能的。

作为研究人类自身的一门科学,心理学致力于研究人的精神活动的基本形式和机制。心理学的英文名称"psychology"源于希腊文,意思是"灵魂的学问",最初的研究对象是人的灵魂。随着科学的发展,心理学的研究对象逐渐抛弃了原来虚幻的灵魂,转为人的心灵"mind"。由于当时对人的心灵的研究被包含在哲学研究中,因此心理学一直隶属于哲学,被称为心灵哲学。直到19世纪中叶,随着人类认识客观世界的能力的增强和知识经验的增长,特别是生理学的发展,心理学开始走向独立发展的道路。1879年德国哲学家和心理学家冯特在莱比锡大学建立了世界上第一个心理学实验室,从此心理学从哲学中分化出来而成为一门独立的科学。

现代心理学是研究人的心理现象及其发生、发展规律的科学。

一、心理学研究对象

科学研究是人类追求真理的活动,科学研究的目的是为了发现现实世界中事物间固有的规律。心理学是研究人的心理现象的科学。现代心理学把人的心理现象看成一个复杂的系统,对心理系统的描述可以有不同的角度。大多数心理学家都采取把心理现象划分为心理过程、个性和心理状态三大范畴的做法。

(一)心理过程

人的心理是一种变化的动态过程,表现为"人在与世界的某种形式的相互作用下心理活动变化的顺序性"。心理过程一般分为认知过程、情绪过程和意志过程三个方面。

1. 认识过程

认识过程是指人由表及里、由现象到本质地反映客观事物的特性与联系的心理活动。人的认识过程包括对客观事物的感觉、知觉、记忆、思维和想象等过程。

人对客观事物的认识始于感觉和知觉。感觉是人脑对作用于感觉器官的客观事物个别属性的反映,通过感觉,我们了解到事物的个别特征,接收到客观事物的某些外部属性,比如事物的颜色、硬度、大小、气味等。知觉是人脑对直接作用于感觉器官的客观事物的整体属性的反映,例如对大海、鲜花、图画等事物的认识。知觉是在感觉的基础上形成的,但不是感觉的简单、机械相加。在知觉中,人的知识经验起着重要作用。

人脑对事物的感知印象可以被保留在头脑中,并在适当的时候再现出来,这就是记忆。在感觉、知觉的基础上,通过加工、改造、组织头脑中储存的事物映象而创造新形象的过程,这就是想象。想象可以使我们超越直接感知的范围去认识事物。例如,我们可以通过《西游记》中对唐僧、孙悟空、猪悟能、沙悟净等的描述,在头脑中呈现师徒四人牵着白龙马去西天取经的景象。

客观现实中许多事物、现象引发人的思考,个体运用已有的知识与经验间接地、概括地反映客观事物,揭示事物本质特征与内在联系,解决所面临实际问题的心理活动就是思维。例如,通过探寻各种鸟的共同点,概括出鸟的本质特征是"有羽毛";"朝霞不出门,晚霞行千里",都是属于思维活动。思维是认识过程的高级阶段,是对事物本质的认识和事物发展变化规律的理解。

2. 情绪过程

人在认识过程的基础上,会对人、对己、对事、对物抱有一定的态度(接受、拒绝等)并在内心产生相应的体验(高兴、不满意、愉悦、厌恶等),这种体验是和情绪密切相关的,称为情绪过程。每个人都有自己的情绪世界,而这情绪世界就是由喜、怒、哀、惧以及道德感、美感、理智感等多种情绪和情感过程构成的。

3. 意志过程

人自觉确定目的,有意识地组织、调节行为,并按主观意愿排除障碍和克服困难的心理过程叫做意志。有时,你面对错综复杂的情况,必须当机立断;有时,你面对重重阻力,必须排除;有时你面对强烈诱惑,必须竭力克制。这些心理现象,都是意志过程的表现。意志过程只有人类才具备,是人的主体性的心理表现。

在现实生活中,认识过程与情绪、意志过程之间相互联系、相互作用而构成有机的心理活动过程。人的认识过程是人的情绪情感和意志过程的基础,没有人的认识过程,人既不会产生喜怒哀惧的情绪,也不可能有自觉的、坚强的意志。情绪情感和意志又反作用于认识过程,没有人的情绪活动的推动或缺乏坚强的意志,人的认识活动就不可能发展和深入。可见,人的认识过程和意志过程中总是伴随着一定的情绪情感活动,意志过程又总是以一定的认识活动为前提,而人的情绪情感和意志活动又促进了人的认识的发展。

人的认识过程和情绪过程都有其发生、发展及其变化的过程,研究人的心理过程发生发展的规律性是心理学研究的对象之一。

(二)个性

心理过程总是在具体个人身上进行。由于受遗传、教育、职业活动和其他因素的影响,人的心理会形成各不相同的特点,所谓"人心不同,各如其面",指的就是人的个性。个性是指一个人的整个心理面貌,它是个人心理活动的稳定的心理倾向和心理特征的总和。个性的心理结构主要包括个性倾向性和个性心理特征两个方面。

1. 个性倾向性

个性倾向性是一种内在的决定着人对事物的态度和行为的动力系统,主要包括需要、兴趣、动机、价值观、理想和世界观。需要是人在生理上和心理上的某种不平衡状态,是引起一个人进行活动的基本原因,人是需要者。每个人都有自己的需要,如生存的需要、发展的需要、爱的需要、安全的需要、尊重的需要等。人也是行动者,行动由动机推动。人还是价值观的持有者,人们根据自己的价值观来权衡事物的主次、轻重与是非。价值观不同,足以使人们的个性倾向性和行为表现大异其趣。因此,需要是心理活动的基础和行为的积极性源泉,动机是心理活动的推动力,世界观是个体意识倾向系统的最高调控者。

人的个性倾向性是在社会实践中形成、发展和变化的。它反映了人与客观现实的相互关系,也反映了一个人的生活经历。当一个人的个性倾向性成为一种稳定而概括的心理特点时,就构成了一个人的个性心理特征。

2. 个性心理特征

个性心理特征是指一个人身上经常地、稳定地表现出来的心理特点，主要包括能力、气质和性格，它们是心理学研究的另一个对象。个性心理特征是多种心理特征的独特组合，集中反映了一个人的心理面貌的类型差异。例如，有人热情大方，有人冷漠无情，有人自信从容，有人自卑怯懦，这是人们在性格上的差异；有人擅长文学，有人擅长绘画，有人早慧，有人大器晚成，则是人们在智力和能力发展上的差异；有人郁郁寡欢，有人激情昂扬，则是人们在气质上的差异。正是人们在能力、气质和性格方面的这些特点与差异，使得不同个体的心理活动得以区别，并形成千姿百态的个性心理生活与精神风貌。

(三) 心理状态

心理状态是心理活动在一段时间内出现的相对稳定的持续状态。它既具有心理过程的暂时性、可变性的特点，又具有个性的持久性、稳定性的特点。但心理状态不像心理过程那样短暂可变，也不像个性那样持久稳定。所以心理学把心理状态看做介于这二者之间的中间状态。

人的心理活动和行为表现都是在一定的心理状态的基础上出现的，从这个意义上说，心理状态是心理活动和行为表现的心理背景，你要真正理解一个人的心理活动和行为表现，是必须要了解他此刻的心理状态的。学生学习、工人生产、士兵打仗、球员比赛等，其成效如何，都与心理状态有关。

一般而言，人的自觉的、清晰反映客观现实的心理活动，是以注意状态为基础并由注意状态伴随的。注意是一种比较积极、紧张的心理状态，是意识活动的基本特征。心理状态除了作为心理活动的背景和效应而存在外，它本身又是心理活动存在的直接形态。如表现在认知方面的聚精会神或是漫不经心，表现在情绪方面的应激、心境或激情状态，表现在意志方面的朦胧模糊或是动机状态等，都是人在心理活动中表现出的不同心理状态。

总之，心理过程、个性和心理状态三者是相互联系、相互影响、相互依存的关系，不能把它们割裂开来，在了解一个人的心理全貌时，必须把三者结合起来进行考察。具体地说，心理学是研究人的心理现象及其发生、发展规律的科学。

二、心理学的任务

一切科学都肩负着为人类造福的任务，心理学也不例外。人类认识世界和改造世界的实践活动，都是在人的心理活动的参与下进行的，也都是在人的心理调节指导下完成的。心理学主要探索环境因素、生理因素和心理因素的变化对人的心理活动是如何影响的。具体说来有以下四项基本任务。

(一) 描述

心理学首先应该做的工作是描述，即对心理事实用科学语言予以叙述，以便人们认识它。一般来说，人的心理活动的本质和发展规律不能被揭露，就不能被理解和控制，有时甚至会被看成是任意发生的、主观自决的、不受因果规律支配的。因此，心理学大量的工作是测量、描述和揭露人的行为以及心理如何调节和控制人的活动的规律性。

(二) 解释

人的心理活动和行为表现是世界上最复杂的现象，要理解人的心理和行为并不容易，由于人的行为后面有可能存在某种心理原因，因此对已知的心理事实进行分析，找出因果关系，这是心理学研究所承担的第二项基本任务。人的心理的产生、发展和变化,包括某种特定性格的形成和改变,都必定依存于一定的条件。找出这些依存条件及其内在的关系和联系,才能对心理现象的所以然给予科学的解释。心理原因有些是暂时的,有些则是稳定的个性使然,有些是单一的因果关系,有些则是多种因素相互作用形成同一结果的关系。这些都需要具体分析和解释。

(三)预测

预测是科学研究的基本目的之一,根据心理现象的因果制约性、规律性,对人的心理进行预测,这是心理学的另一项基本任务。心理学不是算命学,但心理学能够运用科学分析手段,在一定程度上预知个体心理和群体心理的发展趋势,表现特点等。当然,要进行科学正确的预测,必须建立在准确测量和正确描述的基础上。

(四)控制

研究心理是为了有效地控制人的心理,使之利于社会、群体和个人的健全发展。这是心理学的根本任务。控制的目的是引导个体的心理与行为朝着目标所规定的方向变化,或者对异常心理与行为进行矫正。无论是对心理素质的养成或是对异常行为的矫正,心理学的原理与行为矫正技术,都能够比较有效地调节与控制人的心理活动与行为的产生。

三、心理学的分类

心理学的性质颇为独特,它既不是纯粹的自然科学,也不是纯粹的社会科学,而是介于自然科学和社会科学之间的跨界科学。当代心理学的发展,在理论上已经形成了作为一门科学的独立体系,在应用上已经与社会各个实践领域建立了广泛联系,形成了许多心理学分支学科,每个分支都有自己特定的研究对象、任务和意义。一般把心理学大致划分为两大领域:心理学的基础理论领域和心理学的应用领域。

(一)理论心理学

1. 普通心理学

研究心理学的基本理论,阐述正常成年人的心理现象一般规律的科学,是心理学中最基本、最重要的基础性研究。普通心理学所研究的内容涉及人的心理活动过程发生、发展和个性心理形成、发展与变化的一般理论和规律,以及心理学研究的基本原则和具体的研究方法。随着科学心理学的发展,普通心理学中既包括已经定论、为科学实践所证实的心理学理论和规律,也包括了具有重大影响的心理学学说和学派,以及处于科学发展前沿的新发现和新成果。

2. 发展心理学

研究个体生命全过程中心理发展的规律以及如何促进心理发展的规律。发展心理学的研究课题,主要有两大类——个体心理发展的基本规律和心理发展的年龄特征。发展心理学可分为广义和狭义两类:广义的发展心理学是探索人类心理发展的基本理论和心理发生、发展过程或阶段中的各种心理特点和规律。狭义的发展心理学则指儿童心理学,主要探讨儿童各个发展阶段的心理特点和儿童心理发展的过程和规律性。

3. 认知心理学

用信息加工的观点,研究认知过程的规律。所谓认知过程,在认知心理学是指人对知识予以接受、编码、操作、提取和利用的过程。认知心理学力求通过揭示人如何获得和利用知识的机制来研究人类认识活动的规律性。

4. 实验心理学

研究心理学领域内实验研究的原理、方法、技术、仪器装置和数据处理等问题。它是以实验的方法研究心理现象与心理规律的。强调实验条件的严格控制是它的显著特点。由于在心理学研究中采用了科学的实验方法，才有了对人的心理现象进行客观研究的手段，从对心理现象的一般推论进入到具体心理过程及其物质基础的分析研究，从而深入地揭示出各种心理活动的规律性。

5. 变态心理学

变态心理学是研究个体行为异常的类别表现及发生、发展的原因和规律的科学。变态心理学所探究的主要问题有：行为异常的实质、正常和异常行为的区别以及行为异常的分类和表现特点等，从而建立阐述行为异常的系统的心理学理论，并作为心理诊断和心理治疗的理论依据。

6. 社会心理学

社会心理学是研究社会心理现象产生、发展、变化的条件和规律。其研究内容包括群体共同的心理现象，如舆论、风气、时尚、风俗等，也包括个体在群体影响下产生的各种心理现象，如社会动机、社会认知、社会态度等。社会心理学也研究社会发展与心理发展的相互关系。

7. 人格心理学

人格心理学研究人格（个性）形成、发展、变化的规律。具体涉及性格、气质和自我意识等内容。人格心理学以人的性格、气质、能力和个性倾向性等个性心理为研究对象，揭示一个人心理活动的独特性。

8. 生理心理学

生理心理学研究心理现象的生理机制，藉以揭示脑产生心理现象的物质过程。生理心理学建立在现代脑科学研究成果及现代技术方法的基础，这一分支涉及较多的生理系统是神经系统及内分泌系统，研究较多的生理机制是本能行为、睡眠、情绪、动机、记忆、感知和学习等心理活动的机制。其研究领域与生理学、遗传学、医药学等多有交叉。

9. 比较心理学

比较心理学研究动物心理变化发展的原理并与人类心理相比较。动物的学习、智力、游戏、表情动作和社会行为等是比较心理学关心的课题。

（二）应用心理学

1. 教育心理学

教育心理学研究学校教育过程中的各种心理现象及其发展变化的规律，着重揭示受教育者在学校教育的特定条件下形成道德品质、养成行为习惯、掌握知识技能、发展智慧和个性的一般规律及有效方法。

2. 工业心理学

工业心理学包括工程心理学和管理心理学。工程心理学研究现代工业中人与机器的关系，例如工程设计中使设备适应人体的活动特点，减少疲劳，增加安全感与舒适度，使工作效率提高。管理心理学主要内容是研究领导与管理风格，以及在管理活动中，如何提高与激励员工的工作积极性和潜能的发挥、工作效率和经济效益与社会效益的提高等。

3. 消费心理学

消费心理学研究消费活动中的各种心理现象及规律。内容涉及消费者的心理、营销者的心理、市场心理、消费决策、消费动机、广告宣传等方面。

4. 心理测量学

心理测量学研究如何对人的心理进行科学测量的问题。心理测验的理论与心理测验的编制方法是心理测量学的基本课题。心理测量学可以分为理论和实践两个部分。理论部分研究被测验者对心理测验作出反应的数学模型,实践部分探讨这些模型的应用和制定心理测验资料的分析程序。

5. 医学心理学

医学心理学研究疾病的预防、诊断、治疗和护理中的心理学问题,探讨人类健康与疾病相互转化过程中的心理现象与规律。心理因素的作用、心理技术的应用是医学心理学中研究的比较多的问题。

6. 犯罪心理学

犯罪心理学研究人们在法律活动中的心理现象与心理规律。犯罪心理学有狭义和广义之说,犯罪心理学的研究对象亦有狭义和广义之分。

狭义的犯罪心理学的研究对象是犯罪人即犯罪主体的心理和行为,就是说犯罪心理和犯罪是其研究对象。犯罪主体的心理包括其心理过程和个性心理、犯罪心理结构形成的原因和过程、犯罪心理外化为犯罪行为的机理、犯罪过程中的心理活动、犯罪心理发展变化的规律以及怎样对犯罪心理结构施加影响和加以教育改造等。简单地说,它只研究犯罪人的个性缺陷及有关的心理学问题。

广义的犯罪心理学的研究对象,除包括狭义的犯罪心理学的研究对象之外,还包括以下内容:犯罪对策中的心理学问题,如预防犯罪、惩治犯罪以及教育改造罪犯的心理学问题;有犯罪倾向(即尚未实施犯罪行为)的人的心理和刑满释放人员的心理;被害者心理、证人心理、侦查心理、审讯心理、审判心理以及犯罪的心理预测等。简单地说,广义的犯罪心理学既研究犯罪人的心理和行为,又研究与犯罪作斗争的对策心理学部分,即被认为是司法心理学的有关内容。

7. 艺术心理学

艺术心理学研究艺术创作和艺术欣赏中的心理现象与规律。内容分为创作心理研究、欣赏心理研究、作品心理研究三部分。重点研究艺术创作的主体在艺术创作中所显示的心理动力、心理历程、心理特点以及制约其创作的社会——文化——心理因素。

8. 咨询心理学

咨询心理学是研究心理咨询的过程、原则、技巧和方法的心理学分支。它是运用心理学的理论指导生活实践的一个重要领域,具有明显的实用性和多学科交叉性,属于应用科学。咨询心理学的业务范围与基本职能的内容广泛,它不仅与教育心理学、社会心理学、发展心理学和医学心理学关系密切,而且与教育学、社会学、文化人类学、医学相互交叉。它为解决人们在学习、工作、生活、保健和防治疾病方面出现的心理问题(心理危机、心理负荷等)提供有关的理论指导和实践依据,使人们的认识、情感、态度与行为有所改变,以达到更好地适应社会、环境与家庭,增进身心健康的目的。

当然,现代心理学的基础理论和应用领域方面并不仅限于以上所列的这些学科。事实上,随着心理科学的发展,不断涌现出新的心理学学科,比如航空心理学、跨文化心理学等,在这里就不再一一列举。

第二节 心理学的发展

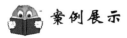 案例展示

"催眠术"的由来

催眠术起源于18世纪,最初带有欺骗性质,被称为"江湖魔术"。当时德国医生弗朗茨·梅斯梅尔博士发明了一种神奇的疗法,可以治愈各种无法解释的怪病。在昏暗的灯光和虚无缥缈的音乐中,他向病人灌输一种只有他可以控制的看不见的"催眠气流"。这样经过催眠之后,病人就会痊愈了。尽管最终证明梅斯梅尔博士所言并非全部属实,然而他是第一个发现思想可以控制和影响身体的人。英国眼科医生詹姆斯·布莱德博士在治疗实践中采用了这个发现,1842年他根据希腊语的"睡眠"一词发明了英文单词"催眠"。19世纪,印度医生成功地运用催眠术作为麻醉剂,甚至用于截肢手术,直到发现麻醉用的乙醚后,这种做法才被弃之不用。

总体来说,催眠术在19世纪曾引起研究的热潮,包括精神分析学派的创始人弗洛伊德也曾深受催眠术的影响。但进入20世纪后的前三十年间,人们对此的研究被冷落下去。它在治疗精神病方面受到了一些重视与应用,并取得了一些成功。相对而言,在一战期间,这种治疗方法还只受到少数人的重视,但到了二战期间,它已受到了广泛的注意,在治疗由战争带来的身心疾病中发挥了巨大的作用。20世纪后期,实验心理学家们的介入,使得对催眠术的研究与探索进入了一个新的层次,英国、美国医生催眠家协会陆续建立,并出版了各自的科学杂志。

德国心理学家艾宾浩斯曾说过"心理学有一个漫长的过去,但只有短暂的历史"。心理学的酝酿历史长达两千年以上,但作为一门科学诞生却是以1879年为界。

一、科学心理学的发展

在心理学的发展过程中,有人把哲学比喻是心理学的父亲,把生理学比喻是心理学的母亲,把生物学比喻是心理学的媒人。

在哲学方面,对心理学发展影响最大的哲学家是古希腊的亚里士多德、法国的笛卡尔和英国的洛克。在亚里士多德的著作中,讨论了人的本性、人类经验的由来,以及感知与记忆的功能等。17世纪中期,法国哲学家笛卡尔有两个观点对于心理学的发展产生了重要影响:第一,他提出了"反射"概念来解释动物的行为和人的某些无意识的简单行为;第二,他把统一、完整的心理与人体分开而陷入二元论。笛卡尔关于身心关系的思想推动了当时对动物和人体解剖学及生理学的研究,他的反射的概念等思想对心理学有着深刻的影响。洛克被认为是经验主义的奠基人。他认为人的心灵最初就像一张白纸,没有任何观念,没有善恶之分,一切改变均来自后天的经验。他们的哲学思想对心理学的诞生具有重要影响。

在生物学方面,19世纪英国生物学家达尔文在他的划时代著作《物种起源》中提出了"物竞天择,适者生存"的进化论思想,使遗传、环境、个别差异和适应等成为心理学研究的主题。

在生理学方面,19世纪中叶,德国三大生理学家缪勒、赫尔霍姆茨和费希纳的研究,对心理学产生了巨大的影响。缪勒主张大脑功能是分区专司的,人对外界刺激的感觉与辨别,依赖于不同神经传导所发生的特殊能量。赫尔霍姆茨认为,在人类的视觉神经系统中,存在着感受红、绿、蓝三种不同光波的感受器,并用听觉共鸣原理解释人的听觉现象。费希纳通过不断实验研究,建立了心物之间计量的关系以及心理物理学方法。德国学者韦伯通过有系统地变化刺激的强度来观察个体的反应,在感觉阈限的研究和测量方面为心理物理学的建立和发展做出了特殊的贡献。以上几位学者在听觉、视觉以及感觉阈限的测量等方面的实验研究及其成果,直到今天仍然是心理学研究的主要内容之一。

二、西方心理学发展过程中的主要学说

(一)构造主义心理学

构造主义心理学是19世纪末心理学成为一门独立的实验科学以后,出现于欧美的第一个心理学派,它与相继出现的机能心理学相对立。该心理学派的创始人是冯特和他的学生铁钦纳。这个学派主张心理学应该采用实验内省的方法,分析意识的内容,并找出意识的组成部分,以及它们如何连结成各种复杂心理过程的规律。也就是企图从意识经验的构造方面来说明整个人的心理,只问意识经验由什么元素构成,不问意识内容的来源、意义和作用。

冯特及其心理学体系主要有以下观点:①心理学是研究直接经验的科学;②元素分析与创造性综合;③实验内省法。铁钦纳一方面继承了冯特的心理学体系。另一方面在一定程度上也修正和发展了冯特的心理学体系,冯特认为内省法只能用来研究简单的心理过程,而铁钦纳则把内省法用来研究思维、想象等高级的心理过程。冯特把心理元素分解为纯粹的感觉和简单的情感,铁钦纳则把意识经验分析为三种元素:感觉、意象和感情。钦纳认为感觉是知觉的基本元素,意象是观念的元素,感情是情绪的元素。总之,铁钦纳把心理过程分析为感觉、意象、感情,并认为感觉、意象有四种属性,即性质、强度、持续性和清晰性。感情有前三种属性而缺乏清晰性,元素在时间和空间上混合形成知觉、观念、感觉、感情、情绪等心理过程。

由于构造心理学为心理学所确定的研究对象过于狭窄和脱离生活实际,同时又把内省法看做心理学的主要方法,因而遭到欧美许多心理学家的反对。还在铁钦纳在世的最后岁月,构造主义心理学便已逐渐削弱,最后趋于瓦解。但是它同时也从反面推动了其他心理学派的兴起和发展。

(二)机能主义心理学

机能主义心理学是与构造主义心理学相对立的一个流派,它没有明确的起始标志和终点,是构造主义与行为主义之间的一个过渡。作为美国的第一个心理学流派,机能主义心理学集中在很实际的功利主义探讨有机体适应环境或心理过程完成什么。创始人为詹姆斯,杜威、安吉尔和卡尔是这一学派的主要代表人物。

机能主义心理学是19世纪末20世纪初出现于美国的心理学派。它代表当时美国心理学的主流。这个学派受尔文进化论的影响和詹姆斯实用主义思想的推动,主张心理学的研究对象是具有适应性的心理活动,强调意识活动在人类的需要与环境之间起重要的中介作用。机能主义心理学是在反对构造主义心理学的过程中产生的,它反对把意识分析为感觉、感情等元素,主张意识是一个连续的整体;反对把心理看做一种不起作用的副现象,强调心理的适应

功能;反对把心理学只看做一门纯科学,重视心理学的实际应用;反对把心理学局限于正常人的一般心理规律,主张把心理学的研究范围扩大到动物心理、儿童心理、教育心理、变态心理、差异心理等领域。

(三)行为主义心理学

行为主义心理学是美国现代心理学的主要流派之一,也是对西方心理学影响最大的流派之一。行为主义心理学的创始人是美国心理学家华生,主要代表是桑代克和斯金纳。

行为主义心理学观点认为,心理学不应该只研究意识,还应该研究行为。所谓行为就是有机体用以适应环境变化的各种身体反应的组合。这些反应不外是肌肉收缩和腺体分泌,它们有的表现在身体外部,有的隐藏在身体内部,强度有大有小。

行为主义者在研究方法上摈弃内省,主张采用客观观察法、条件反射法、言语报告法和测验法。这是他们在研究对象上否认意识的必然结论。

华生一方面反对内省,另一方面又不能不利用只有内省才能提供的一些素材。于是他把内省从前门赶出去,又以"言语报告"的名义从后门把内省请进来。这样就把言语的两种作用混淆了。言语固然和动作一样是对客观刺激的反应,但也可用来陈述自己的心理,这种陈述其实就是内省。

华生认为除极少数的简单反射外,一切复杂行为都取决于环境影响,而这种影响是通过条件反射实现的。因此他把巴甫洛夫式的条件反射当作行为主义的"枢石"。华生夸口说,给我一打健康而又没有缺陷的婴儿,把他们放在我所设计的特殊环境里培养,我可以担保,我能够把他们中间的任何一个人训练成我所选择的任何一类专家——医生、律师、艺术家、商界首领,甚至是乞丐或窃贼,而无论他的才能、爱好、倾向、能力,或他祖先的职业和种族是什么。

斯金纳认为心理学所关心的是可以观察到的外表的行为,而不是行为的内部机制。他认为科学必须在自然科学的范围内进行研究,其任务就是要确定实验者控制的刺激继之而来有机体反应之间的函数关系。当然他不仅考虑到一个刺激与一个反应之间的关系,也考虑到那些改变刺激与反应的关系的条件,他的公式为 $R = f(SOA)$,其中 S 为刺激,O 为中间变量,R 为反应。然而,他对行为的研究只着重对单个被试进行严格控制条件下的实验研究。

华生式行为主义心理学的影响在20世纪20年代达到最高峰。它的一些基本观点和研究方法渗透到很多人文科学中去,从而出现了"行为科学"的名称。直至今天,其涉及的领域仍日益扩大。它们尽管不全以行为主义为指导观点,但名称的起源则不能不归之行为主义。华生的环境决定论观点影响美国心理学达三十年之久。他的预测和控制行为的观点促进了应用心理学的发展。

(四)格式塔心理学

格式塔心理学是西方现代心理学的主要流派之一,根据其原意也称为完形心理学,完形即整体的意思,格式塔是德文"整体"的译音。这一学派的主要代表人物有魏特海默、考夫卡和苛勒等人。

格式塔心理学派强调整体并不等于部分的总和,整体乃是先于部分而存在并制约着部分的性质和意义。这一观点在一定范围内来说是符合客观事实的。格式塔心理学家们从这一观点出发,坚决反对对任何心理现象进行元素分析,这对于揭发心理学内的机械主义和元素主义观点的错误具有一定的作用。同时,他们在知觉领域里进行了大量的实验研究工作,并取得了很多具有科学价值的成果。

格式塔心理学派强调整体并不等于部分的总和,整体乃是先于部分而存在并制约着部分的性质和意义。这一观点在一定范围内来说是符合客观事实的。格式塔心理学家们从这一观点出发,坚决反对对任何心理现象进行元素分析,这对于揭发心理学内的机械主义和元素主义观点的错误具有一定的作用。同时,他们在知觉领域里进行了大量的实验研究工作,并取得了很多具有科学价值的成果。目前在一般心理学教科书内所讲述的一些有关知觉的规律知识,例如似动现象的发生、知觉过程中图形和背景的关系的意义等,基本上都是来源于格式塔学派的研究成果。此外,苛勒的"顿悟"和韦特墨的"创造性思维"对学习的研究,也有某种程度的影响。

尽管格式塔心理学的理论基础是错误的主观唯心论。但该学派反复强调整体并不等于部分的总和,整体先于部分而存在并制约着部分的性质和意义的理论观点,则是正确的。此外,格式塔心理学家关于知觉的组织原则及学习和思维中的研究成果至今仍具有积极的意义。

(五)精神分析心理学

精神分析心理学又称弗洛伊德主义,产生于19世纪末20世纪初,创始人是奥地利的精神病学家弗洛伊德。在心理学界,这个理论是指精神分析和无意识心理学体系,也称为精神病学和深蕴心理学,分为古典和新的弗洛伊德主义。

什么是精神分析,按照弗洛伊德自己的说法,精神分析是他"研究和治疗"癔病(神经症)的方法。弗洛伊德心理学包含两个不可分割的内容:第一部分是精神病的治疗方法及其理论;第二部分是关于人的心理过程的理解。弗洛伊德认为,人的心理领域是一个深不可测的巨大的世界,它的最深层有着神奇的不能被人意识到的东西,这是一个充满魅力的领域。

该学派的主要代表人物是弗洛伊德、阿德勒和荣格。弗洛伊德的主要观点有:①无意识学说。弗洛伊德把自己的心理学称之为深层心理学,他构筑的心理过程包括三个组成部分:第一层次是潜意识系统,它是人的动力冲动、本能等一切冲突的根源,是人的生物本能、欲望的储藏库,不受客观现实的调节,构成人们心理的深层基础;第二层次是前意识系统(下意识),是意识系统和潜意识系统之间的一个边缘部分,它在人的心理活动中执行着"检查者"的作用,其目的是保证适合本能,又要服从现实的原则;第三层次是意识系统,是人的心理最外层次部分,是人的心理因素构成的"家庭"中的"家长",它统治着整个精神家庭,使之协调。②释梦理论。弗洛伊德按照精神分析的观点把梦的内容所表示的意义分为两个层次:一个是表层意义,是梦的"显意",指梦者可以回忆起来的梦的情境及其意义;一个是深层意义,是梦的"隐义",指梦者通过联想可以知道隐藏在显意背后的意义。③人格理论。在无意识概念的基础上,他还提出了人的精神是由本我、自我和超我组成的。最原始的本我是与生俱来的,是无意识的结构部分,由先天的本能、基本欲望所组成,是同肉体联系着的,它遵循快乐原则。自我是意识的结构部分,它处在本我和外部之间,它与本我不同,是根据外部世界的需要来活动的,它遵循现实原则。所谓超我,就是"道德化了的自我",它遵循道德原则。它包括两个方面:一方面就是通常所讲的良心;另一方面就是自我理想。超我的主要职能在于指导自我去限制本我的冲动。在正常情况下,本我、自我和超我是处于一种相对平衡状态中的。如果这种平衡关系遭到破坏,即会产生精神病。

精神分析心理学主要讨论病态人的无意识,所述内容主要有人的梦、过失、焦虑、动机冲突、情绪紧张以及人格的病理表现。其创始人弗洛伊德是一名精神病科医生,主要从临床经验探究病人致病的原因,从而深入到病人的无意识心理的动机、情绪和人格等问题。

精神分析理论是现代心理学的奠基石,它的影响远不是局限于临床心理学领域,对于整个心理科学乃至西方人文科学的各个领域均有深远的影响,它的影响可与达尔文的进化论相提并论。

(六)人本主义心理学

人本主义心理学兴起于20世纪五六十年代的美国。它由马斯洛创立,以罗杰斯为代表,被称为除行为学派和精神分析以外,心理学上的"第三势力"。马斯洛的主要观点是:对人类的基本需要进行了研究和分类,将之与动物的本能加以区别,提出人的需要是分层次发展的;他按照追求目标和满足对象的不同把人的各种需要从低到高安排在一个层次序列的系统中,最低级的需要是生理的需要,这是人所感到要优先满足的需要,其次是安全需要、归属和爱的需要、尊重需要和自我实现的需要。罗杰斯的主要观点是:在心理治疗实践和心理学理论研究中发展出人格的"自我理论",并倡导了"患者中心疗法"的心理治疗方法。人类有一种天生的"自我实现"的动机,即一个人发展、扩充和成熟的趋力,它是一个人最大限度地实现自身各种潜能的趋向。

人本主义探讨了人的本性和价值,试图提供心理学的证明,不仅扩大了心理学的领域,丰富了人的精神生活的研究,并且加强了实证科学和规范科学的联系,也促进了心理学向高级发展。人本主义心理学为我们开创了认识人生,改善了人生的新天地。它研究的问题与社会生活紧密相联,提出引人深思的社会问题,虽然不够尽善尽美,但这是积极的,对社会的个体、民族乃至人类整体的生活提高都是有益的。

(七)认知心理学

认知心理学是最新的心理学分支之一,从1950—1960年间才发展出来的,到20世纪70年代成为西方心理学的主要流派。

认知心理学家关心的是作为人类行为基础的心理机制,其核心是输入和输出之间发生的内部心理过程。但是人们不能直接观察内部心理过程,只能通过观察输入和输出的东西来加以推测。所以,认知心理学家所用的方法就是从可观察到的现象来推测观察不到的心理过程。有人把这种方法称为会聚性证明法,即把不同性质的数据会聚到一起,而得出结论。而现在,认知心理学研究通常要实验、认知神经科学、认知神经心理学和计算机模拟等多方面的证据的共同支持,而这种多方位的研究也越来越受到青睐。认知心理学家们通过研究脑本身,想来揭示认知活动的本质过程,而非仅仅推测其过程。最常用的就是研究脑损伤病人的认知与正常人的区别来证明认知加工过程的存在及具体模式。

广义上的认知心理学包括以皮亚杰为代表的构造主义认知心理学、心理主义心理学和信息加工心理学。狭义上就是信息加工心理学,它用信息加工的观点等研究人的接受、贮存和运用信息的认知过程,包括对知觉、注意、记忆、心象(即表象)、思维和语言的研究。主要的研究方法有实验法、观察法和计算机模拟法。

认知心理学的兴起是西方心理学发展中的一个巨大变化。认知心理学重视心理学研究中的综合的观点,强调各种心理过程之间的相互联系、相互制约。认知心理学在具体问题的研究方面,在扩大心理学研究方法方面都有所贡献。认知心理学的研究成果对计算机科学的发展也有贡献。一些美国心理学家认为,认知心理学的出现是美国心理学发展中的第二次革命。

第三节 心理学的研究方法

斯金纳箱

斯金纳在巴甫洛夫经典条件反射基础上提出了操作性条件反射,他自制了一个"斯金纳箱",如图1-1所示。在箱内装一特殊装置,压一次杠杆就会出现食物,他将一只饿鼠放入箱内,它会在里面乱跑乱碰,自由探索,偶然一次压杠杆就得到食物,此后老鼠压杠杆的频率越来越多,即学会了通过压杠杆来得到食物的方法,斯金纳将其命名为操作性条件反射或工具性条件作用,食物即是强化物,运用强化物来增加某种反应(即行为)频率的过程叫做强化。

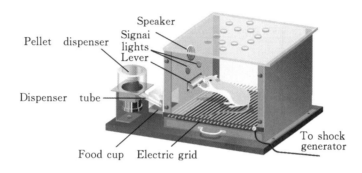

图1-1 斯金纳箱

一、心理学研究的基本原则

心理学研究必须遵照科学的要求,遵循以下基本原则。

(一)客观性原则

客观性原则是指按照客观事物发展变化的本来面目,遵照实事求是的精神,对人的心理及其发展变化进行真实的表述与研究。对心理学研究来说,就是要从心理活动所依存的客观条件及其表现和作用来揭示心理活动发生发展的规律。具体要求做到:①在搜集研究材料时,必须如实记录,不可对没有出现的心理事实妄加臆断或以个人主观感受替代事实材料;②在整理和分析材料时,尽可能用某种客观的尺度来评定,切忌偏见的干扰;③在下结论时,持谨慎态度,能说明什么问题就说明什么问题,不任意夸大。

(二)系统性原则

系统性原则是指应按照事物间普遍联系和整体性的观点去研究、考察人的心理活动和各种心理现象。这一原则要求做到:①把心理现象看成一个有机整体;②要认识到心理系统内部存在着有序的等级结构特性;③要对心理现象作动态分析而不是满足于静态分析;④要研究心理这个开放系统与生理、环境、行为等相关系统的关系,而不是把心理看成一个自我封闭系统。

(三)发展性原则

发展性原则指以发展变化的观点去看待和研究人的心理活动,切忌静止、固定地看待各种心理现象。

人的心理活动是一种相对稳定而绝对变化的动态过程。由于个体受生长成熟、刺激、知识经验、实践活动等因素的作用与影响,其心理经常处于运动变化之中,心理结构不断进行着改组与重建。因此,心理学研究必须以发展变化的观点去看待人的心理活动,不仅要看其现实状态与当前特征,而且要看到其发展变化的趋势和前景。

(四)道德性原则

道德性原则指心理学研究应遵守社会道德伦理准则,在保护人的身心不受侵犯与伤害的前提下,为促进人的健康发展而进行研究。

遵守社会道德伦理规范应是心理学研究中一个重要的原则。这是因为心理学研究的对象经常是青少年儿童,如果研究时操作处理不当,就可能妨碍、伤害或消极影响青少年儿童的身心发展。例如,心理咨询中如未能保护学生的个人隐私,会造成他们精神、名誉受损害等。因此,心理学研究在选择课题、设计研究方案、实施研究计划、解释研究结果、保存资料等方面都要遵循道德原则,保证被试对象的身心发展和个人生活不会因研究而受到损害。

二、心理学基本研究方法

心理学和其他科学一样,必须具有科学态度和采取科学的研究方法。心理学的研究方法很多,常用的方法有以下几种:

(一)观察法

在自然条件下,实验者通过自己的感官或录音录像等辅助手段,有目的、有计划地观察被试者的表情、动作、语言、行为等,来研究人的心理活动规律的方法。观察法是科学研究中最原始的方法,也是最基本、应用得最广泛的一种研究方法。观察是人类认识世界的基本方式,但科学研究的观察不同于日常观察,日常观察具有自发性、偶然性,而科学观察则是一种带有目的性、计划性和系统性的观察。

观察法有两种方式:一是参与被观察者的活动过程,成为其中一个成员;二是在一旁观察而不参与被观察者的活动。无论采取哪种方式,原则上是不使被观察者发觉自己的活动正在被他人观察,否则就会影响他们的行为表现,从而导致结果失真。在心理研究中,一般研究成人的心理活动采取第一种,研究儿童的心理活动则采用第二种方式。

观察法具有如下特点:①可以即时即地地观察与记录被观察者的心理与行为;②能搜集到被观察者不能或不便直接报告和报道的资料;③能获取被观察者在自然环境中的真实表现;第四,无需被观察者专门配合,便于实施。

为了使观察能获取准确的资料,使用观察法时应遵循以下原则:

①观察应有明确的目的,每次只观察被试的某一行为;

②观察事先已明确界定的行为特征,应在被试处于自然状态下进行;

③必须随时如实地做好记录,以获得反映客观心理事实的资料;

④宜采取时间抽样方法。

观察法的优点是保持了被观察对象的心理活动的自然流露和客观性,获得的资料比较真实,操作运用简便易行。它的不足之处是观察者处于被动的地位,只能消极地等待被观察者的某些行为表现,而且常常只能了解到表面事实,只能说明"是什么",难以说清"为什么",并且很难对观察结果进行反复验证。

(二)实验法

实验法是一种有控制的观察。研究者根据一定的研究目的,事先拟订周密的设计,把与研究无关的因素控制起来,让被研究者在一定的条件下引发出某种行为,从而研究一定条件与某种行为之间的因果关系。在心理学中,通常把实验的研究者称为主试,把被研究者称为被试。实验法是一种较严格的、客观的研究方法,在心理学中占有重要的位置。实验法可分为实验室实验和自然实验两种。

1. 自然实验

自然实验是在被试的原有环境中进行的有控制的观察。例如,在教室里不影响课堂教学的条件下,研究教师的语调对小学生注意力的影响,在运动场上研究小学儿童在体育活动中的互助行为等。它的优点是研究工作能与正常的生活、工作结合起来,研究情境自然、常态,研究结果具有直接的实践意义。不足之处是实验情境不易控制,研究结果可能受无关因素影响。因此在许多情况下还需要实验室实验来加以验证和补充。

2. 实验室实验

实验室实验是在心理实验室里使用仪器设备进行的有控制的观察。它可以提供精确的实验结果,常用于对感知、记忆、思维、动作和生理机制方面的研究。心理学的许多课题都可以在实验室进行研究,通过实验室严格的人为条件的控制,可能获得较为精确的研究结果。另外,由于实验条件严格控制,运用这种方法有助于发现事件的因果关系,并可以对实验结果进行反复验证。但是正是由于实验者严格控制实验条件,被试处于这种环境中,意识到正在接受实验,就有可能干扰实验结果的客观性,并影响到将实验结果应用于日常生活中,因而具有一定的局限性。

(三)调查法

调查法是就某个问题或某些问题,请被调查者如实回答其想法或做法的心理学研究方法。调查法分为访谈法、问卷法两种。

1. 访谈法

访谈法是指研究者根据一定的研究目的和计划直接询问研究对象的看法、态度,或让他们做一个简单演示,并说明为什么这样做,以了解他们的想法,从中分析心理的特点。

访谈法的优点主要是:①灵活性大,调查者可以随时调整问题的次序与进度;②适用范围广;③控制性强;④回报率高。其缺点主要在于:①匿名性低,被调查者可能因各种顾虑不作真实回答;②由于误解等原因,问题容易产生偏差;③标准化程度低,资料难以比较。

2. 问卷法

它根据研究目的,以书面形式将要收集的材料列成明确的问题,让被试(即被研究的对象,这是一个常用的概念)回答。更为常用的形式是将一个问题回答范围的各种可能性都列在问卷上,让被试圈定,研究者根据被试的回答,分析整理结果。

问卷法的优点在于:①应用范围广;②效率高,费用低,可在较短时间内、较大范围内获取大量资料,可以节省人力物力;③因为进行科学抽样,调查结果具有较高代表性。缺点在于:①是问卷回收率不高可能会影响结果的准确性;②是被调查者可能不认真合作而使问卷结果的真实性受到影响。

(四)测验法

心理测验法,就是采用标准化的心理测验量表或精密的测验仪器,来测量被试有关的心理品质的研究方法。例如常用的心理测验有能力测验、品格测验、智力测验、个体测验、团体测验等。在管理心理学中的研究中,心理测验常常被作为人员考核、员工选拔、人事安置的一种工具。

测验法的使用必须具有两个基本要求:①信度:指一个测验的可靠程度。测验的可靠程度高,同一个人多次接受该测验时,就可得到相同或大致相同的成绩;②效度:指一个测验有效地测量了所需要的心理品质。

测验法常常用来探讨那些难以确定自变量和因变量关系的课题以及复杂的心理社会方面的问题。由于测验法是个体心理特征和行为表现的量化研究的主要工具之一,所以应用范围很广泛。

在使用标准化心理量表进行测验时,必须注意以下几点:①选用的测量工具应适合于研究的目的,不可生搬硬套;②心理测验的主持者应具备使用测验的基本素质,能严格按测验手册的要求实施测验和处理结果;③对测验分数的解释应有根据,不能随意发挥。

心理学是一门实证性很强的科学。有关被试心理的特点和规律,只能从收集到的实际材料中分析、综合,而不能凭研究者想当然地发挥。因此,每一个学习心理学的人都要学会正确使用研究方法。心理现象是复杂的,运用哪一种方法,要根据研究对象、研究条件、研究目的来确定,有时要综合好几种方法才能收集到多方面的资料。

心理学的各种研究方法是收集感性材料的直接手段,目的是要从中分析、归纳出规律性的东西。因此,每一个学习心理学的人还必须运用唯物辩证法,对感性材料做出全面的、深刻的、相互联系的理性分析,防止片面地、孤立地、静止地研究心理现象。

练习与思考

一、填空题

1. 心理学研究的对象是_____,一般可把这一现象分为_____、_____和_____。

2. 心理过程包括_____、_____、_____三方面。_____是人的最基本的心理过程,它包括_____、_____、_____等过程。

3. 个性心理包括_____和_____两方面。

4. _____年,_____国心理学家_____创立了世界上第一个心理学实验室,这标志着心理学成为一个独立的科学。

5. 精神分析心理学是由奥地利精神病医生_____于19世纪末在精神疾病的治疗实践中创立的一种独特的心理学理论。他把人格分为_____、_____和_____三部分。

6. 人本主义心理学是由_____国心理学家_____和_____二人在20世纪50年代创立的,可能代表着心理学发展的一个新方向。

二、选择题

1. 按照事物的本来面目进行如实地反映,这是遵循心理学的( )。
   A. 客观性原则   B. 发展性原则   C. 系统性原则   D. 教育性原则

2.（　　）要求我们把人的心理现象,当作一个整体或系统来考察,并用相互联系的观点去分析和认识它们。

　　A. 客观性原则　　　B. 发展性原则　　　C. 系统性原则　　　D. 教育性原则

3. 构造主义心理学的创始人是（　　）。

　　A. 冯特　　　　　　B. 詹姆斯　　　　　C. 杜威　　　　　　D. 苟勒

4. 强调刺激—反应的模式,并以此研究心理现象及其规律是哪个心理学流派的基本论点？（　　）

　　A. 结构主义　　　　B. 行为主义　　　　C. 格式塔　　　　　D. 人本主义

5. 心理学是在研究人的本性的基础上,还要创设条件来充分发挥人的潜能,以满足自我实现的需要是哪个心理学流派的基本观点？（　　）

　　A. 行为主义　　　　B. 格式塔　　　　　C. 精神分析　　　　D. 人本主义

6. 行为主义心理学派的主要代表人物有：（　　）

　　A. 华生　　　　　　B. 考夫卡　　　　　C. 杜威　　　　　　D. 马斯洛

7. 被称为心理学第三势力的是（　　）

　　A. 行为主义　　　　B. 精神分析　　　　C. 人本主义　　　　D. 认知心理学

三、名词解释

1. 心理过程
2. 个性心理
3. 观察法
4. 实验法

四、简述题

1. 实验室实验法和自然实验法的优缺点是什么？
2. 心理学发展过程中的主要学派及其主要观点是什么？

拓展性阅读推荐

王垒,王甦. 心理学与生活[M]. 北京:人民邮电出版社,2003.

第二章 人的心理实质

学习目标

1. 了解神经系统的构造和功能
2. 理解人的心理的本质
3. 理解心理与客观现实之间的关系
4. 掌握反射活动相关专业词汇的概念及应用

主要概念

心理实质　神经系统　脑反射

第一节　心理是脑的机能

 案例展示

神奇的大脑

　　人的大脑分为两个半球,连结两个半球的神经纤维叫做胼胝体。在通常情况下,左右半球的信息,通过胼胝体传给对侧,因此左右两半球总是处于互通信息协同活动的状态。一旦胼胝体被切断之后,左右大脑两半球不能互通信息,是否会影响一个人的智力？其次,切断胼胝体后,大脑两半球不得不各自独立,是否会形成两个意识中心？

　　1967年斯佩里(Sperry)和加赞尼加(Gazzaniga)等人的研究方法结果说明,左右两侧大脑半球的功能是不同的,左侧大脑半球可以说出事物的名称,右侧大脑半球却说不出来。换句话说左侧大脑半球是同语言有着密切联系的,右侧大脑半球却缺乏这种功能。

　　就正常人来说,左右两个大脑半球是协同活动的,两个大脑半球的信息快速地进行着交换,互通有无、取长补短,所以一个人既能夸夸其谈进行抽象思维,同时又能进行想象,体验着复杂的情绪和情感。

　　外科医生们切断癫痫病人的胼胝体,原来是为了治病的,却没有想到这种手术大大促进了科学家们对大脑两半球功能的深入研究。斯佩里为此而获得了诺贝尔医学奖。

　　在古代,人们在很长一段时期内误以为心脏是心理的器官,如今无数客观事实表明心理和脑的关系,例如脑受到损伤,心理现象如语言功能、情绪状态等便会受到影响。现代关于脑的实验研究更科学地证明人类心理现象的产生是和神经系统的出现相联系的,复杂的心理与完

善的神经系统相匹配。人的心理是心理发展的最高级阶段,人的大脑是神经系统发展的最高产物,人的心理是神经系统特别是大脑活动的结果,神经系统特别是大脑是人类从事心理活动的器官。

一、神经系统的构成

神经系统是十分复杂的组织,神经解剖按部位将神经系统分为两大部分——中枢神经系统和外周神经系统。

中枢神经系统对人体内外的各种信息进行加工,加工的结果可以出现反射活动或产生感觉或记忆,中枢神经系统对人体的各种信息还具有协调与整合作用。中枢神经系统包括脑和脊髓。脑分为端脑、间脑、小脑和脑干四部分。端脑分为左右两个半球,分别管理人体不同的部位,实现不同的功能。脊髓主要是传导通路,能把外界的刺激及时传送到脑,然后再把脑发出的命令及时传送到周围器官,起到了上通下达的桥梁作用。

外周神经系统(周围神经系统)在维持机体内环境稳态、保持机体完整统一性及其与外环境的协调平衡中起着主导作用。它包括脑神经和脊神经两部分。脑神经共有12对,主要支配头面部器官的感觉和运动。脊神经共有31对,主要功能是支配身体和四肢的感觉、运动和反射。

外周神经系统又可分为躯体神经系统和植物神经系统。躯体神经系统又称为动物神经系统,含有躯体感觉和躯体运动神经,主要分布于皮肤和运动系统(骨、骨连结和骨骼肌),管理皮肤的感觉和运动器的感觉及运动。在脑、脊神经中都有支配内脏运动的纤维,称之为植物神经。植物神经系统又称自主神经系统、内脏神经系统,主要分布于内脏、心血管和腺体,管理它们的感觉和运动。根据植物神经的中枢部位、形态特点,可将其分为交感神经和副交感神经,在功能上相互拮抗,共同调节和支配内脏活动,使内脏活动能适应内外环境的需要。

人类的主要神经系统如图 2-1 所示。

二、神经组织的基本结构

神经组织由两类细胞组成,即神经元(神经细胞)和神经胶质细胞,两者的数目大体相等。神经元是神经系统的基本结构和功能单位,它具有感受刺激和传导兴奋的功能,其主要结构见图 2-2。神经胶质细胞构成神经系统框架,对神经元起着支持、绝缘、营养和保护的作用,并参与构成血脑屏障,不直接参与神经信息的传递。

神经元由胞体和突起组成。胞体的中央有细胞核,核的周围为细胞质。神经元的突起根据形状和机能又分为树突和轴突。细胞体的伸延部分产生的分枝称为树突,树突是接受从其他神经元传入的信息的入口。树突较短但分支较多,它接受冲动,并将冲动传至细胞体。每个神经元只发出一条轴突,长短不一,胞体发生出的冲动沿轴突传出。

根据神经元的功能,可分为感觉神经元、运动神经元和联络神经元。感觉神经元又称传入神经元,一般位于外周的感觉神经节内,接受内外界环境的各种刺激,经胞体和中枢突将冲动传至中枢;运动神经元又名传出神经元,一般位于脑、脊髓的运动核内或周围的植物神经节内,它将冲动从中枢传至肌肉或腺体等效应器;联络神经元又称中间神经元,是位于感觉和运动神经元之间的神经元,起联络、整合等作用。

神经元之间相互接触的微细结构称为突触。一个突触前神经元可与多个突触后神经元形

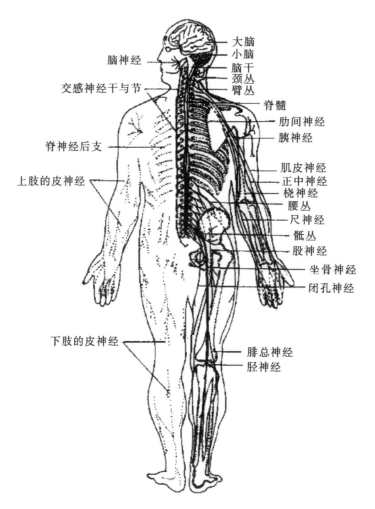

图 2-1 人体神经系统分布图

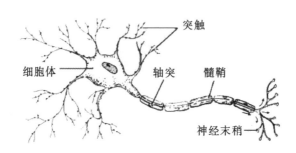

图 2-2 神经元结构示意图

成突触,一个突触后神经元也可与许多突触前神经元的轴突末梢形成突触。突触前膜通过化学传递机制,以神经递质为中介,将电信号传送到突触后膜,从而完成信息传递过程。

三、脑的结构与功能

人脑(brain)由数以亿计的神经细胞和数以万亿计的突触组成,具有极为复杂精细的结构和功能,位于颅腔内。脑是调控各系统、器官功能的中枢,参与学习、记忆、综合分析、意识等高级神经活动。

脑包含端脑、脑干、间脑和小脑四部分,其主要结构见图2-3。

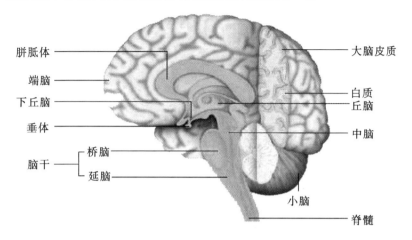

图2-3 人脑结构图

大脑(端脑)包括左、右两个半球,基底核,以及连接两个半球的中间部分即胼胝体。人脑左右两半球在功能上是高度分化的。左半球主要是处理言语,进行抽象逻辑思维、集中思维、分析思维的中枢;它主管着人们的说话、阅读、书写、计算、排列、分类、言语回忆和时间感觉,具有连续性、有序性、分析性等功能。右半球则主要是处理表象,进行具体形象思维、求异思维、直觉思维的中枢;它主管着人们的视知觉、复杂知觉模型再认、形象记忆、认识空间关系、识别几何图形、做梦、理解隐喻、发现隐蔽关系、模仿、音乐、节奏、舞蹈以及态度、情感等,具有非连续性、弥漫性、整体性等功能。沟通两半球的机制则是胼胝体。胼胝体是由两亿条左右神经组成的"束",大脑皮层的每一部位都有神经纤维进入胼胝体,以每秒40亿个神经冲动的速度在两半球之间传递信息。这就使得两半球总是息息相通、高度统一协调,构成了一个统一的控制系统。

大脑皮层呈深灰色,称作脑灰质;大脑内部颜色相对较白,称作脑白质。大脑皮质是人类调节机体机能的最高部位,具有抽象思维的能力,是意识活动的物质基础。人类大脑皮层的面积约2200平方厘米。大脑皮层凹凸不平,布满深浅不同的沟和裂,沟裂之间的隆起称为脑回。这些沟裂将大脑半球分为五个叶(见图2-4),即中央沟以前、外侧裂以上的额叶;外侧裂以下的颞叶;顶枕裂后方的枕叶以及外侧裂上方、中央沟与顶枕裂之间的顶叶;深藏在外侧裂里的岛叶。各叶所实现的功能体现出定位特征,见图2-5。如枕叶主要负责视觉信息的处理;顶叶则主要完成躯体感觉信息的整合和空间视觉信息的整合;颞叶则在听觉(听觉性语言功能)、视觉整合、记忆功能、言语等方面起着重要作用;额叶在高级智力功能——运动性语言功能、思维、计划、判断、推理等方面——扮演重要角色。

间脑位于大脑和中脑之间,被大脑两半球覆盖,一般分为上丘脑、丘脑(背侧丘脑)、底丘脑(腹侧丘脑)、下丘脑四个部分。上丘脑与嗅觉、视觉有密切关系,参与嗅觉和某些激素的调节功能。丘脑,又称背侧丘脑,是间脑中最大的灰质团块。丘脑不仅是除嗅觉外一切感觉冲动传向大脑皮层的转换站,而且是重要的感觉整合机构之一。它将传入的信息进行选择和整合后,

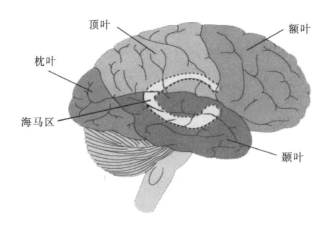

图2-4 大脑皮层分区

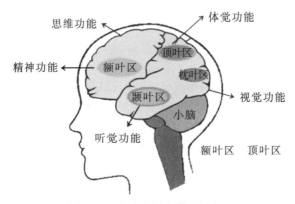

图2-5 大脑皮层各分区功能

再投射到大脑皮层的特定部位。丘脑在维持和调节意识状态、警觉和注意力以及情绪联想等方面也起着重要作用。丘脑主要接受外周和皮层两方面的传入,前者带来由于机体内、外环境变化而引起的感觉冲动,后者将大脑皮层记忆机制和丘脑联系在一起,并将丘脑置于皮层控制之下。底丘脑又称腹侧丘脑,主要调节肌张力,使运动功能得以正常进行。下丘脑是较高级的调节内脏及内分泌活动的中枢。

脑干是脑的一部分,位于大脑的下面,由延脑、脑桥、中脑和网状系统四个结构组成。脑干的功能主要是维持个体生命,包括心跳、呼吸、消化、体温、睡眠等重要生理功能。延脑(又称延髓)居于脑的最下部,与脊髓相连,其主要功能为控制呼吸、心跳、消化等。脑桥位于中脑与延脑之间,具有协调身体两侧肌肉活动的功能。中脑位于脑桥之上,是视觉与听觉的反射中枢,凡是瞳孔、眼球、肌肉等活动,均受中脑的控制。网状系统居于脑干的中央,其主要功能是控制觉醒、注意、睡眠等不同层次的意识状态。

小脑位于大脑半球后方,覆盖在脑桥及延髓之上,横跨在中脑和延髓之间。小脑按机能可分为以下部分:前庭小脑,主要功能是调整肌紧张,维持身体平衡;脊髓小脑,主要控制肌肉的张力和协调;大脑小脑,主要影响运动的起始、计划和协调,包括确定运动的力量、方向和范围。

第二节 心理是客观现实的反映

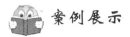
案例展示

狼孩

1920年,在印度加尔各答东北的一个名叫米德纳波尔的小城,人们经常见到有一种"神秘的生物"出没于附近森林,往往是一到晚上,就有两个用四肢走路的"像人的怪物"尾随在三只大狼后面。后来人们打死了大狼,在狼窝里终于发现这两个"怪物",原来是两个裸体的女孩。其中大的年约七八岁,小的约两岁。这两个小女孩被送到米德纳波尔的孤儿院去抚养,还给她们取了名字,大的叫卡玛拉,小的叫阿玛拉。到了第二年阿玛拉死了,而卡玛拉一直活到1929年。这就是曾经轰动一时的"狼孩"一事。

狼孩刚被发现时,生活习性与狼一样:用四肢行走;白天睡觉,晚上出来活动;怕火、光和水;只知道饿了找吃的,吃饱了就睡;不吃素食而要吃肉(不用手拿,放在地上用牙齿撕开吃);不会讲话,每到午夜后像狼似地引颈长嚎。卡玛拉经过7年的教育,才掌握了45个词,勉强地学会几句话,开始向人的生活习性迈进。她死时估计已有16岁左右,但其智力只相当三、四岁的孩子。

如果狼孩在出生时不属于先天缺陷,则这一事例说明:人类的知识与才能不是天赋的,直立行走和言语也并非天生的本能。所有这些都是后天社会实践和劳动的产物。因此长期脱离人类社会环境的幼童,就不会产生人所具有的脑的功能,也不可能产生与语言相联系的抽象思维和人的意识。成人如果由于某种原因长期离开人类社会后又重新返回时,则不会出现上述情况。这就从正反两个方面证明了人类社会环境对婴幼儿身心发展所起的决定性作用。

心理是脑的产物,那么,脑以怎样的方式产生心理?人们有不同理解,例如,有的思想家曾认为脑产生心理正像肝脏分泌胆汁一样。这种思想显然是错误的,现代科学研究指出,心理是脑对客观现实的一种反映机能。

一、心理现象是人脑对客观现实的反映

所谓反映是指脑对外界刺激的积极反应。人在和周围世界相互交往的过程中,无数外界刺激作用于感觉器官,影响人脑,于是人脑中引起了神经活动,同时产生了感觉、知觉、思维等心理现象。脑所产生的心理现象,反过来又调节动作、言语等反应,使人去积极影响周围世界,创造更有利于个体生活和发展的条件。因此,人的心理反映是人脑对客观现实能动的反映。

二、反射活动

心理反映的实质就是脑的反射活动。"反射"是有机体通过脑对刺激发出反应的活动。实现反射的生理机制称为反射弧。反射弧包括感受器、传入神经、神经中枢、传出神经和效应器等五个部分。当内、外刺激作用于眼、耳、鼻、舌、身等感受器时引起神经冲动,神经冲动沿着传入神经传到神经中枢,经过神经中枢的分析综合,引起新的神经冲动,由传出神经传到肌肉、腺体等效应器,作出应答性反应。

人的一切活动，不论最简单的、不由自主发出的反应动作或复杂的心理现象，就其产生的方式而言，都是反射活动。

(一)巴甫洛夫的经典条件反射

巴甫洛夫曾把动物和人类的反射分为无条件反射和条件反射两类。

无条件反射即不学而能、遗传而来的反射。引起这种反射的刺激称为无条件刺激。例如，强光刺激婴儿的眼睛即引起眼睑闭合；食物放到动物口中即引起唾液分泌。这些都是无条件反射。强光、食物即是引起这些无条件反射的无条件刺激。无条件反射是有机体和环境某些刺激之间的固定联系。无条件反射可以使有机体适应固定不变的环境，却不能使有机体和经常变动的生活环境保持平衡。无条件反射的中枢是在中枢神经系统的低级部位，即在皮层下的部位。

条件反射是在后天一定生活条件下学会的反射。引起这种反射的刺激称做条件刺激。例如，铃声通常并不引起动物分泌唾液，但如果首先发出铃声刺激，1~2秒后出现食物，并使铃声和食物结合出现10~20秒，这样反复结合数次以后，动物单独听到铃声，也即引起唾液分泌。这时铃声引起唾液分泌便是条件反射，铃声便是条件刺激。条件反射是在一定条件下形成，也能在一定条件下消失。例如，铃声可以引起唾液分泌的条件反射之后，应及时给予食物强化，这种反射才能得到巩固。如果在铃声之后，不再给予食物强化，数次之后，学会的条件反射便将消退，铃声不再能引起唾液分泌。条件反射的形成是在条件刺激和反应之间建立了暂时神经联系。条件反射使有机体可以对生活环境作广泛灵活的适应。例如，弱小的动物在森林中突然出现寂静的情况时便急速奔避，因为它在生活中学会"突然寂静"意味着附近正有猛兽窥伺，因而迅速逃避，以保生存。

巴甫洛夫针对人类具有语词这一特点，又把条件反射活动分为第一信号系统和第二信号系统。

第一信号系统是由具体刺激物作为条件刺激引起的条件反射活动。例如，铃声成为食物的信号，引起唾液分泌。又如，婴儿看到经常喂奶的奶瓶就产生吮奶的动作；或看到穿白罩衣的人就产生喊叫和躲避打针的反应。这些都是第一信号系统活动，因为这些铃声、奶瓶和白罩衣等具体刺激物已分别成为食物、牛奶和打针疼痛等无条件刺激的信号，引起了条件反射活动。

第二信号系统是由语词作为条件刺激引起的条件反射活动。人类的语词总是标志着一定的具体事物，因而可以成为具体刺激物的信号而建立条件反射。例如，一个儿童已经形成了见到医生就怕打针的条件反射，现在更进一步，在听到"医生来了"这句话，就会立刻哭喊挣扎，躲避打针。"医生来了"这句话，已成为具体刺激——"医生"的信号，而"医生"的形象又是无条件刺激——"打针疼痛"的信号。所以在第二信号系统的活动中，语词是一种"信号的信号"，起着条件刺激的作用。语词是具体事物的标志，是具体刺激物的信号，它为人类所独有，因而只有人类才有第二信号系统。第二信号系统给人类的心理现象带来了与动物有本质不同的特点。人因为有了在语言影响下形成的第二信号系统，人脑的反映机能才达到最高水平，人的心理才远远超过动物心理。但必须注意，第二信号系统是在第一信号系统的基础上形成的，而且总是和第一信号系统不可分割地联系在一起。人的心理现象也是以两种信号系统的协同活动为基础。

(二)斯金纳的操作条件反射

美国学者斯金纳根据自己的实验,提出了操作性条件反射(或称工具性条件反射)。实验时把饥饿的鸽子放在实验箱里,它开始乱飞乱啄着寻找食物,后来偶然啄到一个按钮,便有食物出现。于是鸽子的食物需要得到满足,也使啄按钮的动作得到强化。对鸽子来说,按钮就是条件刺激。经过多次重复,鸽子进箱即会啄按钮以获得食物。啄按钮的动作和获得食物之间建立了联系,按钮成为获得食物的工具。

操作性条件反射和经典性条件反射的一些基本原理是相同的。但在操作性条件反射中,动物需要通过自己主动的活动或操作才能找到适宜的反应,达到一定的目的,才能形成条件反射;而在经典性条件反射中,动物不能自由活动,被动地接受刺激。此外,在操作性条件反射中,强化是紧接在适宜的反应之后出现;而在经典性条件反射中,强化出现在反应之前。

综上所述,心理是发展到高度完善的物质,即脑的产物。脑是心理的器官,心理是脑的反映机能。心理现象就其产生方式说,是脑的反射活动。人的反射可分为无条件反射和条件反射。条件反射在性质上既是生理现象又是心理现象。人有了语言以及在语言影响下形成的第二信号系统,人的心理就表现出新的特点。

练习与思考

一、填空题

1. 人的心理是神经系统特别是大脑活动的_____,神经系统特别是大脑是人类从事心理活动的_____。
2. _____是心理的器官,心理是脑的_____。
3. _____是心理的源泉。
4. 神经元是神经系统的_____,它由_____、_____和_____三部分组成。一个神经元的_____与另一个神经元的_____或_____相接触的部位,叫突触。
5. 神经系统可分为_____系统和_____系统两大部分。
6. 周围神经系统由_____、_____和_____构成。中枢神经系统由_____和_____构成。
7. 脑由_____、_____、_____、_____组成。
8. 大脑可分为左、右两半球。左半球主要处理_____;右半球主要处理_____。
9. 大脑皮层上有三条显著沟裂,将大脑皮层分为四个叶即:_____、_____、_____、_____。
10. 闻见饭菜香就分泌唾液是第_____信号系统的活动,属_____反射。狗听见主人叫它的名字就跑过来,是第_____信号系统的活动,属_____反射。
11. 人的心理活动就其产生方式来说都是_____。
12. 反射按其产生条件可分为_____和_____两大类。
13. 反射弧是实现反射的_____,它包括_____、_____、_____、_____和_____五个部分。
14. 第一信号系统是由_____作为_____引起的条件反射系统,第二信号系统是由_____作为_____而引起的条件反射系统。

二、选择题

1. 神经系统最基本的结构单位是（　　）。
   A. 神经元　　　B. 树突　　　C. 细胞体　　　D. 轴突

2. 脑和整个神经系统的最高部位是（　　），它是产生心理的主要器官。
   A. 小脑　　　B. 中脑　　　C. 延脑　　　D. 大脑

3. 第二信号系统的刺激物有（　　）。
   A. 鸟语花香　　　B. 高山瀑布　　　C. 数码文字　　　D. 日月星辰

4. 条件反射的原理是由（　　）提出来的。
   A. 笛卡尔　　　B. 斯金纳　　　C. 巴甫洛夫　　　D. 冯特

5. 操作条件反射是（　　）提出来的。
   A. 笛卡尔　　　B. 斯金纳　　　C. 巴甫洛夫　　　D. 冯特

6. （　　）是人的心理的源泉和内容。
   A. 自然环境　　　B. 客观现实　　　C. 人际关系　　　D. 社会生活条件

三、判断并改正

7. 人的心理按其内容和源泉及其发生方式来讲,是（　　）的。
   A. 客观　　　B. 主观　　　C. 能动　　　D. 机械

三、判断题

1. 心理现象不仅人有,动物也有。人和动物的心理都差不多。（　　）

2. 生理的发展对心理的发展有一定影响。（　　）

3. 脑是心理的器官,心理是脑的机能,因此,只要有了正常人的脑,便可以产生人的心理。（　　）

4. 中枢神经系统由脊髓和大脑构成。（　　）

5. 神经系统的基本单位是小脑。（　　）

6. "尝梅止渴"中的"梅"是具体实物,这种反射是不学就会的,它应是第一信号系统的无条件反射。（　　）

7. 尽管人和其他动物在神经活动的原理方面都服从条件反射的原理,但二者有本质的区别。（　　）

8. 人和动物都有第二信号系统,只是人的第二信号系统的活动更高级。（　　）

9. 人的心理是在社会环境中发生、发展的,社会环境是检验人的心理是否正确的唯一标准。（　　）

10. 人脑好比是一个加工厂,没有客观现实作为原材料是无法生产出产品的。因而,只有在人脑与客观现实的相互作用下才能产生心理。（　　）

四、名词解释

1. 反射
2. 反射弧
3. 无条件反射
4. 条件反射
5. 突触
6. 第一信号系统

7. 第二信号系统

五、简述题

1. 两种信号系统的关系怎样?
2. 条件反射形成的生理机制是什么?它建立的条件是什么?

六、实例分析

1. 马戏团里教小狗做算术是用什么原理训练的?
2. 食物进入嘴里就会分泌唾液,看到食物也分泌唾液,听到关于某种食物的词语时也会分泌唾液。以上三种情况各是什么现象?

拓展性阅读推荐

1. 罗杰·霍克. 改变心理学的 40 项研究[M]. 5 版. 白学军,译. 北京:人民邮电出版社,2010.
2. 董奇,陶沙,等. 脑与行为——21 世纪的科学前沿[M]. 北京师范大学出版社,2000.
3. Tom Stafford,Matt Webb. 心理和脑:脑与心智历程 100 项[M]. 北京:科学出版社,2007.

第三章 意识与注意

学习目标

1. 了解意识的产生、注意等概念的基本内涵
2. 理解注意的基本种类、注意的主要功能和基本特征
3. 掌握影响(维持)注意的主要因素、注意的品质及其影响因素以及如何增强注意力

主要概念

意识　无意识　梦　注意　无意注意　有意注意

第一节　意识概述

失眠症

当人们不满意他们睡眠的质或量时,他们则患有失眠症(insomnia)。长期不能得到充足睡眠的人具有不能很快入睡、经常醒来,或早醒等特点。最近的民意测验中,18 岁以上的成年人中有58%报告说过去经历过每星期几夜的失眠(National Sleep Foundation,2000)。失眠是由多种心理学的、环境的和生物学因素导致的复杂的障碍(Spielman&Glovinsky,1997)。然而,当在睡眠实验室研究失眠病人的时候,他们实际睡眠的客观的质和量很不一样,从受到干扰的睡眠向正常的睡眠变化。研究表明许多抱怨缺乏睡眠患者却表现出了正常睡眠的生理学模式——一种被描述为主观失眠的情况。同样奇怪的是,一些人表现出可觉察的睡眠扰动,但却没有失眠的抱怨(Trinder,1988)。这种不一致也许是由于人们回想和解释睡眠状态的方式不同导致的。例如,他们也许会想起与过去相比,最近常常睡得很沮丧,而且不记得有睡得很沉的时候。

一、意识的定义

意识问题,在心理学中是一个特殊的问题。在心理学尚未从哲学独立出来以前,意识被当做人类内心活动的一种现象来讨论,认为是人所特有的心理现象,是人之所以为人、能思维的根本,是先天具有的。但是在 20 世纪的头五十年里,行为主义是心理学的主流,为了保证心理学研究的科学性,心理学只研究可以客观观察与测量的行为和刺激,反对对人的内部过程主观臆测。但自从行为主义以来,直到认知心理学兴起,意识就被排除在心理学的研究范围之外,

认为它是一种主观体验,缺乏客观可检测性,无法进行实验研究,所以往往把它推给哲学去讨论,或者笼统地当做心理活动的总和。神经生理学则往往简单地把它作为人觉醒水平来讨论。直到 20 世纪五六十年代以后,信息技术和信息论、系统论的发展使得现代认知心理学逐渐成为心理学研究主流,人类的意识才逐渐成为心理学关注的重要课题。

但迄今为止,对意识还没有找到一个让人满意的定义。作为心理活动的一种高级水平,我们可以将意识定义为一个人对于内部和外部刺激的知觉。

(1)意识是一种觉知。觉知性是意识的最基本的特征。人对于自身、周围事物以及自身与周围事物的关系是可以觉知到的。如觉知到自己正在说话,觉得头痛,知觉到教师的声音、手势等。

(2)意识的内容。意识的内容可以包括对外部事物、内部刺激及自身状态的觉知。

(3)意识是一种高级的心理官能。意识对个体的身心系统起着统合、管理和调节的作用。意识不只是对刺激的被动觉察和感知,同时它还具有能动性和调节作用。从这个意义上说,意识是人类所独有的心理现象。

二、意识水平

意识是一个心理系统,具有复杂的结构,可以分为不同的层次和水平。从无意识到意识再到注意,是一个密切相关的连续体。

所谓意识水平是指在某一时刻人对刺激能够觉知的程度。一般来说,可以把意识水平分为无意识、潜意识和前意识。

(一)无意识

无意识是指个体不曾觉察到的心理活动和过程。弗洛伊德认为人们的大部分的心理活动是在无意识里进行的,大部分的日常行为也受无意识所驱动。人们在日常生活里的口误以及笔误都是无意识心理活动的表现。在人们日常出现的已经达到自动化程度的一些行为常常是无意识的;还有人在活动时,有时会存在一些事件对其行为实际产生了或大或小的影响,而主体自身却没有察觉,这也是属于无意识现象。

(二)潜意识

潜意识是精神分析的重要概念之一,也是弗洛伊德的最大贡献,指潜隐在意识层面之下的感情、欲望、恐惧等复杂经验,因受到意识的控制与压抑,而个人不自觉知。

(三)前意识

前意识是介于意识和无意识之间的一种意识水平。前意识里的心理活动是在一个人出生后成长发育过程中形成的。处于前意识里面的心理活动平时不能意识到,集中精力努力回忆和经过提醒,才能进入意识。其作用是保持对欲望和需求的控制,以及按照现实要求和个人的道德标准来调节心理活动。

三、意识的几种状态

(一)睡眠

人的生命中有 1/3 时间是在睡眠中度过的。睡眠的时候,人的肌肉是在"对健康无碍的瘫痪"状态下,脑中充满了各种活动。

1929年,德国神经生理学家伯格(Hans Berger)发明了脑波仪,可以记录脑电波的变化。这种技术在20世纪50年代被心理学家采用,成为研究睡眠的主要工具。

心理学家根据脑电波形态的变化,把睡眠过程分成五个阶段。

阶段一:睡眠开始,即平常所指昏昏欲睡的感觉;

阶段二:浅睡阶段,开始正式睡眠;

阶段三与阶段四:深睡阶段,不易叫醒(脑电波形有变化,所以分为两个不同的阶段)。

阶段五:快速眼动睡眠(REMs),除脑电波形改变之外,睡眠者的眼球呈快速跳动现象。快速眼动睡眠在整个睡眠期间,间歇性出现,每次约持续十分钟左右。此时如果将睡眠者唤醒,绝大多数(80%以上)报告说他正在做梦。

前四个阶段也统称为非快速眼动睡眠(时相)。

就一夜7~8小时的整个睡眠过程看,属于沉睡期的第四阶段,主要出现在前半夜的一段时间(睡后两个半小时内)。REMs主要出现在中夜及以后,大约每隔90分钟出现一次,一夜之间出现4~5次左右。根据心理学家的实验观察研究,一般大学生的睡眠期间,阶段二约占全时间的50%,阶段四约占全时间的15%,REMs约占全时间的25%。新生儿的睡眠中,REMs约占睡眠时间的一半。据此推断,婴儿的梦远比成人要多。老年人睡眠时做梦少,REMs的时间也占18%左右。

(二)梦

梦是睡眠中的一种奇异现象,每个人都有做梦的经验,但是对于梦的了解并不容易。古代的时候,人们认为梦是睡眠时灵魂所做的事情,醒来时要对灵魂所做的事负责。现代心理学认为梦是睡眠状态下的一种心理活动,只是唤醒水平较低,我们意识不到梦中的内容,或者意识到的只是残缺零散的梦象。这样说并不暗示梦都是完整和有序的,是与否都没有足够的可靠依据,但是醒来以后陈述的梦,是经当事人有意无意修改过的。

1. 精神分析心理学对梦的解释

精神分析创始人弗洛伊德,最早对梦提出了系统的理论解释,他的名著《梦的解析》(1900),被后人誉为是改变历史的书籍。但是他的理论主要是根据多年精神病治疗的经验的总结,用来解释普通人是有缺陷的。

弗洛伊德认为人的潜意识的愿望通常都是被压抑的,这种被压抑的能量必须得到宣泄,否则就会导致心理问题,而睡眠状态中"自我"放松了警惕,潜意识的愿望得以在意识层面寻求满足;但是,为了不把"自我"惊醒,这种"满足"总是象征性的,而不是赤裸裸的。所以梦是被压抑的潜意识的愿望的象征性满足。由于能够减少潜意识层面的紧张和压力,所以做梦对于维持人的心理健康是很重要的。

2. 梦的实验心理学研究

1953年,克里特曼和阿塞斯基在美国芝加哥大学开始用脑电波的变化从事梦的研究,这是关于梦的实验心理学研究的开始,至今已超过半个世纪。大致归纳要点如下:

(1)在一个典型的夜睡中,一般人的第一个梦,大约出现在入睡后90分钟。梦境的持续时间,约为5~15分钟(平均约为10分钟);整夜的睡眠时间内,睡眠的各阶段循环出现,而一夜大约要作4~6个梦;总共大约有1~2小时的时间,是在梦中。

(2)为什么醒来后只能记得少数的梦?认知心理学的解释是:梦境的记忆都是在短时记忆,短时记忆如不经过复习而在长时记忆中贮存,自然很快会忘记。

(3)做梦的必要性。曾有心理学家做过梦的剥夺试验:在被试入睡以后,每当出现快速眼动睡眠阶段的波形,即将被试叫醒,几分钟后,再让他入睡。如此连续数夜之后发现,被试出现的做梦期的波形一夜比一夜多。最后让被试恢复正常的睡眠,发现被试一夜快速眼动睡眠波形出现的次数,比平时多出两倍。这一现象表明,在前几夜里被剥夺的梦,要在以后有机会时补足。

第二节　注意概述

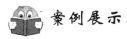

心理学家难住心算家

阿伯特卡米洛先生是一位著名的心算家,不管你给他出一个多么复杂的难题,他都能立即得出正确的答案。在他的心算历史上,还从来没有被人难倒过。

这天,一位年轻的心理学家从远方慕名而来,他要亲自考一考这位著名的心算家。许多人知道了都前来观看。年轻的心理学家微笑着和心算家打过招呼后,心算家很客气地请他随便出题。

"一辆载着285名旅客的火车驶进车站,这时下车去35人,又上来85人",心理学家不紧不慢地开始出题了。心算家听后微微一笑。"在下一站上来101人,下去69人;再下一站下去17人,上来15人;再下一站下去40人,只上来8人;再下一站又下去99人,上来54人。"这时主考人已说得喘不过气来。"还有吗?"心算家非常同情地问主考人。"还有",主考人透了口气说:"请您接着算。"他又加快速度说:"火车继续往前开,到了下一站……再下一站……再下一站……"这时他突然叫道:"完了,卡米洛先生!"

心算家轻蔑地笑着说:"您马上要知道结果吗?"

"那当然",心理学家点点头,同样微笑着说:"不过,我现在并不想知道车上还有多少乘客,我想知道的是这趟车究竟停靠了多少站?"

这时著名的心算家一下子呆住了。

心算家为什么答不出主考人的问题呢?这位心理学家又是怎样把心算家难住的呢?原来心理学家巧妙地利用了注意的规律和特点,钻了心算家的空子。注意是有指向性和集中性的。人们注意某项活动时,心理活动就指向、集中于这一活动,并抑制与这一活动无关的事物。

一、注意的内涵

(一)注意的定义

注意(attention)是和意识紧密相关的一个概念,但它既不同于意识,也不同于对某一事物反映的感知、思维等认知过程。简单地说,注意是心理活动或意识在某一时刻所处状态,表现为对一定对象的指向与集中。在大多数时候人们可以有意识地控制自己的注意方向。所以,注意是心理活动对一定对象的指向和集中。

指向性和集中性是注意的两个基本特点。注意的指向性是指人在每一瞬间的心理活动或意识选择了某个对象,而忽略了其余对象。如学生在听课时,他的心理活动不是指向教室里的一切事物,而是把教师的讲述从许多事物中挑选出来,并且比较长久地把心理活动保持在教师的讲述上。注意的集中性是指心理活动或意识在一定方向上活动的强度或紧张程度。当心理活动或意识指向某个对象的时候,它们会在这个对象上集中起来,即精神贯注,兴奋性提高。人在高度集中自己的注意时,注意指向的范围就缩小;指向的范围广泛而不集中时,则整个强度就降低。人在注意高度集中时,除了对目标事物之外,对自己周围的其他事物就都会变得视而不见、听而不闻。如听课时不仅是指离开一切与听课无关的事物,而且也是对与听课活动无关的甚至有碍的活动的抑制,这样,对教师的讲课就得到鲜明而清晰的映像。

人在同一时间内不能感知一切对象,而只能感知其中少数对象。在满天星星的夜晚,我们只能同时看清楚几颗星星,而不能看清楚所有的星星;在思考问题时,我们也只能同时想到少数几个问题,而不能想到所有的问题。注意的对象可以是客观存在的具体事物,也可以是自己的行动或思想,在后面这种意义上,通常用"专心"来表达,由于心理活动对一定对象的指向和集中,少数对象就被清晰地认识出来;而同时作用的其他对象,就没有意识或意识得比较模糊。所以一个人注意到某一些对象,他同时便离开了其他对象,集中注意的对象是注意的中心,其余的对象有的处于"注意的边缘",多数处于注意范围之外。

(二)注意与心理过程的关系

从反映论的角度来看,注意不是一种独立的心理过程。因为心理过程是对特定客观现实进行反映的过程。注意本身并不反映事物及其属性,它没有独立的对象。通常心理学家把注意看做是心理活动的一种积极状态。而注意本身并不反映事物及其属性,它没有独立的对象。当人在注意什么时,它表现在感觉、知觉、记忆、思维、想象等心理过程当中,成为这些过程的一种共同的特性而与这些过程分不开。无论在什么情况下,注意都不能离开心理过程而单独起作用。平时我们常说"请注意黑板","请注意我下面的问题",这并不是说注意是一个独立的心理过程,可以离开认识过程,实际上只是说"请注意看黑板","请注意听我下面的问题",只是在口语中把"看"字和"听"字省略掉了。

二、注意的功能

注意的基本特性决定了注意对人的心理和行为具有的一些主要功能,具体表现在以下三个方面,即选择功能、保持功能、调节和监督功能。

(一)选择功能

注意可使人的心理活动在种种刺激中有选择地指向那些有意义的、符合自身需要的,并且和当前活动有关的刺激。由于注意的作用,外界刺激进入感知、动作和记忆的范围便大大缩小了,其中一些强的、重要的或新的刺激占据优势,另一些弱的、无关的或非常熟悉的刺激则受到抑制。注意的选择功能使人有可能将有关信息检索出来,从而积极主动地完成当前活动。

(二)保持功能

注意的保持功能表现在心理活动在时间上的延续。注意的保持功能使人从外界获取的感知信息或从记忆中提取的信息能在一定时间内保持在意识中,从而实现对这些信息的深加工,使有用的信息进入长时记忆,为人利用有用信息完成当前活动提供保障。没有注意的保持功能,所有信息在意识中转瞬即失,人的任何智力操作都没有办法完成。

(三)调节和监督功能

注意的调节和监督功能对于提高人的活动效率至关重要,只有在注意的状态下,人才能对自己的行为和活动进行监督。在注意状态下,人可以发现和纠正活动中的错误,提高活动的准确性和速度。同时,当活动的条件或人的需要发生变化时,可以适时分配注意和转移注意,使人能适应变化多端的环境。注意使人实现对活动全程的监督,适时调节,从而顺利地完成活动。

三、注意的外部表现

人处于注意状态时,会产生系列生理反应,如心脏、血管、呼吸、内分泌腺分泌量、皮肤电反应、瞳孔大小以及脑电的变化等。这些反应可以作为注意的生理指标。不仅如此,从行为上还可以观察到机体的各种定向反应。人在集中注意时,行为上的变化主要包括以下内容:

(一)适应性的动作

人在注意状态时,常伴有一些适应性的行为。如人在注意听一个声音时,耳朵就会转向声源的方向,所谓"侧耳倾听";人在注意看一个物体时,就会把视线集中在该物体上,所谓"举目凝视";当沉浸于思考或想象时,就会出现眼睛朝着某一方向"呆视"着,好像看着远方一样,周围的一切变得模糊起来。

(二)无关动作的停止

当注意力集中时,人会自动地停止与注意无关的动作。如教学过程中,学生高度注意时,他们往往会不由自主停止做小动作或交头接耳,身体处于紧张状态,教室会呈现出一片寂静。

(三)呼吸运动的变化

当人处于注意状态时,呼吸运动会发生适应性变化。人在注意时,呼吸变得轻微而缓慢,呼与吸的时间比例也改变了,一般吸得更短促,呼得时间自动变得模糊起来,愈加延长了。在紧张注意时,甚至会出现呼吸暂时停止的情况,即所谓"屏息"现象。

(四)多余动作的产生

当人处于高度注意状态时,由于机体紧张,有时会出现一些多余动作。如握紧拳头、咬紧牙关、手足无措等。

注意的外部表现,有时与内部状态不相一致,如貌似注意一件事而实际上心理活动却指向和集中于另一件事上。在课堂教学中,有时学生貌似在注意听讲,实则已陷入白日梦或注意其他事物。但通过认真的观察,还是能观察出学生的真实状态,如学生的外部表现不是随教学的进展或教学方法的改变而作出相应的调整,或者与教学进度的变化不合拍,或者面无表情地坐着。

第三节 注意的种类

案例展示

双耳分听实验

在一项实验中,彻里(Cherry,1953)给被试的两耳同时呈现两种材料,让被试大声追随从一个耳朵听到的材料,并检查被试从另一耳所获得的信息。前者称为追随耳,后者称为非追随耳。结果发现,被试从非追随耳得到的信息很少。当原来使用的英文材料改为法文或德文呈现时,或者将课文颠倒时,被试也很少能够发现。这个实验说明,从追随耳进入的信息,由于受到注意,因而得到进一步的加工、处理,而从非追随耳进入的信息,由于没有受到注意,因此,没有被人们所接受。

1960年,格雷(Gray)等人在一项实验中,通过耳机给被试两耳依次分别呈现一些字母音节和数字,左耳:ob－2－tive;右耳:6－jec－9。要求被试追随一个耳朵听到的声音,并在刺激呈现之后作出报告。结果发现,被试的报告既不是ob－2－tive和6－jec－9,也不是ob－6,2－jec,tive－9,而是objective。格雷的实验证明,来自非追随耳的信息仍然受到了加工。

根据注意是否有目的以及意志努力的程度,可以把注意分为无意注意、有意注意和有意后注意三种。

一、无意注意

(一)无意注意的定义

无意注意是没有预定目的、无需意志努力、不由自主的注意,也称为不随意注意。如学生正在听课,突然门开了,进来一个人,大家便不由自主地把头转向进来的人。无意注意是不受意志的控制的,是自然而然地把感受器官转向这些刺激物的探究定向反射,是被动地被一些主客观条件引起的,所以有的心理学家称之为消极的注意、被动的注意。这是注意最简单的、初级的形式。

无意注意由于无需意志努力,所以在工作、学习中可以减少脑力的无谓消耗,省力,不易引起身心过度疲劳。但是由于这种注意是自发产生的,未必和我们正在做的工作一致,有可能起干扰作用,成为分心的原因。所以单凭无意注意人们不可能获得系统的知识,不可能完成复杂的工作任务。

(二)影响无意注意的因素

影响无意注意的因素可分为两大类:一是客观刺激物本身的特点,二是人的主观状态。

客观刺激物本身的以下特点影响人的无意注意:

(1)刺激物的相对强度。强度较大的刺激容易引起无意注意。如一声巨响、一道强光、一种鲜艳的颜色,都会立刻引起我们的注意。但在这种情况下起决定作用的是刺激物的相对强度,如寂静的夜里,很小的声响也能引起注意,而在喧闹的球场上,很大的喊声也未必引起人的注意。

(2)刺激物的活动与变化。活动变化的刺激比静止不变的刺激更容易引起人的无意注意。如听课时,老师突然停止讲课,马上就会引起学生的注意;闪烁的霓红灯、田野跑动的兔子、飞翔的小鸟、夜空中的流星,特别容易引起人的注意。

(3)刺激物之间显著的对比差异。除了刺激强度的显著对比,刺激物之间在形状、大小、颜色、持续时间等方面的显著对比,容易使与众不同的刺激物成为注意的焦点。如"万绿丛中一点红"、"鹤立鸡群"、许多小孩中有一个大人等。

(4)刺激物的新异性。千篇一律、多次重复的陈旧刺激物不容易引起无意注意,人的好奇心使然。如新奇的发型、服饰,奇怪的声音、气味,新老师,新开业的商店等,都容易引起注意。

无意注意还与人的主观状态有关。同样的刺激,由于感知它们的人本身的状态不同,有时能引起注意,有时不能引起注意;能引起这些人的注意,却不能引起那些人的注意。影响无意注意的主观状态方面的因素有以下两个:

(1)需要与直接兴趣。凡与人的需要相符的事物,容易成为无意注意的对象。饿的时候容易闻到饭菜的香味,有糖尿病的人容易注意有关的广告。直接兴趣(即对事物本身感到需要而产生的兴趣)是引起无意注意的重要原因。如教师容易注意教学方面的事情,桥梁专家容易注意桥梁,追星族对明星的一举一动都很清楚。一般来说,凡与个人已有的知识经验、技能特长或性格特点相联系的事物,都容易引起他们的无意注意。

(2)情绪和精神状态。人在心情愉悦、精神饱满的时候,容易关心留意周围的事物;而在情绪烦闷、抑郁寡欢的时候,百无聊赖,平时容易引起注意的事物,此时也会漠然视之。

(三)课堂教学中对无意注意规律的利用[选择性学习内容]

在课堂教学中需要恰当地利用无意注意的积极作用,避免它的消极作用。

教学中恰当地使用新的教具,生动形象的语言表达,声调的变化,手势等,都有助于引起注意。教师应该利用新异、多变、有趣等因素,根据教学的需要,根据学生课堂情况,把学生的注意引到特定教学内容上,从而发挥它的积极作用。教师如果能够很好地利用无意注意,教与学的效果好自不待言,学生的精力消耗也大量减少,使教与学变得积极、轻松而有效。

无意注意也有消极的一面,它会干扰我们正在进行的教学。比如,教师新奇的服饰发型,会成为新异刺激物,吸引学生的注意。教师的口头禅,会分散学生的注意,会使学生的注意不在讲课的内容上,而在统计教师说了多少个口头禅。如有学生说:"王老师来讲课,'啊'字说了120多,乐得我们没听课,语文课变成了'啊'字课。"此外,教师的习惯动作、手势,如甩辫子、摇晃、摆动身子,不正常的教学速度(过快或过慢)、音调的平淡,教具使用不当,迟到,找人,广播的声响,等等,都会引起学生的无意注意,从而影响教学效果。总的来说,就是要避免有可能影响教学的无关刺激的干扰。教室附近无噪音,教室内布置简洁明亮,教师服饰朴素整洁等等都很重要。

二、有意注意

(一)有意注意的定义

有意注意也称随意注意,是指有预定目的,必要时还需要一定意志努力、主动的注意。如上课时,学生需要克服干扰,把注意力集中在听课学习上,学生坐在教室里目的就是听课学习。

此时人的心理活动对特定对象的指向与集中,不是取决于一些对象本身的特点,而是决定于主体自觉提出的任务、自觉确定的目的。正因为有这种自觉的目的,才能导致产生排除一切干扰而使注意得以维持的意志力量。这种注意显示了人的心理活动的主动性、积极性,所以有的心理学家称之为积极的注意。它是高级形式的注意。

有意注意的缺点是维持有意注意耗费精力、容易疲倦,所以也容易受意外刺激的干扰。但是人的活动,无论是学习、工作还是娱乐,都不可避免其中不感兴趣而又不可不做的事情。有意注意对于完成任务、达到目标是必不可少的,单纯从兴趣出发,必将一事无成。

(二)影响有意注意的因素

有意注意的发生和维持,虽然也与主体的需要、兴趣、情感、知识经验有关,但这些主观因素的作用是间接地表现出来的。它们都受主体当时确定的活动目的的制约。与目的相关联的主观因素才能成为现实起作用的因素。

如果说无意注意产生和维持的决定因素是直接兴趣,那么有意注意产生和维持则以间接兴趣为决定性条件。间接兴趣是一种对目的的兴趣、对活动结果的兴趣。为了这种兴趣,尽管活动本身是枯燥乏味的,但有意注意仍能长时间地保持着,使人能够长久地从事某种活动,直到完成任务、达到目的为止。

小学阶段的儿童,有意注意逐步占据优势地位。但是此时的主动性、自觉性和调节控制能力并不完善,尚在发展过程之中。一般情况下,小学高年级学生只能集中注意约 30 分钟,初中生能集中注意 40 分钟左右,高中学生一般已接近成人水平。

(三)引起和培养学生的有意注意【选择性学习内容】

学习任务不可能总是学生感兴趣的,感兴趣不感兴趣都需要学好,这就要求学生的学习必须以有意注意为主。教师还要善于运用有意注意的规律来组织教学,调动学生的学习积极性。

一般而言,在教学和学习过程中应注意以下问题:

(1)学习目的、任务明确有助于引起和保持有意注意。教师应对学习的意义、特定知识的用途、教学的目标、任务或作业的具体要求等作必要的说明。

(2)间接兴趣是有意注意的决定性条件。教师应注意揭示学习任务和学生兴趣、爱好之间的关系。

(3)良好的品质是有意注意维持的保障。意志努力的程度,除了对目标的自觉认识之外,信心也是关键。信心的建立,有赖于切实可行的行动计划、方案。教师应引导学生用心于此,并在必要时提供帮助、指导。

(4)智力活动的紧张性使有意注意高度集中。应注意学生学习是不可懈怠,学习时必须适度紧张,休息时就要放松,养成习惯。

(5)减少学习疲劳,使有意注意更集中。学习疲劳指生理上疲劳(如过多作业、负担过重)和心理上疲劳(如对学习的厌倦)。学习一段时间,就休息放松,做些其他事,不打疲劳战。

在课堂教学中,教师还要善于利用学生的有意注意。比如当学生不注意时,用提问来唤起学生的有意注意。提问必须先提问后指名,如果先指名后提问,那其他的孩子就不注意了;提问也要防止简单的"是不是"、"对不对"的方法,要有启发性和趣味性。再如讲到关键的地方,指出这是重点或难点,是非常重要的,能引起学生的有意注意。还比如当个别学生注意分散时,教师不要大声说:"哎,××在干什么?"这样会把全班的注意力调到或吸引到这个学生身上来。可采用边讲边走的办法,走到这个学生身边,暗示他,或摸摸他的头,动一下他的书,使其注意听课,这样既纠正了个别学生注意分散错误,又没有影响全班学生听课。

(四)课堂教学中交替使用两种注意【选择性学习内容】

教师上一节课,既要利用学生的无意注意,又要利用其有意注意。因为一堂课 45 分钟,要使学生的注意不分散,那是不容易的。讲课生动维持几分钟是可以的,可是学生每节课要自始至终维持注意是不可能的,大脑会产生保护性抑制。要使学生的注意能够长时间地维持在学习活动上,一节课之中也要有张有弛,这就需要合理地交替利用有意注意和无意注意。

怎样交替使用,要根据每堂课的具体情况而定。这里只讲一般情况,通常刚上课时应该引起有意注意,因为上课前学生在外边活动,刚进教室,他的心还没有收回来,有的在课间碰到了感兴趣的问题,他还在想这个问题;或者上一节课老师讲得非常生动,现在他还在想上一节课的内容。这时履行教学常规是常用也是最好的办法。老师进教室,全体起立,这既表示了师生良好的关系,又引起了学生的有意注意,表明现在开始上课了,要注意听讲。然后教师交代教学内容,说明学习的要求。时间不长,也有助于有意注意的引起和维持。在随后的教学过程中教师通过生动的教学,让学生的注意轻松愉快地跟其走,这样学生的注意不易转移,但注意的性质发生了变化,他们不用过于控制自己的注意,而是把力量用在学习活动的内容上。一段时间以后,部分学生可能倦怠,这时教师可通过有趣的活动或话题,既使学生得到一定的放松,又可以重新集中其注意。当讲到难点和重点时,对学生的紧张度、注意的集中度有更高的要求,教师有必要强调、提醒注意,使学生加强有意注意。在高度集中注意后,应该允许有意注意作短暂的休息,或者代之以无意注意。在教学过程中,教师适时变换方式,使用教具,提问,让学生讨论、练习等,这是对无意注意的利用。到了下课前,教师把讲的内容作个总结,布置作业,唤起学生的有意注意。这样一节课不断地变换注意的性质,学生的注意力没有转移到其他事情上去。一张一弛,学生既不感到疲倦,又能保持比较长时间的注意。

三、有意后注意

有意后注意是一种特殊形式的注意,是由有意注意升华而来的更高级的注意。在有意注意条件下,人的心理活动对一定客体的指向与集中是服从于主体自觉确定的目的的,主体要维持这种注意也需要做出一定的意志努力。这种注意是受间接兴趣制约的,但是随着活动的深化,人们不仅对活动的结果感兴趣,而且对活动本身也产生了兴趣,活动中的困难或被克服,或由于直接兴趣的产生,主体对困难的承受程度也随之提高,因而就不再感到困难了,在维持这种注意时也不再需要特别的意志努力了。这时的注意,虽然保持了有意注意的本质特点——有目的性,但又不同于最初的有意注意,它已不再需要意志努力了。这种由自觉目的,但又不再需要意志努力的注意,被前苏联心理学家多布雷宁命名为有意后注意。人类最有效的活动,如熟练的操作技能、智慧技能,都是与这种注意密切相关的。

第四节 注意的品质

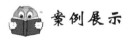

会跑的黑板

一百六十多年前,法国有个杰出的科学家叫安培。他研究问题全神贯注,常常达到入迷的程度。

有一天,安培在街上散步。街上的行人、车辆来来往往,很热闹。可是安培好像什么也没有看见,只顾低着头朝前走。原来,他正在思考一道数学题。

他一边心算,一边用手指在自己衣襟上写着、画着。他多么希望能有个地方可以计算。说来也巧,街道旁正好竖着一块"黑板",好像是特地为他准备的。安培高兴地走过去,从口袋里掏出粉笔,在"黑板"上演算起来。

算着算着,这块"黑板"动了,慢慢地向后退。安培忙说:"别动,别动,再等一会儿我就算好了!"可是"黑板"还在移动,安培不知不觉地跟着"黑板"走,聚精会神地演算着。

后来,那块"黑板"越走越快,安培已经累得气喘吁吁追不上了。这时,他才恍然大悟。原来,那不是一块黑板,而是一辆马车车厢的后壁。

<h4 style="text-align:center">心理学会议上的枪声</h4>

在一次国际心理学会议正在举行的时候,突然从外面冲进一个村夫,后面追着一个黑人,手中挥舞着手枪。两人在会场中追逐着,突然"砰"的一声枪响,两人又一起冲出门去。事情发生的时间前后不过二十秒钟。

在与会者的惊慌情绪尚未平息的时候,会议主席却笑嘻嘻地请所有与会者写下他们目击的经过。原来这是一位心理学教授请求做关于"注意"的实验。结果,在上交的四十篇报告中,没有一个人的记载是完全正确的。其中只有一篇错误率少于20%,有十四篇的错误在20%~40%之间,十二篇的错误率在40%~50%之间,十三篇的错误在50%以上。而且许多报告的细节是臆造出来的。虽然每个人都注意到两人之中有一人是黑人,然而四十人中只有四人报告说黑人是光头,符合事实。其余有的说他戴了一顶便帽,有些甚至替他戴上高帽子。关于他的衣服,虽然大多数都说他穿一件短衣,但有的人说这件短衣是咖啡色的,有的说是红色的,还有人说是条纹的。而事实上,他穿的是一条白裤,一件黑短衫,系一条大而红的领带。

一般而言,科学家的注意力、观察力都是比较敏锐的,但为什么这四十位心理学家会出现这样的粗疏臆造呢?这与他们当时的注意状态有关。

一、注意的广度

(一)注意广度的定义

注意的广度也称注意的范围,是指一个人在同一时间内(通常指0.1秒)能清楚地把握注意对象的数量。注意广度也表明知觉的范围。在同一时间内注意广度越大,知觉的对象就越多,注意广度越小,知觉的对象也越少。研究注意广度,一般用速示器将数字、图形、词或字母等刺激材料,以很短的时间呈现出来,由于被试的眼球来不及转动,因此他对这些刺激物的知觉几乎是同时进行的,被试所能知觉的数量就作为他的注意广度。

心理学家很早就开始研究注意的广度。1830年哈密顿(Hamilton)最先做示范实验,他在地上撒了一把石弹子,发现人们很不容易立刻看到六个以上。如果把石子两个、三个或五个一堆,人们能看到的堆数和单个的数目几乎一样多,因为人们会把一堆看做一个单位。1871年耶文斯也做过类似的实验,他抓一把黑豆撒在一个黑色背景上的白盘子中,只有一部分豆粒落到盘子中,其余豆粒滚到黑色背景上面去,待白盘子中的豆粒刚一稳定下来,便立刻报告所看到的盘子中的豆粒数量。耶文斯这样重复了一千多次实验,实验表明:在盘上有5个豆粒的时候,开始发生估计上的误差;在不超过8~9个豆粒的时候,估计还比较正确,错误估计次数在50%以下;但豆粒数超过8~9个的时候,错误估计次数便占50%以上。研究结果表明,在0.1秒的时间内,成人一般能把握8~9个黑色圆点,把握4~6个不相联系的外文字母,以及4~5个没有联系的汉字。这证明注意广度是有一定限度的。

(二)影响注意广度的因素

1. 与知觉对象的特点有关

如果被知觉的对象形态相似、排列整齐、颜色大小相同、能够成彼此有联系的整体,注意的范围就大些。反之,则注意的范围就小些。例如,颜色相同的字母要比颜色不同的字母的注意范围要大些；对排列成一行的字母要比分散在各个角落上的字母的注意数目要多些；对大小相同的字母感知的数量，要比对大小不同的字母感知的数量要大得多；对组成词的字母所注意的范围，要比对孤立的字母所能注意的范围大得多。心理学家一项研究表明：显示孤立的字母时，成人的注意4~6个对象，小学生是2~5个对象。在显示短的词句时，注意范围是4~6个客体，其中包含有10多个字母，可见，注意的范围扩大了。

2. 与个人的知识经验的有关

文化水平较高的人，对于文章语句注意的范围要比识字不多的人大得多。越是熟悉的东西，注意的范围就越大。知识经验丰富的人，善于把知觉的对象组成一个整体来感知。例如，儿童在初入学识不多的情况下，阅读时往往是一个字一个字甚至是一笔一画地感知，注意的范围小，花的气力也大。而对于文化知识较多的高年级学生，则是一个词或词组，乃至一个短句地去感知。注意的范围扩大，而花的气力却较小。比如，同时给不同年龄的人出示"喜马拉雅山和安第斯山脉"一串字符，低年级小学生由于对其中好几个字不认识，又缺乏这方面的知识基础，因此只能注意识别其中的几个字；而对于高中生，尤其是学过地理的，就可以把它们编辑成一组词汇，从而很容易识别出来。

3. 与个人的活动任务有关

活动任务不同，注意的广度也不同。例如，一个人在感知不同颜色背景上用不同颜色书写的汉字，比如在蓝色背景上，用黄颜色书写汉字"红色"，或者要求他说出尽可能多的汉字。或者要求他说出汉字的颜色，或者要求他辨别汉字的正确与错误。由于活动任务的不同，使他所注意到汉字的数量也不同。此外，有明确目的任务的注意和没有明确目的任务的注意，两者的注意的广度也会不同。一般来说，前者大，而后者小。

注意范围的扩大，对于人们日常生活具有重要意义。比如乒乓球裁判员、打字员、飞行员、侦察员等，都要求人们有广阔的注意范围，如果缺乏这方面的品质，就会影响工作的效率。

二、注意的稳定性

(一)注意稳定性的定义

注意的稳定性，也称注意的持久性，是指注意保持在某种对象上的时间长短。其标志是在某一段时间内注意的高度集中。这是注意在时间上的特征。学生在一堂课的时间内，使自己的注意保持在与教学活动有关的对象上；医生在进行手术时，要连续几小时高度紧张的工作；教师在讲课的过程中思想的高度集中，这些都是注意稳定性的表现。

人的注意不能长时间地保持不变，而经常是在间歇地加强和减弱。这种周期性的变化，是注意的一种基本规律，叫注意的起伏，又叫注意的动摇。如用几分钟时间注视右边截去尖端的棱锥体，那么可以看到时而是小的方形突起（位于大方形之前），时而陷入（大方形到前面），在不长的时间里，两个方形的位置跳跃式地变更着，如图3-1所示。这个实验把注意的起伏模式化了。但我们把它想象成一个实物图形，诸如一个台座（这时好像小方形在前），或者一个空房间（这时好像大方形在前），这样，注意就容易保持在一个不变的图形上。

注意的起伏，一般说来，大约1秒钟转换一次。如果坚持不动，注意也只能维持5秒，更长的时间就有困难了。研究表明，在1~5秒的注意起伏不会影响对复杂而有趣的活动的完成，但经过15~20分钟的注意起伏，便会导致注意不随意地离开客体。因此，教师讲课时每隔10~15分钟使学生转换一下不同种类的活动，这有助于学生注意的稳定。另外，有些活动的进

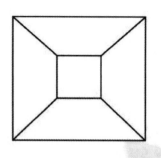

图 3-1 注意的起伏现象

行,与注意动摇的时间长短相关性很大。例如,在百米竞赛发出的预备信号之后,相隔太长时间才发出起跑信号,那么,由于注意的动摇,就可以使成绩受到明显的影响。如果预备信号与起跑信号只相隔 2~3 秒钟,注意动摇的不良后果就会消除。

广义的注意稳定性并不意味着心理活动总是选择性地集中在某一事物的某一方面,而是在活动总的任务不变的前提下,把心理活动选择性地集中于事物的几个方面。例如,学生钻研某一问题时,一会儿思考,一会儿看教科书,一会儿查资料,一会儿又动笔书写。这些都属于在总的任务不变的前提下,把心理活动选择性地集中于事物的几个方面,因而是属于稳定的注意。

与注意稳定性相反的状态是注意的分散,又称为分心。注意的分散是指注意离开当前应当完成的活动任务而被无关事物所吸引,即指注意没有完全保持在当前所应该指向和集中的事物上。引起注意分散的原因有两个:一方面是由于无关刺激的干扰或单调刺激的长期作用所致;另一方面与人的主观状态及意志力,如疲劳、疾病、不良习惯、意志薄弱等有关。学生上课时东张西望,眼神空洞,小动作频繁,回答不出老师的提问等,都是注意力涣散的表现。

(二)影响注意稳定性的因素

1. 和对象本身的特点有关

如果注意对象内容丰富,复杂多变,注意就容易稳定。反之,那些内容贫乏、单调和静止对象,人的注意则会迅速降低。例如,我们看一个单调静止的简单图象(如一张图表)时注意的稳定性,远不如看内容丰富多变的复杂图象(如一部电影)那样稳定。

2. 和活动的目的性有关

活动的目的任务越明确,越有利于注意的稳定。在比较复杂的工作和学习任务中,不但要明确活动的总任务,而且要明确每一个步骤需要解决的具体任务,并积极地尝试着去解决它们,让大脑始终处于比较紧张的思维活动状态,这对于保持稳定的注意是有利的。比如如果学生对活动的目的、任务认识明确,或者对活动具有责任心和积极的态度,并能从中获求知欲望的满足,则注意就能长久与稳定。

3. 和人的主观状态有关

活动者的积极态度和对注意事物的兴趣,是保持个体注意稳定性的有利条件。因为兴趣常会使人废寝忘食,刻苦钻研,从枯燥无味的、单调的活动中得到无穷的乐趣。另外,良好的身体状态,对保持注意的稳定性也很重要。心情舒畅、精神饱满,易于稳定注意,而生病、过度疲劳或情绪烦躁,则不易于注意稳定。

注意的稳定性在人的各种实践活动中都具有很重要的意义,如教学工作、科研工作、医疗工作等,都要求有高度的注意稳定性,在某些工作中,即使有短暂的注意分散,也会严重地影响工作质量。

三、注意的分配

(一)注意分配的定义

注意的分配是指人在一定时间内,把注意指向两种或两种以上的对象或者活动上的特性。注意的分配对人的实践活动是必要的,也是可能的。例如,教师一边讲课,一边写板书,一边观察学生听课的情况。汽车驾驶员在驾驶汽车时,除了注意汽车上的机件外,还要把注意分配到交通信号、用脚动作来驾驶汽车。注意分配,严格地说,并非发展在同一时间内。

注意的分配是可能的。例如,中国唐代画家张操可以"双管齐下",一手画青翠葱郁的的活松,另一手画萎谢凋零的枯松。法国心理学家布朗可以一面向听众朗诵一首诗,另一面又在写另一首诗,或者一面朗诵诗,一面完成复杂的乘法演算。但是,同时把注意分配到几种活动上,也不是轻易就能做到的事。有人做过这样的实验,通过耳机同时给被试左右两耳播放两种不同的内容:给右耳播放一篇民间故事,给左耳播放一则新闻报道,要求被试倾听并听完后大声复述两耳听到的内容。结果被试对那则新闻报道几乎是一无所知。

(二)注意分配的条件

注意的分配虽然是困难的,但是在一定条件下又是可能的。人的注意分配能力,主要是后天学习与训练的结果。注意分配的主要依赖以下两个条件:

1. 活动的熟练程度

同时进行的两种或几种活动,其中只能有一种活动是生疏的,其余的活动必须是熟练的以至达到自动化或部分自动化的程度。因为只有这样,已经熟练的活动才无需太多的注意,也才可以把更多的注意集中到比较生疏的活动上去。在这种情况下,就能做到"一心二用"。但是如果两种活动都非常生疏,都需要高度集中的注意,那么,注意的分配就难于实现。如教师一边上课一边观察学生的反应;学生听课,要求边听边记边思考;有的人一边打毛衣一边看电视等。

2. 同时进行的几种活动之间形成了动作系统

同时进行的两种或几种活动之间的关系,对注意的分配具有一定的影响,有内在联系的活动便于注意的分配。例如,有的人能同时做到眼看歌谱,手弹钢琴,口腔发声,这时各种活动之间已形成了动作系统,即固定的反应系统,从而使注意的分配较好。如果各种活动之间彼此没有联系,甚至互相排斥,例如,边开车边发信息,就难以实现注意的分配。

复杂的工作要求人们能进行注意的分配。注意分配的能力主要是在实践活动中获得的。它对于教师、科研工作者、飞行员、驾驶员等工作都十分重要。

四、注意的转移

(一)注意转移的定义

注意的转移,是指根据新任务的要求,有目的地、及时地主动把注意从一个对象转移到另一个对象上。例如,学生第一节课上的是数学,第二节课上的是外语,学生必须有目的地、及时地把注意从数学课转移到外语课上,这就是注意的转移。

注意的转移不同于注意的分散(分心)。注意的转移是根据任务的需要,有目的地主动把注意转向新的对象,使一种活动合理地为另一种活动所代替,这是注意的积极品质;注意的分散则是由于某项刺激的干扰,使自己的注意离开了需要稳定注意的对象,而不自觉地转移到对完成工作无关的活动上,这是注意的消极品质。如上课的时候,学生根据老师的指示,从书本转向黑板,就是注意的转移。但是某个学生在听课时,突然看向窗外的小鸟,这就是注意的分散。

(二)影响注意转移的因素

1. 与原来注意的紧张程度有关

如果原来的活动注意紧张程度高,新的事物或新的活动不符合引起注意的条件,转移注意就困难和缓慢。反之,注意的转移就比较容易。如看过一篇生动有趣的小说之后,要立刻开始解答难度较大的习题注意的转移就困难些。再或者有的老师喜欢一上课就测验或发试卷,然后进入新课,这样教学效果往往不好,其主要原因是学生对测验或试卷上的分数十分注意,以至很难把学生的注意力转移到新课上。

2. 与对引起注意的新事物的特点有关

新注意的对象越符合人的需要和兴趣,注意的转移就越容易。反之,注意的转移就越困难。

3. 与个体神经过程的灵活性有关

神经过程灵活,注意的转移就来得快些;反之,则来得慢些。一个神经过程灵活性高的人比不灵活的人在转移注意力方面要容易和迅速得多。

注意的稳定性除了和这些因素相关以外,研究表明,还和人的年龄有关,一般说来,低年级学生的注意稳定性要比高年级的学生差一点。善于主动、迅速地转移注意,对学习、工作等非常重要,尤其是那些要求在极短时期内对新刺激做出反应的工作。例如,一个优秀的飞行员在起飞和降落的 5~6 分钟内,注意的转移达 200 多次,如果注意的转移不及时,其后果不堪设想。

五、注意的紧张度

注意的紧张度是指心理活动指向并高度集中在某一对象上,而同时离开其余事物的注意特征,是注意在强度上的表现。人在紧张注意的情况下,会沉浸于他注意的对象,而注意不到周围发生的事情。高度的责任心、浓厚的兴趣和爱好都能引起一个人高度紧张的注意,而厌倦、疲劳则会大大削弱注意的紧张性。例如,在上课时,如果某学生,由于前一晚上失眠,虽然责任感迫使他专心听讲,但这时他的思维不灵活了,疏漏了老师的一些讲课内容,说明这个学生的注意紧张性减弱了。

注意的紧张度使人能够排除各种无关刺激物的干扰,这表明注意具有抗干扰的功能。高度集中的注意是提高学习效率的必要前提,但持久的紧张注意也会导致疲劳,因此,指导学生在学习中善于调节注意的紧张度是很重要的。

注意的上述特征是密切联系的。活动的效率不仅取决于是否具有注意的某一特征,而且取决于在完成一定活动时如何把它们有机地结合起来。注意的特性和人们的学习、工作和生活都有密切关系。通过生活实践的训练,人的注意的特性是可以得到提高和改善的。

第五节 青少年注意的特点及其培养【选择性学习内容】

案例展示

专心致志的居里夫人

居里夫人似乎天生具有惊人的记忆力,无论多么难懂的课文,只要她念过两遍,就能准确地背诵,她周围的人都觉得难以置信,总怀疑她事先就已经背熟了,但实际上,居里夫人的过目不忘,要归功于她惊人的注意力。

少年时期的居里夫人读书专心致志是有名的。她的专注甚至到了让人难以置信的地步。只要她一拿起书,她就成了一尊雕像,除了眼珠的转动外,全身各处绝不会有丝毫动静,仿佛她已完全融入了书本中,周围的一切,连同她自己都不存在了。她的姐妹们都认为这是一种怪癖,每当她看书时,姐妹们就挖空心思要转移她的注意力。有时她们故意说些有趣的故事,有时又唱又跳,有时在她身边做游戏……但是,这些骚扰没有能成功地转移她的注意力,她甚至连眼皮都不抬。

有一次,姐妹们将屋子里所有的椅子都收集起来,然后开始在她身边搭起椅子"积木"。她们摆好了第一层椅子后,又放两把椅子上去做第二层,这时椅子"积木"已经很危险了,因为椅子是斜着放上去的,为的是尽量把它堆得易于坠落。接着又放一把椅子上去做第三层。这时只要坐在椅子"积木"中的人稍微一动,椅子就会轰然倒塌。然而无论是摇摇欲坠的椅子,还是姐妹们故意夸张的说笑,都不能让她从书本中分神出来,时间一分一秒过去了,她依旧纹丝不动地坐在一大堆椅子中,把头埋在书本中。

姐妹们都等得不耐烦了,看着她专注的神情,怀疑她是用特殊材料制成的。一个小时过去了,她终于读完了一章,她合上书,刚抬起头,椅子轰地倒塌了。她没有生气,也没有吃惊,只是带着一种从梦幻中醒来的神情,拿着书走出来,找另一本书去了。

青少年注意力的发展主要表现为个体在注意的目的性、注意的广度、注意的稳定性、注意的分配、注意的转移等方面的发展。

一、青少年注意力发展的特点

(一)注意目的性发展的特点

在教学的影响下,中小学生注意的目的性不断提高。其具体表现是有意注意日益在学习活动中发挥重要作用。

学前儿童做事情时心不在焉的现象很突出,其原因是学前儿童主要依靠无意注意来调节行为,有意注意水平极低。在小学低年级阶段,无意注意仍占优势,中年级以后才逐渐形成有意识地保持注意的习惯。

初中生同小学生相比,有意注意有了较大的发展。在学习中,他们的有意注意起着重要作用,能按教学要求使注意指向和集中在学习内容上。他们保持注意的时间也比小学生长些。但是在初中生的学习中,无意注意仍起一定的作用,体现为对客体的直接兴趣以及客观对象的鲜明特点对他们仍然具有强烈的吸引力。进入高中阶段,有意注意已占主要地位,他们能够有意地调节和控制自己的注意,使之指向和集中于需要学习的事物。有些学生有钻研精神,能高度集中注意,搞好学习,克服困难。这样就为中学生系统掌握知识提供了很好的条件。

(二)注意稳定性发展的特点

中小学生注意的稳定性不断增强。学生注意的持续时间随年龄增长而延长,年龄越小,他们注意在一定对象上的时间也越短。

据有关研究材料统计,5~7岁儿童聚精会神地注意某一事物的时间平均是15分钟,7~10岁是20分钟左右,10~12岁是25分钟左右,12岁以上是30分钟左右。在中学阶段,随着学生自制力的发展,初中生已经能较长时间稳定地集中注意于某项活动和某个内容,他们的注意保持45分钟已无困难。因而课堂教学就不需要再像小学生那样,在一节课内变换几种教学形式和方法,只用某种适当的教学形式和方法,也能完成教学任务,保证教学效果。但在初中阶段,学生的情绪仍有冲动的特点,有时也难以控制自己的注意,在一些学生中还有分心走神的毛病。

注意的稳定性到高中阶段增长的速度逐渐缓慢。这可能与高中生注意稳定性趋于成熟有关。

(三)注意广度发展的特点

随着年龄增长,中小学生注意的广度在不断扩大。中学生注意的范围比小学生有了长足进步。据研究,小学生在0.1秒内只能看到2~3个客体,初中生就能看到4~5个客体,而高中生则已达到成人的水平了,能看到4~6个客体。例如,中学生阅读适合自己程度的读物时,可以达到很快的速度;在观察直观教具时,既能知觉教具的整体,又能抓住主要特征。

(四)注意分配能力发展的特点

个体的注意分配能力发生较早但发展较为缓慢。有关研究表明,小学三年级和五年级学生的注意分配能力基本上不存在差异。小学二年级注意分配能力已经达到0.583,初中二年级为0.6087,而高中二年级也只有0.6201。注意分配能力发展缓慢主要与注意的分配必须具备一定的条件有关。最初,学生只能在那些关系密切、形式相近的动作之间进行注意的分配,稍不留心,还会出现顾此失彼的现象。只有当各种技能逐渐熟练并加以严格训练之后,他们才可能在比较复杂的动作之间建立反应系统,使注意进行合理的分配,而这种技能熟练化和协调化的发展进程是比较缓慢的。基于对学生注意分配能力的考虑,老师对年龄较小的学生不提记笔记要求,对高中生只是要求记讲课要点,只有当学生进入大学以后老师才会要求他记详细的课堂笔记。

(五)注意转移能力发展的特点

中小学生注意转移能力的发展相对来说要缓慢得多。一般而言,注意转移的能力是随着个体大脑神经系统内抑制能力、第二信号系统的发展而得以迅速发展的。研究表明,注意转移发展的趋势是:小学二年级至初中二年级是迅速增长期,初中二年级至高中二年级是发展的停滞期,高中二年级到大学二年级是缓慢增长期。随着经验的积累日益丰厚,智力得到良好的训练和发展,心理活动的有意性逐渐增强,高中生注意转移能力才得到较快发展,大多数学生能自觉地根据活动任务把注意从一种对象转移到另一种对象上。

二、青少年注意力的培养

注意是学习活动中最重要的心理条件。许多学习成绩不理想的学生存在一个共同的缺点,就是注意力涣散,表现为漫不经心,懒懒散散,粗心大意。因此,培养中小学生的注意力非常有必要,这应从以下几个方面着手。

(一)培养间接兴趣

兴趣和注意有密切的关系,它是培养注意力的一个重要的心理条件。对于有兴趣的事物,就会在大脑皮层形成优势兴奋中心,使注意力高度集中,使人记忆敏锐、思维活跃,对所学内容能清晰地反映;相反,没有兴趣,就会对事情漠然置之,很难集中注意力。

间接兴趣是引起和保持有意注意的重要条件之一。有时活动本身缺乏吸引力,但活动的目的与结果使人感兴趣,为了完成活动任务,活动本身则成为有意注意的对象。因此,为了引发学生学习的间接兴趣,教师在一门课开始时应阐明本门课的学习意义和重要性,让学生明确认识到本学科知识对他们所具有的价值,以引起他们对学习结果的兴趣,从而调动他们对该门课学习的积极性,来唤起他们注意的维持。

(二)养成良好的学习习惯

良好的学习习惯有助于提高注意力。首先,要使学生养成力图把握重点的学习习惯。不管是听课、读书或者是做作业,都要认真思考。认真思考的过程不仅能把注意力吸引过来,还能使认识得到加深,并产生愉快的体验,使注意力稳定。其次,要使学生养成劳逸结合的学习习惯。疲劳是集中注意力的大敌。长时间连续工作,彻夜不眠地看书,会使人疲劳,因而大脑神经兴奋水平降低,注意力难以集中。例如,长时间开车的司机会因疲劳驾驶出现事故,这是非常危险的,有些人为此付出过惨痛的代价。学生们在学习过程中,也一定要注意劳逸结合,保持精力充沛的状态,才能增强注意力集中的水平。

(三)保持良好的心理状态

导致注意分散最重要的因素是自己不稳定的心理状态,因此,保持良好的心理状态是维持注意的重要条件。首先,能不能使注意集中,自信心是关键。静下心来以后,就要相信自己能够集中注意,全神贯注地听课,于是就获得好的效果;如果没有信心,认为自己的注意集中不起来,那就会真的出现注意不集中。其次,心情愉快有利于注意集中。心情舒畅或联想愉快的事情能帮助注意的集中。最后,心情平静有益于注意集中。情绪稳定有助于个人控制自己的心理状态,使自己集中精力,指向学习目标。在需要注意集中之前,要先使心神安定下来,"只要能静下心来,就等于集中了一半的精力";反之,一个心情焦躁、烦乱的人要想集中注意是很困难的。

(四)重视集中注意的自我训练

前苏联心理学家普拉托诺夫(К. К. Платонов)说:"要想使自己成为一个注意力很强的人,最好的方法是,无论干什么事,不能漫不经心!"培养自己注意力的可靠途径就是训练自己能在各种各样的环境条件下都专心学习或工作。一旦确定了要干的事,就要有计划、有目的地集中注意,去干好要干的事,不受其他刺激的影响和干扰。据说毛泽东青少年时为了集中自己的注意,就常到繁华闹市去读书。无论读书学习还是为人处世,我们都要把它们当做锻炼注意力的机会和场合,经常训练就会逐步形成良好注意的习惯。

在进行集中注意的自我训练时,要注意培养学生对不良刺激的容忍力。安静的环境有利于注意的集中,嘈杂烦乱的环境容易分散注意。有干扰的环境是难以避免的,培养自己抗干扰的能力十分必要。对于抗干扰要特别注意的是,不管是对外部的还是对内部的(内心的烦乱)干扰,应处之以泰然。这种内心的安静比环境的安静更为重要,因为环境的干扰只有通过内心的干扰才能起到分散注意的作用。所以不加强自己抗干扰的能力,而怨恨外界干扰,既是不公正的,也是无益的。对分散注意的刺激的烦恼和愤怒,比刺激本身更能强烈地分散我们的注意,犹如火上浇油一般。在这里需要的是耐性和韧性,并加强自我约束。在注意力的训练中,加强锻炼自我调节控制和自我管理的能力是非常重要的。

三、运用注意规律组织教学活动

(一)根据注意的外部表现了解学生的听课状态

前面我们谈到,人们在注意状态下有明显的外部表现。在课堂教学中,学生如果是认真听讲,注意教师的教学活动,也会有相应外部表现。教师通过观察学生的外部表现,既能够判断学生是否在专心听讲,又能够了解自己的教学效果,从而保证课堂教学的最优化。课堂上,学生表现出积极的神情和适应性的动作说明他在全身心地关注教学,教师可以利用这种积极的学习状态深化知识教学,启发思考,培养创造性。相反,学生若是做小动作,或漫不经心,或心浮气躁,就说明注意力有所分散,教师应该及时提醒,同时也要灵活地组织教学,帮助学生把注意力集中到课堂教学中来。

(二)运用无意注意的规律组织教学活动

无意注意主要是受外部事物的刺激作用不自觉地产生的。它缺乏目的性,又不需要意志努力,常会导致学生上课分心,干扰正常的教学活动。这是无意注意在教学中的消极作用。但无意注意在教学中也有积极作用,那就是通过对某些服从于教学要求的刺激物的有意识的控制来引起学生的无意注意,为教学活动服务。在具体教学工作中,教师应该利用无意注意的特点组织教学过程,避免无意注意的消极影响。教师在教学中应注重以下三方面。

(1)创造良好的教学环境。为了使学生在学习过程中不受外部无关刺激的干扰,应该创造一个安静、整洁的教学环境。首先,教师应该注意教室外环境对课堂的干扰。冬天风雪大的时候应关紧门窗;夏天日晒的时候要拉上窗帘;如果有噪声、视觉干扰或不良气体侵入,应该尽快排除。其次,还应注意教室内的环境,例如,地面是否干净,桌椅排列是否整齐,教室的布置和装饰是否简洁朴素等。过于华丽、繁杂的室内布置,有时会成为课堂教学的"污染源",使学生注意力分散。再次,教师的服饰、发型不宜过于耀眼。有的教师换了新装或理了新发型后,往往在上课前先到学生面前"亮亮相",这种做法可以有效地减弱学生上课时的注意分散。另外,在教学过程中教师要迅速妥善地处理偶发事件。例如,对天气骤变、学习条件恶化(突然阴雨、停电、室外嘈杂等)、学生病倒或严重违纪事件等,教师既不能熟视无睹,也不能惊慌失措,要以自己平静的情绪与学生一起审慎、迅速地处理好,保持课堂教学秩序的稳定。在课间休息时,不宜让学生做激烈的或竞赛性的游戏活动,以防止学生因过度兴奋而不能将注意及时转移到课堂上。

(2)注重讲演、板书技巧和教具的使用。客观刺激物的强度、对比、新颖性和活动性是引起无意注意的重要因素,教师要发挥无意注意的积极作用,就应努力在讲演、板书和教具使用中运用无意注意的规律。首先，在讲课过程中，教师应该音量适中，语音、语调做到抑扬顿挫，遇到重点、难点还要加强语气，伴以适当的手势和表情。声音太大、语调平淡，容易使学生疲劳；声音过小，学生听不到或听不清，就很容易分心。其次，板书是课堂教学的重要辅助手段。其目的一方面是帮助学生理清知识结构和脉络，解决疑难；另一方面，也是为吸引学生的注意力，提高课堂学习效率。因此，板书应该做到运用有度、重点突出、清晰醒目。必要时还要用彩色粉笔和图表、表格加以强调。另外，许多学科的教学还需要借助教具作为辅助手段，尤其在低幼儿童的教学中，合理使用教具可以激发学生的直接兴趣，吸引学生的无意注意。为了达到这一目的，教具应该新颖直观，能够很好地说明问题。同时，使用教具时教师还要给予言语讲解，引导学生正确观察，避免学生只关注表面现象，忽略实际问题。

(3)注重教学内容的组织和教学形式的多样化。个体的知识经验是影响无意注意产生的因素，学生更愿意关注与自己知识经验有联系的事物。这就需要教师找出教学内容与学生知识结构的结合点，提供具体的实例，引起学生的直接兴趣，维持学生的注意。

(4)教师应该运用多种教学方法和灵活、多样的教学手段，调动学生饱满的情绪状态和学习积极性。例如，教师在讲解和板书之外，还应穿插使用教具演示、个别提问、角色扮演、集体讨论以及动手操作等教学形式。

(三)运用有意注意的规律组织教学活动

(1)提高活动的目的性。在学习或其他活动中，教师应提出具体的目的、要求、内容及具体方法，让学生切实地感受到集中注意对完成活动的重要性，并懂得如何正确地组织自己的注意。切忌离开教材本身，离开儿童的知识经验，用一些空洞、抽象的说教来动员学生的注意。

(2)激发学习动机。要让学生体验到自身学习的成功，以此来激发他们的学习动机。这是使他们把注意力集中在学习上的最有效的手段。教师要充分肯定学生主动回答问题的积极性；批改作业时要尽量挖掘学生优点，评分宜从宽；对于他们的不足之处，要正面引导；定期展示班级学生的学习成果，对每个学生的进步予以及时的肯定和精神奖励等。当学生看到自己的学习被肯定，便会获得成功的喜悦，从而不断地培养对学习的兴趣，更加努力地注意学习活动。

(3)训练良好的注意习惯。训练良好的注意习惯主要包括以下两个方面：能高度集中注意而不分心；能迅速转移注意而少惰性。教师可选择一些有一定难度、需要集中注意才能完成的任务交给学生，让他们解决。任务既可以结合课程，也可以是纯训练性的，教师可根据要求自行设计问题。例如，要求学生快速阅读或组织抢答题竞赛，以培养他们高度集中的注意能力；将不同学科、不同性质的问题交叉随机地呈现，以训练学生注意灵活转移的能力，等等。另外，中小学生不可能对枯燥无味的简单任务保持长期稳定的注意。注意的稳定性是为完成一定的目的、任务服务的，因此注意的核心是讲求实效，而不是追求貌似注意的状态，因为这种状态不但无助于完成当前的任务，而且更严重的是会养成心猿意马等不良注意习惯，它将极大地妨碍学习的效果。

(四)运用无意注意和有意注意相互交替的规律组织教学活动

高度集中注意要消耗相当的体力和脑力，所以长时间地集中注意，必定使人疲惫不堪。怎样使学生在学习活动中始终积极地注意而又不疲劳呢？在教学活动中，教师要适当地运用无意注意和有意注意转换的规律，把有意注意和无意注意交融在每一个认识活动中。例如，一节课中教学内容安排应该有难有易,教学方式应稳中有变,使学生的注意有张有弛。教学的各个环节要有机联系,尽量杜绝造成注意涣散的机会,使学生快乐地完成学习任务。在教学过程中,不能把注意的转换简单地归结为让两种注意按着一定的程式轮番交替地出现。教学是一门极其复杂的艺术,只有一般的规律可循,没有固定的模式可仿效。在如何运用两种注意转换规律的问题上同样如此。运用无意注意和有意注意转换的规律,可让学生在有目的的学习活动中快乐地学习。

练习与思考

一、填空题

1. 注意是对心理活动的_____和_____。
2. 注意可分为_____、_____和_____。
3. 注意的品质有_____、_____、_____、_____和_____。
4. 有的学生上课时边听课边做小动作,这是注意的_____。

二、选择题

1. 注意具有的两个基本特点是(　　)。
   A. 指向性和选择性　　　　　　B. 指向性和调节性
   C. 集中性和指向性　　　　　　D. 集中性和选择性
2. 有预定目的但无需意志努力的注意是(　　)。
   A. 随意注意　　B. 不随意注意　　C. 有意后注意　　D. 有意注意
3. "心不在焉,则黑白在前而不见,擂鼓在侧而不闻"说明人的心理活动过程离不开(　　)。
   A. 感知　　　B. 记忆　　　C. 注意　　　D. 思维
4. 正在上课,一位迟到的学生突然推门而入,这时引起大家的注意是(　　)。
   A. 不随意注意　B. 随意注意　C. 有意注意　D. 随意后注意
5. 在学习遇到困难或环境中出现干扰因素时,努力地把自己的注意维持在学习内容上,这时的注意是(　　)。
   A. 随意后注意　B. 有意注意　C. 不随意注意　D. 有意后注意
6. 听表走动的滴答声,时而有时而无的这种周期性变化现象是(　　)。
   A. 注意的稳定性　B. 注意的范围　C. 注意的分配　D. 注意的起伏
7. 教师一边讲课,一边观察学生的反应的注意特性是(　　)。
   A. 注意广度　　B. 注意稳定性　　C. 注意分配　　D. 注意转移
8. 汽车司机在驾驶时,能熟练地做到眼、耳、手、脚并用,这是(　　)。
   A. 注意分散　　B. 注意分配　　C. 注意转移　　D. 注意广度
9. 把注意保持在同一活动上的时间是指(　　)。
   A. 注意的广度　B. 注意稳定性　C. 狭义注意稳定性　D. 注意的转移
10. 有预定目的,需要一定意志努力的注意是(　　)。
    A. 随意注意　　B. 不随意注意　　C. 随意后注意　　D. 无意注意

三、判断题

1. 注意是独立的心理过程,但他又始终伴随每一个心理过程而存在。(　　)

2. 无意注意就是不想注意,因而什么也没有注意。（　　）
3. 注意的稳定性是指注意始终如一的指向某一对象。（　　）
4. 注意的分散就是在同一时间内将注意分布到不同对象上。（　　）
5. 只有集中注意力,才能搞好学习,所以,一切学习活动都必须"一心无二用"。（　　）
6. 当学生在课堂上分心时,教师通过提问来引起学生的注意,这种注意叫做无意注意。（　　）
7. 有意注意与无意注意最大的区别在于有意注意不需付出意志的努力。（　　）
8. 注意是心理活动指向与集中于某一对象的过程。（　　）
9. 一目十行是注意分配的表现。（　　）
10. 无意注意、有意注意、有意后注意在一定的条件下可以相互转化。（　　）

四、名词解释

1. 注意
2. 无意注意
3. 有意注意
4. 有意后注意

五、简述题

1. 简述引起无意注意的因素。
2. 简述怎样保持有意注意。
3. 简述注意的特征。

六、讨论题

试论课堂上怎样组织学生的注意力。

第四章 感觉和知觉

学习目标

1. 掌握感觉、知觉的概念及分类
2. 理解感觉变化的规律
3. 理解知觉的特性和规律
4. 运用感知觉规律来培养学生良好的观察力

主要概念

感觉　知觉　观察

第一节　感觉和知觉

案例展示

感觉剥夺实验

1954年贝克斯顿(Bexton)等人首次报告了感觉剥夺的实验结果。在实验中，如图4-1，被试要求要安静地躺在实验室里舒适的床上，室内非常安静，听不到任何声音，四周一片漆黑，看不见任何东西；被试两只手戴上手套，并用纸卡卡住。主试事先安排好吃喝，无需被试移动手脚来进食；总而言之，来自外界的所有刺激几乎都被"剥夺"了。实验开始时，被试还能安静地睡着，但过了一些时候，被试开始失眠，不耐烦，急切地寻找刺激。他们变得焦躁不安，渴望活动，觉得很不舒服，想唱歌，打口哨，自言自语，用两只手套互相敲打。尽管被试每天可以得到20美元的报酬，但这也难以让他们在实验室中坚持这种实验到2~3天以上。这个实验说明，来自外界的刺激对维持人的正常生存是十分重要的。

一、感觉和知觉概述

(一)感觉的定义

感觉是生活中常见的一种心理现象。我们用眼看、用鼻闻、用耳听，这些都是感觉。认知心理学认为，感觉是人脑对直接作用于感受器的客观事物的个别属性的反映。

感觉是一切认知活动的起点。通过感觉，人们可以了解事物的种种属性，知道自己身体内部的情况和变化。感觉是心理活动的重要来源，是意识对外部世界的直接反映。感觉为我们提供了内、外环境的许多信息。人们只有通过感觉，才可能认识到事物的颜色、气味、形状、大

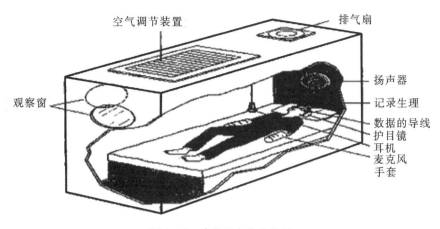

图4-1 感觉剥夺实验装置

小和软硬等属性,从而全面了解事物属性。

(二)知觉的定义

知觉同感觉一样,也是人脑对直接作用于感受器的客观事物的反映,但它不是对事物个别属性的反映,而是对事物整体属性的反映。

(1)知觉是个体将所感觉到的信息组织成有意义整体的过程。知觉是在感觉基础上形成,但知觉并不是感觉信息简单的结合。感觉信息简单而具体,主要由刺激物的物理特性所决定;而知觉较为复杂,人们要利用已有经验,对所获感觉信息进行组织,同时加以解释,使之成为一个有意义的整体。例如,我们听到身后熟悉的脚步声,就知道是谁来了。在这个过程中,"听到脚步声"是感觉,"熟悉的"是指已有的经验,感觉信息与已有经验相互作用,从而让我们产生了"谁来了"这种知觉。

(2)知觉和感觉一样,都是由事物直接作用于感觉器官时产生的。离开了事物对感官的直接作用,既没有感觉,也不会有知觉。它们反映的都是事物的外部联系与具体属性,反映的是物体直接具体的特性(与思维不同,思维反映的是事物的一般规律与本质联系,反映事物间接的、概括的属性)。因此,从认识的阶段看,感觉和知觉都属于对事物的感性认识层次(与思维作为认识的理性层次相区别)。

(3)知觉和感觉相互联系。人们之所以能靠知觉来反映事物,是因为在这之前已经积累了有关的感觉信息。例如,第一次认识苹果,要通过看、触、嗅、尝等多种分析器活动——获得苹果的各种属性,熟悉以后,下次一看就知道这是苹果。所以,感觉是知觉的基础。

(4)知觉不是感觉简单的相加。例如,一个气球,它的形状是圆的,颜色是红色的,并且有弹性。如果只是告知你这三种属性,你并不能确定它究竟是什么东西。因为知觉是按一定的关系结构来整合个别的感觉信息,并根据个体经验来解释这些信息。因此,知觉印象中事物的个别属性,是整体中的个别,而不是孤立感觉的机械总和。由于人们多以知觉的形式直接反映事物,这种知觉是包含感觉并和感觉有机融合为一体的知觉,所以常常合称为"感知"。

(5)知觉和感觉又存在着区别。从反映特点看,感觉是对事物个别属性的反映,知觉是对事物整体属性的反映;从操作习惯上看,感觉多适用于对事物初次的认识,知觉多适用于对事物再次的认识;从生理机制上看,感觉是单一分析器独立工作的结果,知觉是多种分析器协同活动的结果。

总之,感觉和知觉是人认识客观世界的初级阶段,是人们认识世界的开端,也是人关于世界的一切知识的源泉。感觉和知觉还是其他心理活动的基础,一个人若没有感觉和知觉,就不能形成记忆、想象、思维、情感、意志等复杂的心理活动。

二、感觉和知觉的种类

(一)感觉的种类

感觉可以分为外部感觉和内部感觉两类。外部感觉是个体对外部刺激的察觉,主要包括视觉、听觉、嗅觉、味觉、肤觉。内部感觉是个体对内部刺激的察觉,主要包括机体觉、平衡觉和运动觉。具体如表4-1表示。

表4-1 人的八种感觉

感觉种类	适宜刺激	感受器	反映属性
视觉	760~400毫微米的光波	视网膜的视锥细胞和视杆细胞	黑、白、彩色
听觉	16~20000次/秒音波	耳蜗的毛细胞	声音
味觉	溶于水的有味的化学物质	舌、咽上的味蕾的味细胞	甜、酸、苦、咸等味道
嗅觉	有气味的挥发性物质	鼻腔黏膜的嗅细胞	气味
肤觉	物体机械的、温度的作用或伤害性刺激	皮肤和黏膜上的冷点、温点、痛点、触点	冷、温、痛、压、触
运动觉	肌肉收缩,身体各部分位置变化	肌肉、筋腱、韧带、关节中的神经末梢	身体运动状态、位置变化
平衡觉	身体位置、方向的变化	内耳、前庭和半规管的毛细胞	身体位置变化
机体觉	内脏器官活动变化时的物理化学刺激	内脏器官壁上的神经末梢	身体疲劳、饥、渴和内脏器官活动不正常

1. 视觉

视觉是人类最重要的一种感觉,它主要是由光刺激作用于人眼所产生的。在人类获得的外界信息中,有80%来自视觉。视觉的适宜刺激是波长为380~780毫微米的光波(电磁波)。

(1)视觉的生理机制。视觉的器官是眼球(见图4-2),它按功能可分为折光系统和感光系统两部分。折光系统包括角膜、水晶体、玻璃体等,它的功能是将外界物体所反射的散光聚集在视网膜上形成一个清晰的物像。感光系统是视网膜,其外层是视细胞层。视细胞是直接感受光刺激并将其转换成神经冲动的光感受器。视细胞分视杆细胞和视锥细胞,前者感受弱光,后者感受强光和色光。

当外界的物体反射进眼球的光线经过角膜、房水、晶状体、玻璃体后,就在视网膜上形成一个物像。物像刺激视网膜的感光细胞,这些细胞发生兴奋,沿视神经传入大脑皮层视觉中枢,就产生了看见物像的视觉。

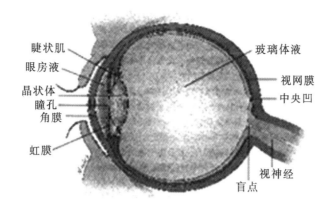

图 4-2 人眼的结构

（2）颜色视觉的基本特性。我们感觉到的客观事物都是有颜色的。人类对颜色的视觉具有色调、明度、饱和度三种特性。这些特性是由光波的物理特性决定的。

颜色的明度是由光的强度决定的。光的强度越大，颜色越亮，越接近白色；光的强度越小，颜色越暗，越接近黑色。颜色的饱和度（纯洁度）是由不同光波成分所决定的，光波成分越单纯，颜色就越鲜艳。

红、橙、黄、绿等颜色的色调是由光波的波长决定的，即由光源或物体表面所反射的光线中占优势的那一种波长决定。如果 700 毫微米的波长占优势，看上去就是红的；如果 510 毫微米的波长占优势，看上去就是绿的。

明度是指颜色的明显程度。色调相同的颜色，明暗可能不同。例如，绛紫色和粉红色都含有红色，但前者显暗，后者显亮。光源的照度越大，物体表面的反射率越高，物体看上去就越亮。例如，白墙的反射率大，就觉得亮；黑板的反射率小，就觉得暗。

饱和度是指某种颜色的纯杂度或鲜明程度。纯的颜色饱和度高，例如大红、碧绿。混杂上白色、灰色或其他色调的颜色是不饱和的颜色，例如绛紫色、粉红、黄褐等。

2. 听觉

听觉是个体对声音刺激的觉察。听觉是人类仅次于视觉的一种重要的感觉。人类语言信息和其他与声音有关的信息主要就是通过听觉获得的。听觉的适宜刺激是频率为 16～20000 赫兹的声波，在这个范围以外的声音是听不见的。其中人耳最敏感的声波频率为 1000～4000 赫兹。但是，当声音强度超过 120 分贝时，声波就不再引起听觉的进一步变化，而只有压痛感。

（1）生理机制。听觉的器官是耳朵，它由外耳、中耳、内耳三部分组成（见图 4-3）。外耳包括耳廓和外耳道；中耳由鼓膜、鼓室和三块听小骨组成；内耳由半规管、前庭、耳蜗三部分组成。外界的声波经外耳道传到鼓膜，引起鼓膜振动。鼓膜的振动由三块听小骨传到内耳，刺激内耳内的听觉感受器产生兴奋。兴奋沿着听神经传到大脑皮层的听觉中枢，形成听觉。

（2）听觉的基本特性。人类的听觉具有音调、音响、音色三种特性。这些特性主要是由声波的物理特性决定的。

音高主要是由声波的频率决定的。频率高，声音听起来尖高；频率低，声音听起来低沉。例如，成年男子的声带厚而长，振动缓慢，说话的频率一般约为 95～142 赫兹，声音较为低沉；成年女子声带薄而短，振动较快，说话时的频率一般约为 272～653 赫兹，声音较为尖高。

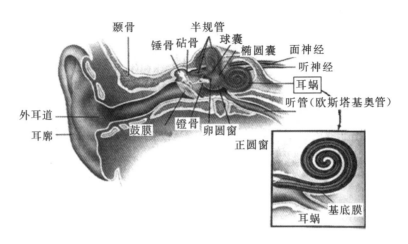

图 4-3 人耳的构造

音响主要是由声波的振幅决定的。振幅越大,声波越强,听起来就越响。普通说话声的响度约为 60 分贝。

音色主要是由声波成分的复杂程度决定的。我们听到说话声就能分辨出是谁在说话,就是因为每个人的说话声都有独特的音色。

3. 其他感觉

(1)肤觉。刺激作用于皮肤引起的各种各样的感觉,叫肤觉。肤觉的基本形态有四种:触觉、冷觉、温觉、痛觉。肤觉感受器在皮肤上呈点状分布,称触点、冷点、温点、痛点。身体的部位不同,各种点的分布及其数目也不同。

肤觉对人类的正常生活与工作有重要意义。没有肤觉,人们就不能觉察到危险存在,不能感觉到体温的适宜,因而也就不能逃避伤害、调节体温。有了肤觉,人们才可以认识到物体的软硬、轻重等特征,而且把它和视觉联系起来,人们还能准确认识物体的大小、粗细、形状。

(2)嗅觉。嗅觉是由挥发性物质的分子作用于嗅觉器官的感受细胞而引起的一种感觉,作为嗅觉感受器的嗅细胞位于鼻腔上部两侧的黏膜中。据估计,人的嗅觉细胞约有 1000 万个,德国牧羊犬有 22400 万个嗅觉细胞。

一般来说,嗅觉的感受性很高。对不同刺激物,嗅觉的感受性不同。环境条件(例如空气的清洁程度、湿度)以及机体健康状况(例如感冒)都对嗅觉感受性有较大的影响。

(3)味觉。味觉的适宜刺激是溶于水的化学物质。其感受器是分布在舌头上的味蕾。人的基本味觉有酸、甜、苦、咸四种,其敏感部位分别在舌的两侧、舌尖、舌根、舌面。味觉常常和嗅觉相互配合,相互影响。

(4)运动觉。运动觉是反映身体各部位的位置和相对运动的感觉,其感受器位于肌肉、肌腱、韧带和关节中。运动时,由于肌肉的收缩或拉长以及关节转动等,使感受器兴奋并向大脑发放神经冲动,引起身体运动和位置的感觉。

(5)平衡觉。平衡觉又称静觉,是对人体做加速或减速的直线运动以及旋转运动所产生的感觉。平衡觉的感受器是位于内耳的前庭器官,包括半规管和前庭两部分。半规管反映人的旋转运动,当身体旋转时,半规管内的感觉纤维作出反应;前庭反映人的加速或减速直线运动,当人做直线加速或减速运动时,耳石(前庭内具有纤毛的感觉上皮细胞上的一种极细小的晶体)便改变了自己与纤毛的相对位置,从而产生兴奋。

平衡觉与视觉、内脏感觉相联系。当前庭器官兴奋时,人会出现头晕目眩、呕吐恶心等现象。例如,晕船、晕车就是前庭器官受到刺激引起的,当然,这种状态经过训练是可以得到改进的。

(6)机体觉。机体觉又称内脏感觉,是对内脏感觉及饥渴等的感觉。其感受器位于脏器壁上,它们将内脏的活动及变化的信息传入中枢。一般当内脏器官工作正常时,各种感觉便融合成人的一般自我感觉,只有当内脏器官受到特别强烈的刺激,机体觉才能鲜明地被觉察,产生饥渴、饱胀、便意、恶心、疼痛等感觉。

(二)知觉的种类

知觉是多种分析器协同活动的结果。根据何种分析器在知觉过程中占主导地位,可以将知觉分为视知觉、听知觉、嗅知觉、味知觉等;根据人脑所认识的事物特性,可以把知觉分为空间知觉、时间知觉和运动知觉。空间知觉处理物体的大小、形状、方位和距离的信息;时间知觉处理事物的延续性和顺序性的信息;运动知觉处理物体在空间的位移等信息。知觉还有一种特殊的形态叫错觉。

1. 空间知觉

空间知觉是人脑对物体的空间特征的反映,包括形状知觉、大小知觉、方位知觉、距离知觉等。空间知觉在人与周围环境的相互作用中有重要作用。一个人不能认识物体的形状、大小、方位、距离等空间特征,就不能正常地生活。

空间知觉是通过后天学习获得的,它是由视觉、肤觉、运动觉等多种感觉系统协同活动的结果,其中视觉起着主要的作用。

(1)形状知觉。形状知觉是靠视觉、肤觉和运动觉来实现的。物体在视网膜上投影的形状,眼睛观察物体时沿着对象轮廓进行运动的动觉刺激,都是物体形状的信号。在用手的摸索感知物体形状时,肤觉和运动觉也起着重要的作用。所有这些连续性的刺激,给大脑提供了物体形状的信息,经过大脑的分析和综合,产生了形状知觉。

(2)大小知觉。大小知觉也是靠视觉、肤觉和运动觉来实现的。在同等距离时,大的物体在视网膜上的成像大,小的物体在视网膜上的成像小,因此根据视网膜上物像的大小就可以知觉对象的大小。在不同距离时,远处的大物体的成像可能与近处小物体的成像相等,甚至远处大物体的成像反而小于近处小物体的成像,但是,人们仍然能比较正确地反映它们的实际大小,保持知觉大小的恒常性。这是因为对象通常是在比较熟悉的环境中被知觉,所以熟悉的物体就提供了对象距离和实际大小的线索,这些线索同视觉、肤觉、运动觉所提供的信息在一起,形成了大小知觉。但是要说明的是,在距离过远时,大小知觉的恒常性就会降低,而视网膜成像大小的作用就会增大。

(3)方位知觉。方位知觉是对人或物体的空间位置与方向的知觉。动物和人都具有方位知觉的能力。例如,信鸽从千里之外能准确飞回自己的老窝,人能分辨上下、前后、左右等。

方位知觉是各种感觉协同活动的结果。不同物种在方位知觉中凭借的感官不完全相同。例如,鸽子主要是受地球磁场的影响,蝙蝠主要依靠回声定位,而人则主要是使用视觉和听觉来辨别方位。

①视觉定位。当人用眼睛环顾周围时,环境中的物体就在视网膜上形成了不同的投影。物体在视网膜上投影的相对位置不同,以环境中某些熟悉的物体的位置为参照点,就形成了物

体的方位知觉。当然,在主要以视觉定位时,肤觉、运动觉、平衡觉也发挥了补充作用。

②听觉定位。由于人的耳朵位于头的两侧,这样,一侧声源发出的声音到达两耳时经过的距离就不同。两耳离开声源的距离不同所造成的两耳声音刺激强度差别、时间差别、位相差别就成为人对声音方位知觉的主要线索。

(4)距离知觉。距离知觉也就是深度知觉和立体知觉。外部世界在视网膜上的投影是平面的二维视像,但却能被知觉为三维的图像,并对图像的远近距离作出正确的判断。这些使人产生距离知觉的线索有以下几种。

①生理线索。A.调节:人眼在观察对象时,为了在视网膜上获得清晰的视像,水晶体必须作出调节变化。看远处的东西,水晶体要扁平;看近处的东西,水晶体要凸起。水晶体曲度的变化是由睫状肌的收缩和放松来控制的,睫状肌的动作冲动就为辨别物体的距离提供了一个线索。但是眼睛的这种调节只在几米(1~2米)内有效,而且也不精确。这是深度知觉中眼睛的调节作用。B.辐合:眼睛在看东西时,两眼的视轴要指向所看的东西,这样双眼的视轴必须进行一定的辐合运动,看近物时视轴角大,看远物时视轴角小。这样控制双眼视轴辐合的眼肌运动就向大脑报告了关于对象距离的信号,用以判断物体的距离。使用视轴辐合线索的个体差异很大。例如,一项对25名被试的实验发现,约有13人很少使用辐合来判断距离。这是深度知觉中双眼视轴辐合的作用。

②单眼线索。A.对象重叠:一个物体部分地掩盖了另一个物体,那么,遮挡物体被知觉为近些,被遮挡物体被知觉为远些。B.线条透视:线条透视是由于空间对象在平面(视网膜)上的几何投影造成的。近处物体所占视角大,在视网膜上的投影也大;远处物体所占视角小,在视网膜上的投影也小。看起来向远方伸展的道路两侧趋于接近。线条透视的这种效果能帮助我们知觉对象的距离。C.空气透视:物体反射的光线在传送过程中是有变化的,其中包括空气的过滤和引起的光线的散射。一般来说,远处的物体显得灰蒙蒙、模糊,近处的物体显得明亮、清晰。据此,也可以推知物体的距离。D.相对高度:在其他条件相等时,视野中的两个物体相对位置较高的那个,就显得远些。E.纹理梯度:这是指视野中的物体在视网膜上的投影大小和投影密度发生有层次的变化。例如,眼前的墙砖投影大、密度小,而高处的墙砖投影小、密度大。F.运动视差:当观察者与周围环境中的物体做相对运动时,远处的物体移动慢,近处的物体移动快,这就是运动视差。虽然实际上两个物体是以相同的速度朝同一方向运动,但人们往往觉得近处的物体比远处的物体移动角速度要快。这种角速度的差异也构成了深度知觉的一个线索。

③双眼线索。由于人的两眼相距6~7厘米,因此两眼同时看同一个物体,两眼的成像并不一致,左眼看到的左边多一点儿,右眼看到的右边多一点儿,这种差异叫双眼视差。由于这两个不同的视觉信息,最后在大脑皮层的整合下合二为一,就造成了对象的立体知觉和距离知觉。双眼视差是深度知觉的主要线索。

2. 时间知觉

时间知觉是人对客观现象延续性和顺序性的反映。时间知觉有四种形式。①对时间的分辨。例如,先吃饭,再午休,接着去上课,能够按时间顺序把这些活动区别开来,就是对时间的分辨。②对时间的确认。例如,知道今年是2014年,去年是2013年等。③对持续时间的估量。例如,知道这节课已上了一刻钟了,这门课程已开了两个月了等。④对时间的预测。例如,知道再有十天就要参加英语等级考试了,两个月后就是寒假等。

(1)时间估计的依据。由于对时间只有在事件进行之后才能作出估计,因此,知觉时间必须通过各种媒介间接地进行,这些媒介包括以下几种。

①自然界的周期现象。太阳的升落、昼夜的交替、月亮的盈亏、四季的更迭等周期出现的自然现象,为我们估计时间提供了中介。在计时工具没有发明之前,人们主要是根据这些现象来估计时间的。例如,日出为晨,日落为暮,昼夜交替为一日,月盈月亏为一月,四季更迭为一年等。

②有机体的节律活动。人的很多生理活动是有节律、有周期性的。例如,呼吸每秒约16次左右,心跳每秒为65次左右,进食4~6小时后会产生饥饿感等。人们依据自身的节律活动可以估计事件延续的时间。例如,人可以根据自己的饥饿感,大体估计该是晌午了;根据身体疲倦的程度,大体估计夜已深了。身体组织的上述节律活动又叫生物钟,为人们提供了关于时间的信息。

③已认识的计时工具。在失去客观标志即时间媒介时,估计时间会发生错误。例如,在阴雨天就无法借助太阳的方位来估计时间,这时容易产生时间的错觉。而且借助自然媒介和机体媒介的时间知觉也只能是一种估量,难以精确。在这种情况下,人们还可以借助日历、时钟、手表等计时工具来准确、独立地判定时间。

在时间知觉中,人的估计误差和个别差异很大。一般而言,人对于1秒左右的时间估计最准确,短于1秒的时间常被高估,长于1秒的时间常被低估。同时,时间知觉的个体差异也十分明显,有经验的运动员能以精确的时间感来控制动作的节奏,有经验的教师能准确地把握授课的时间分配和教学进度。

(2)影响时间知觉的因素。影响时间知觉的因素很多,大致包括以下几种。

①感觉通道的性质。在判断时间的精确性方面,听觉最好,触觉其次,视觉较差。

②事件的数量性质。在一定的时间内,事件发生的数量越多,性质越复杂,时间估计得越短。反之,人们倾向于把时间估计得越长。例如,同是一节45分钟的课,如果内容丰富,饶有趣味,学生会觉得时间过得很快;相反,如果内容贫乏,枯燥乏味,学生会觉得时间过得很慢。在回忆往事时恰恰相反:同样一段时间,经历越丰富,越觉得时间长;经历越单调,越觉得时间短。

③主体的兴趣情绪。人对自己感兴趣的事情,会不觉得时间的延续,从而产生对时间的低估;相反,人对自己没兴趣的事情,会觉得时间流逝缓慢,从而产生对时间的高估。在期待某种事件时,会觉得时间过得很慢;在力图逃避某种即将发生的事件时,会觉得时间过得很快。

3. 运动知觉

运动知觉是人脑对物体空间位移的知觉。物体的运动总是在一定的时间和一定的空间中进行的,因此,运动知觉跟空间知觉、时间知觉有着不可分割的联系。

运动知觉对动物和人的适应性行为有重要意义。它为动物提供了猎物和天敌来临的信号,猫捉老鼠、虎捕小鹿,成功的捕食依赖于对猎物运动速度的正确知觉。它也为人类正常的生活与工作提供了前提条件。例如,行人穿越马路,既要估计来往车辆的距离,也要估计它们行驶的速度;球场上的接球与传球,也都离不开对物体运动速度的正确估计。运动知觉也是通过多种分析器协同活动实现的,并且十分复杂,实际运动的物体可以被知觉为运动的,实际不动的物体也可以被知觉为运动的。这样,运动知觉就分为真动知觉和似动知觉。

(1)真动知觉。真动知觉是指物体发生实际的空间位移所产生的运动知觉,即物体在按一定的速度或加速度从一处向另一处连续位移时,人所产生的物体在运动的知觉。运动知觉直接依赖于对象运动的速度。如果物体运动得太慢,人是感觉不到它的移动的,例如手表上时针的运动、自然中花朵的绽放等。如果物体运动得太快,人同样感觉不到它的移动,例如电风扇的叶片、高速转动的车轮、宇宙中光线的穿越等。

人们知觉到的物体的运动速度与实际的物体的运动速度常常很不一致。这种现象跟观察者与运动物体的距离有关。运动物体距离近,看起来运动快;运动物体距离远,看起来运动慢。这种现象也跟运动物体所在的空间有关,物体在广阔的空间运动看起来慢,物体在狭窄的空间运动看起来快。这种现象还跟物体运动的方向有关,在垂直方向上运动比在水平方向上运动看上去速度要快得多。

(2)似动现象。似动现象是将实际不动的物体知觉为运动的,或在没有连续位移的地方看到了连续的运动。似动现象的主要形式有以下三种。

①动景运动。当两个刺激物按一定的空间距离和时间间隔相继呈现时,人就会感觉到一个刺激物在向另一个刺激物做连续运动,这就是动景运动。例如,给被试呈现两条直线,一条水平,一条垂直。当两条直线呈现的时距低于30毫秒时,人们感觉到两条直线是同时出现的;当两条直线呈现的时距高于200毫秒时,人们感觉到两条直线是相继出现的;当两条直线呈现的时距为60毫秒左右,人们感觉到一条直线在向另一条直线运动。电影和霓虹灯都是按照动景运动的原理制成的,其实质在于视觉后像,即在视觉刺激消失后,感觉仍保留一段时间而不立即消失。

②诱发运动。由于一个物体的运动使相邻的一个静止的物体产生运动的印象,叫诱发运动。例如,夜空中的月亮是相对静止的,而浮云是运动的,可是,由于浮云的运动,使人们感觉到好像是月亮在云朵间穿行。许多电影的特技镜头就是利用诱发运动的原理来拍摄的。

③自主运动。如果你在黑暗的房间紧盯一个燃烧的烟头,过一段时间后,便会感觉它似乎在不停地游走,这就是自主运动。自主运动的产生与黑暗中失去周围空间的参照系,从而使光点的空间位置不确定有关。同时,它也与人的个性相关,场依存的人比场独立的人更易产生自主运动的知觉。

动景运动、诱发运动和自主运动都是似动现象,因为人所感觉到的运动都不是物体在真正发生位移。因此,似动现象也可以看作是一种运动错觉。

三、错觉

错觉是对事物的一种不正确的知觉。错觉不同于幻觉,错觉是在客观事物刺激作用下产生的一种对刺激的主观歪曲的反映。

两千多年前,人类就已发现了错觉现象。在中国古书《列子》中就记载有两小儿争论太阳大小的论述,"日初出大如车盖,及日中则如盘盂,此不为远者小而近者大乎?"这里的近如车盖、远似盘盂的现象就是错觉现象。

了解错觉对人类生活具有重要意义。在建筑设计、服装设计、图案设计、室内装饰中巧妙地利用错觉原理能引起良好的心理效应,给人们的生活带来舒畅愉悦。另外,飞行员在海上飞行,由于水天一色,失去了环境中的视觉线索,很容易产生"倒飞"现象;学生在学习立体几何时,容易轻信图形的表面知觉。这些都是要加以克服与避免的。

(一)错觉的种类

错觉的种类很多,常见的有大小错觉、视错觉、听错觉、形重错觉、时间错觉、运动错觉等。当掂量相同重量的铁块和棉花时,人往往感觉到铁重、棉花轻,这是形重错觉。当你坐在飞驰的火车上看窗外的景色,你会感觉到路旁的树在一排排向后倒去,这是运动错觉。在众多的错觉中,视错觉最为普遍,常发生在几何图形的认知上。下面是常见的几何图形错觉。

1. 大小错觉(见图 4-4)

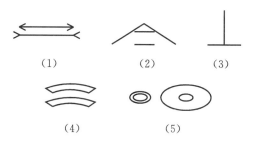

图 4-4 大小错觉

(1)缪勒—莱耶错觉:该图箭头内的线是一样长的,但我们看上去箭头向外的线比箭头向内的线要短。

(2)潘佐错觉:在两条辐合线的中间有两条等长的直线,结果上面一条直线看上去比下面一条直线要长。

(3)垂直—水平错觉:两条等长的直线,一条垂直,一条水平,但看上去垂直线要比水平线长。

(4)贾斯特罗错觉:两条等长的曲线,包含在下图中的一条看上去要比包含在上图中的一条长些。

(5)多尔波也夫错觉:两个面积相等的图形,被大圆包围的显得小,被小圆包围的显得大。

(6)月亮错觉(见图 4-5):月亮在天边显得大,在天顶显得小。

图 4-5 月亮错觉

2. 形状和方向错觉(见图 4-6)

(1)佐尔拉错觉:一些平行线由于附加线段的影响而看上去不平行了。
(2)冯特错觉:两条平行线由于附加线段的影响,使中间显得凹下去了。
(3)爱因斯坦错觉:在许多环形曲线中,正方形的四边显得有点儿向内弯。
(4)波根多夫错觉:被两条平行线切断的直线,看上去不在一条直线上。

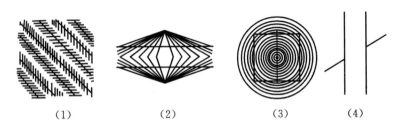

图 4-6 形状和方向错觉

(二)错觉理论

人为什么会产生错觉？人们作过各种各样的解释，但迄今为止，还没有一种理论能解释所有的错觉现象。下面是一些有影响的错觉理论。

1. 眼动理论

这种理论认为，我们在知觉几何图形时，眼睛总是沿着图形的轮廓或线条扫描。由于眼球垂直运动要比水平运动更为费力，因此同等长度的垂直线段就要比水平线段感觉长。而当人们扫描图形的特定部分时，由于周围背景的影响，改变了眼动的方向与范围，也造成了取样上的误差，从而产生了各种知觉错误。

2. 神经抑制作用理论

这是从神经生理水平解释错觉的一种尝试。该理论认为，当两个图形轮廓彼此接近时，视网膜的侧抑制过程改变了由轮廓所刺激的细胞活动，使大脑兴奋中心发生了变化，结果，人们感觉上像是轮廓发生了位移。

3. 深度加工和常性误用理论

这种理论认为，错觉具有认知方面的根源。通常人们在知觉立体对象时，总是把距离估计在内，这样才能保持物体的大小恒常。而当人在注视平面对象时，会习惯性地运用原来的透视经验，从而引起了错觉。从这个意义上说，错觉是知觉恒常性的一种例外，是人们误用了知觉恒常性的结果。

第二节 感觉与知觉的基本规律

 案例展示

军事伪装与心理学

在军事上互相以虚虚实实、真真假假来迷惑对方，这是军事家常用的战术。军事伪装在隐蔽自身战斗意图，给敌方造成错觉，争取战斗的主动权，出其不意地打击对方方面，具有十分重要的意义。在实战中，如能伪装好己方军队，就能保护好自己的实力，免受敌人的火力攻击。有时，哪怕只有一个战士或一个目标伪装不善，被敌方发现，就有可能造成整个战斗处于被动局面。

那么，军事伪装与心理学有何联系？据研究发现，军事伪装与心理学息息相关，前者主要利用人们知觉的选择性不同来设计。通常人们在观察事物时，被清楚地知觉到的事物，为知觉

对象,与知觉对象同时在视野中存在,而不被清晰地知觉的事物,为背景。就如士兵的射击训练,此时的靶子就成为士兵的知觉对象,而靶子周围的事物就是士兵的知觉背景。如把己方的指挥员、武器装备当作敌人观察的对象,那么军事伪装的任务就是要设法减少对象与背景的差别,使敌人难以从背景中选择出他们所要观察的对象。

一、感受性与感觉阈限

感觉是由刺激物直接作用于某种感官引起的。人的感官只对一定范围内的刺激作出反应。对刺激范围及相应的感觉能力的研究,就是感觉阈限和感受性的研究。

1. 绝对感受性与绝对感觉阈限

刺激物只有达到一定强度时才能引起人们的感觉。例如,我们平时看不见空气中的灰尘,当灰尘落在我们的皮肤表面时,我们也不能觉察它的存在。但是,当细小的灰尘聚集成较大的尘埃时,我们不但能看见它,而且能感觉到它对皮肤的压力。这种刚刚能引起感觉的最小刺激量,称绝对感觉阈限。而感官能觉察出最小刺激量的能力,称绝对感受性。一般来说,人类各种感觉的绝对感受性都很高。

绝对感受性可以用绝对感觉阈限来衡量。绝对感觉阈限越大,即能够引起感觉所需要的刺激量越大,绝对感受性就越小。相反,绝对感觉阈限越小,即能够引起感觉所需要的刺激量越小,则绝对感受性越大。因此,绝对感受性与绝对感觉阈限在数值上呈反比,用式(4-1)表示如下。

$$E = \frac{1}{R} \tag{4-1}$$

式中,E 是绝对感受性,R 是绝对感觉阈限。

2. 差别感受性与差别感觉阈限

刺激量常发生变化,但并非任何变化都能被人觉察,必须要有足够大的变化。例如,大合唱增减1个人,人们不会觉察音量的区别;但增减10个人,差别就明显了。同样提一斤肉,添上半两感觉不出,加上半斤就有明显的感觉。能觉察差异的刺激量的最小差别量称差别阈限,能够觉察刺激物最小差别量的能力称差别感受性,两者也呈反比。

人们对刺激量差异的感觉并不取决于差别的绝对数量,而是取决于刺激的变量与原刺激量的比值。引起差别的刺激变量与原刺激量的比值是一个常数,用式(4-2)表示如下。

$$K = \frac{\Delta I}{I} \tag{4-2}$$

其中,ΔI 为刺激变量,即 JND(just noticeable difference);I 是原刺激量,K 是常数。这就是著名的韦伯(E. H. Weber)定律。对不同感觉来说,K 的数值是不同的,即韦伯分数不同(见表4-2)。

表4-2 不同感觉的最小韦伯分数

感觉类别	韦伯分数
重压(在400g时)	$0.013 = \frac{1}{77}$
视觉明度(在100光量子时)	$0.016 = \frac{1}{63}$

续表 4-2

感觉类别	韦伯分数
举重(在 300 光量子时)	$0.019 = \frac{1}{53}$
响度(在 1000Hz 和 100dB 时)	$0.088 = \frac{1}{11}$
橡皮气味(在 2000 嗅单位时)	$0.104 = \frac{1}{10}$
皮肤压觉(在每平方毫米 5g 重时)	$0.136 = \frac{1}{7}$
咸味(在每千克 3g 分子量时)	$0.200 = \frac{1}{5}$

韦伯定律虽然揭示了感觉的某些规律,但它只适用于中等刺激强度,刺激过强或过弱,刺激变量与原刺激量之间的比值就不再是常数了。

3. 刺激强度与感觉大小的关系

感觉是由刺激引起的,因此感觉大小与刺激强度之间有着直接的关联。例如,强光看上去亮些,弱光看上去暗些;强音听上去响些,弱音听上去轻些。但是,刺激物物理强度的变化并不一定引起感觉产生等量的变化。

4. 阈下刺激的心理效应

当刺激强度低于阈限时,我们感觉不到刺激的存在,但它还是会对人产生一定的影响。研究者对接受阈下刺激时所伴随的生理指标进行测定,发现低于阈限的刺激可引起脑电波的变化和瞳孔的放大,而且再次接受该刺激时,人会有熟悉感。

二、感受性的变化的规律

人的感受性并不是一成不变的,由于某种因素的作用,感受性会出现暂时提高或降低的现象,这就是感受性的变化。感受性的变化有下列几种情况。

1. 感觉适应

当刺激持续作用于人的感官时,人对刺激的感觉能力会发生变化,这种现象叫感觉适应。适应既可以提高人的感受性,也可以降低人的感受性。一般而言,弱刺激可以提高人的感受性,强刺激可以降低人的感受性。

视觉的适应是最明显的,它包括明适应和暗适应两种。明适应的时间很短,大约一分钟之内就可以完成。暗适应所需时间较长。听觉的适应不太明显,如纺织厂的工人对机器轰鸣声的适应。肤觉的适应较为明显,如冬泳。嗅觉的适应表现在"入芝兰之室,久而不闻其香;入鲍鱼之肆,久而不闻其臭"。味觉也有适应。痛觉的适应很难发生,正因为如此,痛觉才是机体的警报系统。

2. 感觉对比

感觉对比是指同一感受器在不同刺激作用下,感受性在强度和性质上发生变化的现象。感觉对比有两类,即同时对比和先后对比。

同时对比指几个刺激物同时作用于同一感受器产生的感受性的变化。例如,放在白背景上的灰布的颜色似乎比放在黑背景上的灰布的颜色要深,月明衬托星稀,这叫明暗对比。再如,放在黄色背景上的灰显蓝,放在蓝色背景上的灰显黄,这叫颜色对比。通常,对比使物体的色调向着背景颜色的补色方向变化。

先后对比是指刺激物先后作用于同一感受器时产生的感受性的变化。例如,吃了糖果后吃苹果觉得酸,吃了中药后吃苹果觉得甜;初冬刚穿上小棉袄觉得厚重,肢体活动拘束,开春只穿小棉袄却觉得轻薄,肢体行动自如。

3. 感觉相互作用

感觉相互作用是指在一定条件下,各种不同的感觉之间发生相互影响,从而使感受性发生变化的现象。例如,过烫的食物会破坏人的美味,噪声会降低人的视觉感受性,轻微的音乐能减轻人的疼痛。不同感觉相互作用的一般规律是,弱刺激能提高另一种感觉的感受性,强刺激则会使另一种感觉的感受性降低。

4. 联觉现象

各种感觉之间产生相互作用的心理现象,即对一种感官的刺激作用触发另一种感觉的现象,在心理学上被称为"联觉"现象。最常见的联觉是"色—听"联觉,即对色彩的感觉能引起相应的听觉,现代的"彩色音乐"就是这一原理的运用。另外,色觉又兼有温度感觉,例如,红、橙、黄色会使人感到温暖,所以这些颜色被称作暖色;蓝、青、绿色会使人感到寒冷,因此这些颜色被称作冷色。还有一种色觉称"光幻觉",可伴有味、触、痛、嗅或温度觉。"语—色联觉"是指某些词汇引起的色觉。日常生活中,人们常说"甜蜜的声音"、"冰冷的脸色"等等,都是一种联觉现象。

四、常见的感觉现象

除了感觉适应、感觉对比、感觉相互作用等感受性变化方面的现象以外,常见的感觉现象还有感觉后效、联觉和感觉补偿等现象。

(一)感觉后效

刺激物停止作用后,感觉并不立即消失,而是逐渐减弱,这种感觉残留的现象叫做感觉后效。比较典型的感觉后效是痛觉后效和视觉后效。视觉后效也叫视觉后像。

视觉后像分两种,即正后像和负后像。例如,在紧盯着屏幕上的一个红色正方形一段时间后,闭上眼睛,眼前黑暗的背景上会出现一个跟刚才差不多的红色正方形,这种现象叫正后像。正后像的品质与原刺激物的品质相同。在正后像出现后,如果我们将视线转向白色的墙壁,就会感到在明亮的背景上有一个绿色的正方形,这就是负后像。负后像的品质与原刺激物品质相反。通常,负后像的颜色是原颜色的补色。视觉后像残留的时间大约为 0.1 秒,与原刺激的强度和作用的时间有关。一般来讲,刺激强度越大,时间越长,后像的持续时间也越长。

(二)联觉

联觉是一种感觉引起另一种感觉的现象。联觉是感觉相互作用的另一种表现,类似于文学上的通感。例如,对音乐有一定造诣的人,听到动听的乐曲会产生相应的视觉画面,这就是视听联觉。联觉的形式很多,最突出的是颜色联觉。例如,红色给人以希望、热烈的感觉,绿色给人以生机、宁静的感觉,蓝色给人以广阔、深沉的感觉,黑色给人以恐怖、肃穆的感觉,白色给人以纯洁、安详的感觉等。

联觉现象在绘画、建筑、装饰等方面经常得到应用。一个生产车间如果色彩调配得当,生产效率可提高 10%～20%。

(三)感觉补偿

感觉补偿是指由于某种感觉缺失或机能不足,会促进其他感觉的感受性提高,以取得弥补与代偿作用。例如,盲人的听觉、触觉、嗅觉特别发达,以此来补偿丧失了的视觉功能。当然,这种补偿作用是经过长期不懈的练习获得的。

感觉补偿的现象从另一个侧面说明了人的感受性存在着巨大的潜力,在长期训练的条件下会表现出惊人的能力。例如,染料工人能分辨四十多种不同的黑色,音乐教师能精确分辨微弱的音高偏差等。这些现象给特殊儿童的教育带来了启示,可以对残疾儿童进行感觉代偿的训练,从而为残疾儿童的生活自立创造充分的条件,因此这种训练宜早进行。

三、知觉的基本特性和规律

人的知觉活动表现出四种基本特性。

(一)知觉的选择性

人所处的环境复杂多样。在某一瞬间,人不可能对众多事物进行感知,而总是有选择地把某一事物作为知觉对象,与此同时把其他事物作为知觉背景,这就是选择性。分化对象和背景的选择性是知觉最基本的特性,背景往往衬托着、弥漫着、扩展着,对象往往轮廓分明、结构完整。

知觉的对象从背景中分离,与注意的选择性有关。当注意指向某种事物的时候,这种事物便成为知觉的对象,而其他事物便成为知觉的背景。当注意从一个对象转向另一个对象时,原来的知觉对象就成为背景,而原来的背景转化为知觉的对象。因此,注意选择性的规律同时也就是知觉对象从背景中分离的规律。

有时人可以依据自身目的进行调整,使对象和背景互换,例如双关图(见图4-7)中的少女与老妪、花瓶与人脸。选择这一部分作为对象时,图片的内容是少女、花瓶;选择另一部分作为对象时,图片的内容是老妪、人脸。

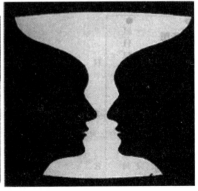

图4-7 双关图

(二)知觉的整体性

虽然事物有多种属性,由不同部分构成,但是人们并不把知觉对象感知为个别的、孤立的几个部分,而倾向于把它们组合为一个整体。例如,呈现一个由许多小写字母 s 组成的一个大写字母 H,通常人们首先反映到大脑的是字母 H,然后才细辨它是由许多小写字母 s 组成的。

再如,同样一个图形"13",当它处在数字序列中时,我们把它知觉为 13,而当它处在字母序列中时,我们又把它知觉为 B。这些都反映了知觉把对象组合为整体的特性。

正因为如此,当人感知一个熟悉的对象时,哪怕只感知了它的个别属性或部分特征,就可以由经验判知其他特征,从而产生整体性的知觉。例如,面对一个残缺不全的零件,有经验的人还是能马上判知它是何种机器上的何种部件。这是因为过去在感知该事物时,是把它的各个部分作为一个整体来知觉的,并在头脑中存留了部分之间的固定联系。当一个残缺不全的部分呈现到眼前时,人脑中的神经联系马上被激活,从而把知觉对象补充完整。而当知觉对象是没经验过的或不熟悉时,知觉就更多地以感知对象的特点为转移,将它组织为具有一定结构的整体,即知觉的组织化。其原则是视野上相似的、邻近的、闭合的、连续的易组合为一个图形(见图 4-8)。

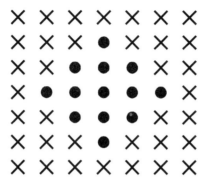

相似法则

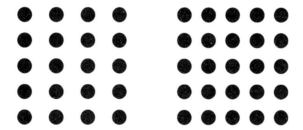

邻近法则

闭合法则

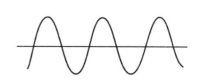

连续法则

图 4-8 知觉组织法则

知觉对象作为一个整体,它不是各部分的机械均等的堆砌,而是取决于关键性强的部位(例如歌曲中的旋律与歌词),非关键性的部分(例如音调与音色)一般被遮蔽。这里,知识经验是识别关键部分、准确把握知觉对象的重要因素。学生的知识经验缺乏,为提高其知觉的效能,教师应指点他们在观察时把注意力放在关键特征上。

知觉的整体性尤其是关键部位的作用提高了人们知觉的速度。例如,辨别个别笔画和辨别整个字的时间是相同的。但这也使人们容易忽略部分和细节,例如,校对时对整个文句的感知会抑制对个别错别字和错误标点的感知。

(三)知觉的理解性

知觉的理解性是指在知觉过程中,人用过去所获得的有关知识经验,对感知对象进行加工理解,并以概念的形式标示出来。其实质是旧经验与新刺激建立多维度、多层次的联系,以保证理解的全面和深刻。在理解过程中,知识经验是关键。例如,面对一张 X 光片,不懂医学的人很难知觉到有用的信息,而放射科的医师却能获知病变与否。教师也应通过言语启发,提供线索,帮助学生提取知识经验,组织知觉信息。

当第一次看隐匿图形(见图 4-9)时,人并不是消极地观看图片上的黑白斑点,而是力求理解这些斑点的关系,提出种种假设,对它作出合理的解释。例如,"这是一片雪地吗?雪地里有什么?中间好像有个动物!它是什么?是熊吗?不像!是狼吗?也不像!哦,对,我看出来了,它是一条狗!"可见,人在知觉的过程中,不是被动地把知觉对象的特点登记下来,而是以过去的知识经验为依据,力求对知觉对象作出某种解释,使它具有一定的意义。

图 4-9 隐匿图形

正因为知觉的理解性,人会作出"不可能图形"的判定。在图 4-10 所示的不可能图形中,知觉的理解性表现得更为明显。人们根据知觉对象提供的线索,提出假设,检验假设,最后作出合理的解释。当知觉对象是我们熟悉的事物时,人们对对象的理解往往采取压缩的形式,知觉者直接给对象命名,把它纳入一定的范畴之内,如"这是一个三角形","这是一部山地车"等。

(四)知觉的恒常性

当知觉条件发生变化时,知觉的印象仍然保持相对不变,这就是知觉的恒常性。在视知觉中,知觉的恒常性十分明显。

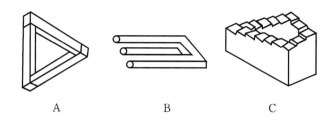

图 4-10 不可能图形

视知觉的恒常性包括大小恒常、形状恒常、亮度恒常、颜色恒常。从不同的角度看同一扇门，视网膜上的投影形状并不相同，但人们仍然把它知觉为同一扇门，这是形状恒常性。一个人由近及远而去，在视网膜上的成像是越来越小的，但是人们并不会认为这人在慢慢变小，这是大小恒常性。煤块在日光下反射的光亮是白墙在月色下反射的光量的 5 万倍，但看上去我们仍然认为煤是黑的，墙是白的，这是明度恒常性。家具在不同灯光的照明下颜色发生了变化，但人对它颜色的知觉保持不变，这就是颜色恒常性。

知觉的恒常性使人在不同的条件下，仍然产生近似实际的正确认识，这对正常的生活与工作来说是必要的。

第三节 观察与教育

梅兰芳先生驯鸽练眼功

梅兰芳年幼时，两只眼睛微微近视，眼皮下垂，眼神不能外露，有时迎风还会流泪，眼珠转动也不灵活。这对一个演员来说，的确是个致命的缺陷。拜师时，老师说他长着一双死鱼眼睛，不肯教。梅兰芳不灰心，为了练眼功，从此就开始驯鸽练眼功，不管寒暑、雨雪，每天天刚朦朦亮，就起床打扫鸽子笼，给鸽子喂食、喂水，从最初的几对到后来的一百五十多对，根据鸽子的飞行能力的强弱，一队一队地把它们放上天空。放飞之后，梅兰芳既要观察鸽队飞行状况，又要训练新鸽子的飞行，还要轰赶停飞的老鸽子，更要注意鹞鹰的突然侵袭。不管哪一飞行环节，都要用眼神注视蓝天中翱翔的鸽群。鸽子在天空盘旋，他眼睛也不由自主地跟着运转。鸽子越飞越高、越飞越远，他眼睛也越望越远，仿佛要望到蓝天的心头。鸽子自下起飞、自上降落，他眼睛也自然地随着上下活动。这样日久天长，不知不觉的训练把梅兰芳眼皮下垂、运转无神、迎风流泪的眼病治好了。演出时，人们看到梅先生眼睛异常有神。

观察是人们认识世界、增长知识的主要手段。它在人的一切实践活动中具有重大的作用。人们通过观察获得大量的感性材料，获得对事物具体而鲜明的印象。本节主要介绍观察的概念、品质以及观察力的培养。

一、观察的概念

观察是有目的、有计划、较持久的知觉，是人对客观事物感性认识的一种主动表现，是有意知觉的高级形式。

心理学家根据人在知觉事物时有无预定目的,将知觉分为有意知觉和无意知觉。无意知觉是事先没有预定目的、任务,也不需要意志努力的知觉。它或者是由外界现象的特点引起的,或者为人的兴趣所指引。例如,当你漫步公园时,无意中可以看见绿树成荫,湖水荡漾,可以听到鸟儿的喳喳声,汽车的喇叭声……这些都是无意知觉。有意知觉是按预先定好的目的、任务,并需要一定意志努力的知觉,如听报告、参观博物馆、分析设计图纸等。

观察是有一定的目的性,有选择地去知觉某种事物。观察总与积极的思维活动相联系,比如,对事物进行比较,以便了解它们的特征和本质。

观察是有计划的知觉。例如,一个人在校园里闲散溜达,虽然他也能知觉到鸟语花香、人流车声,但这种知觉是没有目的、没有计划的;而当教生物的教师带着学生在校园里对植株进行学习时,这时是带着预期目的有步骤地进行的知觉,这就是观察。

观察是科学研究的基础。古今中外,许多伟大的科学家都具有敏锐的观察力。巴甫洛夫在他的实验室中刻有"观察、观察、再观察"的语句。观察是知识学习的条件。在系统知识的学习中,无论是语文课中对字形的辨认、对景色的描写,数学课中对物品的计数、对图形特征的认识,还是科学课中对自然现象的洞察、对生物习性的了解,都离不开观察。

二、观察的品质

(一)观察的目的性

观察的目的性表现为个体在观察前能否清楚地意识到观察的目的与任务,在观察过程中能否排除干扰、有始有终地完成观察任务。观察目的强的人能主动、独立地提出观察任务,并克服困难,持久专注地完成观察任务。反之,观察目的弱的人意识模糊,容易受到刺激物的特点和个人兴趣、情绪的支配,游离于观察的过程。

(二)观察的精确性

观察精确性强的人能细致全面地观察客体,能发现事物间的细微差别。而观察精确性弱的人则观察粗疏、笼统,容易遗漏对象的特征,常对有细微差别的事物作泛化的反应。

(三)观察的全面性

观察是否全面取决于观察是否有序以及是否动用了多种感官。观察有序的人观察系统,能捕捉事物的全部信息,表达有条理。而观察无序的人观察零乱,容易遗漏事物的重要细节,表达也很混乱。只动用视觉器官进行观察的人,只能获得关于事物在形状、颜色、大小等方面的信息,而善用各种感官进行观察的人,就能获得事物的各种信息,获得对事物的完整认识。

(四)观察的深刻性

观察肤浅的人往往只注意到事物外在的联系和表面特征。观察深刻的人却能透过现象看本质,发现事物内在的联系。

三、观察力的培养

观察力不是自然而然生长起来的,而是在观察活动中潜移默化地培养起来的。观察力的培养应体现在整个观察的过程中。

(一)观察前要做好观察的准备

1. 明确目的与任务

目的能引起个体身心的紧张度,起着定向的作用。例如,四十多位专家开会,忽然外面闯进来两个人,一阵厮打后被人拉出会场,主持人要求专家立刻写出刚才的见闻,结果只有 1 篇差错在 20% 以下,有 12 篇差错在 40% 以上,很多记述充满了主观臆想。尽管这里有许多有利的因素,例如,事件延续了一段时间,性质足以引起人的注意,看后马上记录,都是些善作记录的人,为什么还有许多差错?究其原因在于缺乏观察的目的性。所以,观察的目的、任务及观察结果的处理与运用要求一定要在观察前就明确提出。

2. 丰富相应的知识

缺乏文史知识背景的人在参观一些人文景观时常常走马观花;相反,具有相关知识的人参观起来就细致深入得多。这说明只有理解了的东西才能更好地感知,一个完全陌生的事物是难以引起人的观察兴趣的,即使有了明确的观察目的,也不知如何着手去观察。所以,观察前要丰富相应的知识。

(二)观察中培养观察的技能

观察作为一项操作性极强的活动,需要掌握一定的观察技能。

1. 有顺序地进行

有顺序地进行才能保证信息加工和结果表达的条理性与全面性。观察的顺序应根据观察对象的特点而变化。观察一个事物,可以遵循空间顺序,可以从头到尾,可以从左到右,可以由近及远,可以先整体再部分后整体等。观察是一种过程,可以遵循时间顺序,有时也可以按照事物的内在逻辑顺序进行观察。

2. 多感官的活动

作为一种特殊知觉的观察自然应该包括看,但观察不仅仅是看,还应包括其他各种感官的活动。例如,观察春天,不仅要看,看柳枝吐芽、看碧波荡漾、看草地新绿;也要听,听微风、听鸟语、听流水、听春耕;还要嗅,嗅花香、嗅泥土清香。各种感官的活动使得我们能够了解事物的各种属性,从而全面地认识对象。

3. 有积极的思维

观察不是纯粹的客观信息的输入,其中不可避免地要渗透主体的思维活动,所以,观察又被称做"思维的知觉"。其实就感官的灵敏度而言,人的嗅觉不如狗,人的视觉不如鹰,但人的观察之所以能远远比动物高明,是因为人有思维活动的介入。人与人在观察水平上的差异,究其实质也在于思维参与上的差异。因此,观察的过程伴随积极的思维就是一项重要的观察技能。

观察中的思维体现在善于比较,从相似对象中寻找到不同,在貌似无关的对象中发现联系。观察中的思维还体现在善于概括规律,例如从四季的更替中揭示春天与生命活动的关系。观察中的思维更体现在善于发现事物的内在联系,能够透过现象看本质。

(三)观察后及时总结观察结果

为了使观察中获得的知识成为意识的经验、巩固的经验,观察后有必要对观察的结果及时总结。总结的方式可以是口头的表述或书面的记录,记录可以是文字的,例如日记、作文、报告,也可以是图画的。观察结果的总结方式应该在观察前就提出,这样有利于提高观察的目的性。

练习与思考

一、填空题

1. "窥一斑而知全豹"体现的心理学原理是_____。
2. 良好观察的品质包括_____、_____、_____、_____。
3. 感觉阈限是_____。
4. 知觉有_____、_____、_____、和_____四个特征。
5. 客观事物是多种多样的,在一定时间内,人总是有选择地以少数事物作为知觉的_____,把它们从_____中区分出来。

二、选择题

1. 感觉属于( )。
   A. 认识过程　　　B. 情感过程　　　C. 个性倾向性　　　D. 个性心理特征
2. 下列哪一种感觉属于外部感觉( )。
   A. 运动觉　　　　B. 肤觉　　　　　C. 平衡觉　　　　　D. 内脏觉
3. 下列哪一种感觉属于内部感觉( )。
   A. 嗅觉　　　　　B. 肤觉　　　　　C. 味觉　　　　　　D. 机体觉
4. 感觉适应表现为感受性的( )。
   A. 提高　　　　　B. 降低　　　　　C. 提高或降低　　　D. 以上都不是
5. 视觉的明适应是感受性的( )。
   A. 提高　　　　　B. 降低　　　　　C. 提高和降低　　　D. 以上都不是
6. 看到一面红旗,这时的心理活动是( )。
   A. 感觉　　　　　B. 记忆　　　　　C. 知觉　　　　　　D. 视觉
7. 观察实质上是一种( )过程。
   A. 记忆　　　　　B. 知觉　　　　　C. 想象　　　　　　D. 以上都不是
8. 能够察觉出两个刺激物之间最小差异的能力,叫做感觉的( )。
   A. 绝对感受性　　B. 差别感受性　　C. 差别感觉阈限　　D. 绝对感觉阈限
9. 知觉时把对象从背景中分离出来,这是知觉的( )。
   A. 整体性　　　　B. 选择性　　　　C. 理解性　　　　　D. 恒常性
10. "一俊遮百丑","一坏百坏",指的是社会知觉中的( )。
    A. 刻板印象　　　B. 首因效应　　　C. 近因效应　　　　D. 晕轮效应
11. 甜甜的话语,轻快的音乐,体现的是感觉的( )现象。
    A. 代偿　　　　　B. 对比　　　　　C. 适应　　　　　　D. 联觉
12. 军事上的伪装是运用了知觉的( )。
    A. 选择性　　　　B. 理解性　　　　C. 恒常性　　　　　D. 整体性

三、判断题

1. 感觉对比是指相同的刺激物持续作用于某一分析器而引起感受性变化的现象。( )
2. 当人的某种感觉失缺后,可以用其他的感觉来补偿。( )
3. 感觉和知觉是没有联系的两个独立的心理过程。( )

4. 在相对固定的背景下,活动的事物容易被感知。(　　)
5. 人的感受性是天生的,它并不能随生活实践的增多而改变。(　　)
6. 知觉的对象和背景并不是固定不变的,而是相互转换的。(　　)
7. 人的感觉器官只能接受特定的刺激的作用,否则就不进行反应。(　　)
8. 人的感受性是由感觉阈限来衡量的,它们之间成正比关系,感受性好,感觉阈限就大。(　　)
9. "入芝兰之室,久而不闻其香,入鲍鱼之肆,久而不觉其臭。"这种心理现象称为适应现象。(　　)
10. 下雨时,我们把落下的一个雨点看成一条线,这是一种错觉。(　　)
11. 明适应是指由于亮刺激的持续作用而使视觉感受性下降的一种现象。(　　)

四、名词解释
1. 感觉
2. 知觉
3. 观察
4. 错觉

五、简述题
1. 如何培养学生的观察力?
2. 感知觉的关系如何?

第五章 记　忆

学习目标

1. 了解记忆的概念和分类
2. 理解记忆和遗忘的规律
3. 掌握记忆的方法，并能将记忆方法和规律运用到自己的学习以及教学过程中

主要概念

记忆　记忆种类　遗忘曲线　记忆规律

第一节　记忆概述

记忆奇才张松

中国古典名著《三国演义》第 60 回"张永年反难杨修，庞士元议取西蜀"中写道：杨修炫耀曹操的才华，给张松看曹操写的《孟德新书》。张松从头至尾看了一遍后大笑说："此书吾蜀中三尺小童，亦能暗诵，何为'新书'？此是战国时无名氏所作，曹丞相盗窃以为己能，止好瞒足下耳！"杨修不信。张松遂将《孟德新书》，从头至尾，朗诵一遍，并无一字差错。修大惊曰："公过目不忘，真天下奇才也！"曹操得知后便命令扯碎其书烧掉。张松一目十行过目不忘的本领可见有多厉害。

在学校中，成绩好的孩子，往往记忆力都不错；在生活中，聪颖睿智的孩子，也往往有着出色的记忆力。那么，有办法提高我们的记忆力吗？答案是肯定的！记忆是有规律的，按照记忆规律来记忆，会有效提高记忆效果，让我们走上"记忆快车道"。

一、记忆的概念与过程

记忆是人脑对过去的经验的保持和再现（回忆和再认）。人们在生活实践中感知过的事物、思考过的问题、体验过的情感以及练习过的动作等以映象的形式在人脑中的保持，以后在一定条件下可以重新得到恢复。这种在人脑中对过去经验的保持和重现的过程就是记忆，它是人脑对过去所经历过的事物的反映。

记忆是通过识记、保持、再认和回忆的三个基本环节在人脑中积累和保存个体经验的心理过程。识记是记忆过程的第一个基本环节，是指个体获得知识和经验的过程，它具有选择性的

特点;保持是指已获得的知识经验在人脑中的巩固过程,它是记忆过程的第二个基本环节;回忆和再认是在不同的条件下恢复过去经验的过程。过去经历过的事物不在面前,能把它们在人脑中重新呈现出来的过程称为回忆;过去经历过的事物再次出现在面前,能把它们加以确认的过程称为再认。既不能再认又不能回忆的现象称为遗忘,遗忘是保持的对立面。回忆和再认是记忆过程的第三个基本环节。记忆过程中的三个基本环节是相互依存、密切联系的。没有识记就谈不上对经验的保持,没有识记和保持,就不可能对经验过的事物进行回忆或再认。因此,识记和保持是再认或回忆的前提,再认和回忆则是识记和保持的结果,并能进一步巩固和加强识记和保持的内容。

从信息加工论的观点看,记忆是人脑对外界输入的信息进行编码、储存和提取的过程。对信息的编码相当于识记过程,对信息的储存相当于保持过程,对信息的提取相当于再认和回忆过程。储存在人脑中的信息在应用时不能提取或提取发生了错误则相当于遗忘现象。

记忆作为基本的心理过程对人的正常生活起着极其重要的作用。人通过感知从外界获得的信息,如果不能保留就不能获得知识和经验,就不能形成概念进行判断和推理,也就不能适应复杂多变的客观环境。没有记忆,一个人的心理活动将总是停留在新生儿的水平上,不可能有个体心理活动的正常发展。记忆将人的心理活动的过去、现在和未来联结成一个整体,是人的心理过程在时间上得以持续的根本保证,从而使人的心理发展、知识积累和个性形成最终实现。

二、遗忘

谈到记忆自然要谈及遗忘,遗忘是记忆的另一面。每一个人都经历过遗忘,如果知道的东西或不久以前记住的一些信息不能再认或回忆起来,我们就认为它们被遗忘了。遗忘并不完全等同于不知道。如果让一个孩子记忆20个词,而他却只能回忆10个词,但不能说他遗忘了剩余的10个词。因为他本来就不能完全记住这20个词。在开始记忆测验的一段时间后,再让幼儿回忆以前所记住的20个词时,遗忘就可能会发生。如果幼儿在第一次记忆测验中能记住10个词,但是在第二次测验中却只能记住其中的5个词时,我们就可以说幼儿遗忘了5个词,或者记住了50%。

为什么会产生遗忘?对于遗忘原因的解释,主要有四种不同的理论,即衰退理论、干扰理论、提取失败理论和动机性遗忘理论。

衰退理论认为,遗忘是记忆痕迹随着时间的推移而逐渐消退的结果。例如,对于幼儿已经记忆过的一首古诗,如果没有反复背诵和抽查,在幼儿头脑中保留下来的痕迹就会随时间的推移而自动消失。从信息加工心理学的观点来看,记忆痕迹是指记忆的编码。从巴甫洛夫条件反射理论来看,记忆痕迹是指感知、思维、情绪和动作等活动时大脑皮质有关部位所形成的暂时神经联系。暂时神经联系的形成使经验得以识记和保持;暂时神经联系的恢复,使旧经验以回忆、再认等形式表现出来。可见,记忆痕迹只是一种形象的比喻说法。

干扰理论认为,遗忘是因为我们在学习和回忆之间受到其他刺激的干扰之故,一旦排除了这些干扰,记忆就能够恢复。干扰理论的最早研究是睡眠对记忆的影响。在一个实验中,让儿童识记无意义音节字表,达到一次能正确背诵的标准。一种情况是识记后即入睡,另一种情况是识记后继续日常工作。然后分别在1、2、4、8小时后,再让儿童回忆学习过的材料。日常工作干扰了对原先学习材料的回忆,其效果都低于睡眠的儿童。新近的一个研究结果表明,有梦睡眠比无梦睡眠的保持差,也表明干扰对记忆的影响。

提取失败理论有这样的例子:有时我们不能回忆起某事,但又明白这件事是知道的。有时我们明明知道某人的姓名或某个字,可是就是想不起来,试后却能忆起;有时我们明明知道试题的答案,一时就是想不起来,试后正确的答案不假思索便油然而生。这种明明知道某件事,但就是不能回忆出来的现象称为"舌尖现象"或"话到嘴边现象"。这种情况说明,遗忘只是暂时的,就像把物品放错地方怎么也找不到一样,提供检索线索就能提高回忆成绩。

动机性遗忘理论认为,遗忘是因为我们不想记,而将一些记忆推出意识之外,因为它们太可怕、太痛苦、太有损于自我。这种理论也叫压抑理论。对成年人回忆儿童时代的经验的研究发现,大多数原初经验的共同情绪是同高兴相联系(占30%),其次是害怕(占15%),再次是愤怒、痛苦和激动。总之,不愉快的事件更容易遗忘。另一个收集早期经验的实验研究表明,许多被研究者判断为创伤性记忆的儿童往往将自己的经验有选择地重新编码为中性的甚至是愉快的。显然,我们能重新组织自己的童年经验,以便记住过去的"美好时光"。但实际生活并非如此,只是"应该如此"而已。

总之,遗忘的原因是多方面的。上述每一种理论都能解释部分的遗忘现象,但不能解释所有的遗忘现象。因此,对于遗忘的原因,应当把上述四种理论综合起来加以解释。

第二节　记忆种类

照相式记忆力的钱钟书

学界泰斗钱钟书"具有照相式的记忆力",书读一遍即能成诵。他曾大量阅读北京大学图书馆、社科院文学所和国家图书馆的藏书,"吞吐量"大得惊人。当年在清华大学文学院读书时甚至提出了"扫荡图书馆"的口号。国内外许多知名教授、学者对钱钟书先生都非常尊敬,他们经常把自己的新作赠送给钱先生,有的出版社也经常把新出版的经典著作寄给他。钱先生收到书后,会很快看一遍,然后就将书送人并告诉别人哪本书值得读,哪本书不用读,哪本书有趣,哪本书能看出作者功力,等等。1979年5月,钱先生参加中国社科院代表团访问美国,走了不少地方,作了多次讲学和答疑。虽然事前没有准备,但不管问到什么问题,哪怕是几十年前看过的中国旧书,他都能如数家珍,大段大段地译成英文背诵出来,并加以讲解。

一、形象记忆、情景记忆、语义记忆、情绪记忆和运动记忆

根据记忆内容的不同,可以把记忆分为形象记忆、情景记忆、语义记忆、情绪记忆和运动记忆五种。

(一)形象记忆

形象记忆是个人以感知过的事物的形象为内容的记忆。这种记忆所保持的是事物的具体形象,具有鲜明的"直观"性,它以表象的形式储存。一般人以视觉和听觉的形象记忆为主,也存在着某些触觉的形象记忆。形象记忆与人的形象思维密切联系,它是在实践活动中,随着形象思维的发展而发展的。

(二)情景记忆

情景记忆是个人以亲身经历的、发生在一定时间和地点的事件(情景)为内容的记忆。情景记忆接受和储存的信息和个人生活中的特定事件与某个特定的时间和地点相关,并以个人的经历为参照。情景记忆与语义记忆有重大的区别。情景记忆由于受到一定时空的限制,容易受各种因素的干扰。另外,对已储存的信息的提取比较缓慢,往往需要努力地进行搜索。

(三)语义记忆

语义记忆是个人对各种有组织的知识为内容的记忆,又称为语词逻辑记忆。语义记忆是以语词所概括的对事物的关系以及事物本身的意义和性质为内容的记忆。例如,概念、定理、公式和规则等。语义记忆的组织是抽象的和概括的,它所包含的信息不受接受信息的具体时间和空间的限制,是以意义为参照的,因此它相对应于情景记忆。语义记忆的信息不易受各种因素的干扰,比较稳定,提取较迅速,往往不需要作明显努力的搜索。语义记忆为人类所特有,与人的抽象思维密切联系,在实践活动中,随着抽象思维能力的发展而发展。

(四)情绪记忆

情绪记忆是个人以曾经体验过的情绪或情感为内容的记忆。引起情绪和情感的事件已经过去,但对该事件的体验则保存在记忆中,在一定条件下,这种情绪、情感又会重新被体验到。强烈的、对人有重大意义的情绪和情感保持的时间较长久并容易被体验。情绪记忆既可能是积极愉快的体验,也可能是消极不愉快的体验。积极愉快的情绪记忆对人的行为有激励作用,消极不愉快的情绪记忆有降低人的活动效率的作用。情绪记忆的性质和强度的变化,是由过去引起情绪、情感体验的事物与主体当前的需要的关系所决定。

(五)运动记忆

运动记忆是个人以过去经历过的身体的运动状态或动作形象为内容的记忆。运动记忆是以过去的运动或操作动作所形成的动作表象为前提的,没有运动表象(各种运动和动作的形象在脑中的表征过程)就没有运动记忆。动作表象来源于人对自己的运动动作的知觉以及对他人的动作和图案中的动作姿势的知觉,也能通过对已有的动作表象的加工改组而创造出新的动作形象。运动记忆中的信息保持和提取都较容易,也不容易遗忘,它在人们的社会各领域的实践活动中起着重要的作用。

二、瞬时记忆(感官记忆)、短时记忆、长时记忆

心理学家按记忆信息保持时间的长短,把记忆分为三类,即瞬时记忆(感官记忆)、短时记忆、长时记忆。

瞬时记忆又称为"感官记忆",是指个体通过视觉、听觉、味觉、嗅觉等感觉器官,感觉到刺激时所引起的短暂记忆。在信息的保持上,一般是1~2秒钟。当感知器官获得信息后,这种信息不会立即消失,它会在脑内存留1~2秒钟,所以它能使人注意到潜在的变化。比如我们登山,路旁两边掠过很多风景,全都印入了我们的脑海,各种声音、味道也无时无刻在给人以各种感官刺激。但是,一旦风景跑到脑后,记忆自然开始消失了。总的来说,瞬时记忆可以转化为短时记忆或长时记忆。瞬时记忆是总体的印象,能够容纳的信息数以千计。

短时记忆是信息可以保持大约15~30秒,一般认为是60秒以内的记忆,它是经过某种程度的注意而获得的记忆效果。比如,当我们查字典查到所需要的字,刚合上字典准备写下它

的意思时,却想不起来了。短时记忆的容量在7个项目左右。短时记忆中所有的信息可以转化为长时记忆。

长时记忆是指信息的保留是永久的,印象是十分深刻的记忆。长时记忆可以永久保留,但有时却有遗忘。但是这种"遗忘"的信息在适当条件下是能再现的。比如,你学会了骑自行车这种技能,即使20年不骑车,20年以后再骑自行车,除了有所生疏外,骑自行车的基本技能你并没有忘记。

了解记忆的类型(见表5-1),有助于我们更好地了解自己的记忆情况,分清哪些是可以一闪而过的,哪些记忆是必须加强的,从而提高记忆效率。

表5-1 不同记忆的比较

记忆类型	瞬时记忆	短时记忆	长期记忆
保存时间	1~2秒	60秒以内	永久
储存容量	数以千计	7±2个项目或事件	无限
遗忘原因	痕迹消失	痕迹消失或被新的信息取代	检索困难缺乏回忆
转入下一阶段的条件	瞬时记忆的信息受到注意时进入短时记忆	短时记忆的信息得到重复能够进入长时记忆	经常复习可巩固长时记忆

根据表格内容所知,我们学习的最终目的就是实现对信息的长期记忆,比如长时记住英语单词的意思。但如果要实现对信息的长期记忆,就要在短时记忆的基础上不断重复复习,否则,遗忘就会发生。

三、机械记忆和理解记忆

根据人们所使用的记忆方法可分为机械记忆和理解记忆。

1. 机械记忆

机械记忆是指靠机械性重复和强化来记忆事物的方法。机械记忆不需要改变记忆材料的外部形式,也不需要原有的相关知识经验,它实际上就是一种单纯地为加深记忆而进行的多次反复的记忆方法。机械记忆广泛地被使用于我们的工作和学习之中,一些没有相联意义的材料或相联意义不大的识记材料,比如各种数据、外语单词、地名、人名、习惯用语、电话号码等,都主要靠机械记忆来完成。儿童时期的记忆方式主要是以机械记忆为主。

机械记忆有以下特点:①不需要理解材料的意义;②不需要与过去的知识、经验相联系;③不要求采用其他的记忆方式;④操作性简单、需要重复。

2. 理解记忆

理解记忆就是借助积极的思维活动,在弄清认知材料的意义、结构层次、本质特征和内部联系的基础上进行记忆的方式。成人则主要是以理解记忆为主。

理解记忆有以下特点:①在记忆时,可以全面深刻地认识材料的意义,使之纳入自己的认知结构中,形成长期记忆;②在记忆时,能够利用自身原有的知识,进行新旧知识的融合,一个人知识越丰富,理解记忆的效果越好;③在记忆时,可以根据材料的特征,灵活地运用各种方法进行记忆,使记忆更加准确,保持更长时间;④理解记忆能够把材料变成自身的知识,因此在应用上表现出自如灵活的特点,而不是呆板地套用材料内容。

由机械记忆、理解记忆又衍生出了很多的记忆方法,比如比较记忆法、特征记忆法、提纲记忆法、逻辑记忆法等。

四、内隐记忆和外显记忆

内隐记忆和外显记忆是根据记忆过程中意识的参与程度划分的。其中内隐记忆是指个体在无法意识的情况下,过去经验对当前作业产生的无意识的影响,有时叫自动的无意识的记忆。而外显记忆是指在意识的控制下,过去经验对当前作业产生的有意识影响,它对行为的影响是个体能意识到的,因此又叫受意识控制的记忆。

内隐记忆和外显记忆是相互联系的。首先,内隐记忆和外显记忆同属于记忆系统的子系统。两者的生理机制是一样的。无论是在识记或刺激信息的输入阶段,还是在刺激信息的保持或存储阶段,两者其实并没有本质上的区别。其次,在人们的日常生活中两种记忆会相互的影响,它们在记忆任务的操作上会发生相互作用。此外,内隐记忆对外显记忆有促进或者阻碍作用,比如人们对自己喜欢的东西总是容易记住,对于自己不是很喜欢的会忽略。

内隐记忆和外显记忆也存在一定的差异:①加工深度因素对内隐记忆和外显记忆的影响不同。加工深度不影响内隐记忆,但对外显记忆则有非常明显的影响。②内隐记忆和外显记忆的保持时间不同。内隐记忆随时间延长而发生的消退要比外显记忆慢得多。③记忆负荷量的变化对内隐记忆和外显记忆产生的影响不同。外显记忆会随着记忆项目的增多而不容易记住,内隐记忆则不然。④呈现方式的改变对外显记忆和内隐记忆有不同的影响。感觉通道的改变会严重影响内隐记忆的作业成绩,而对外显记忆的效果没有影响。⑤干扰因素对外显记忆和内隐记忆的影响不同。外显记忆很容易受到其他无关信息的干扰,而内隐记忆则不同。

第三节　记忆规律在学习中的应用

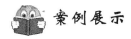

谐音背诵圆周率的故事

从前有一位很有学问、记忆力很好的教书先生,喜欢饮酒。他常常跑到山上的寺庙找和尚一起对饮,他们一边喝酒,一边谈天说地。一次,和尚想考考这位先生的学问和记忆力,就让这位先生背诵一遍圆周率,背到小数点后 22 位,然后对先生说:"我再念上三遍,你如果能马上背出来,我愿意罚酒三十杯。"这圆周率可不是一般的数,它的小数点后面的数字无穷无尽而且排列得毫无规律,一般人是不容易背出来的,何况和尚只念三遍。但是,这位聪明的先生想出了一个高招,很快就背出来了。原来,他根据读音相近的特点,听和尚念第二遍时,就编了一首歌谣:"山巅一寺一壶酒,尔乐苦煞吾,把酒吃,酒杀尔,杀不死,乐尔乐。"这样,当和尚念第三遍时,他很快就记住了 3.14159265358979323846 26 这一长串复杂的数字。这个和尚听了,惊奇得连连赞叹先生记忆超人,确实非凡,只好连饮三十杯酒。

1885 年,德国心理学家艾宾浩斯(H. Ebbinghaus)经过大量研究发现了记忆和遗忘的规律,并根据数据描绘出了一条记忆遗忘曲线。后来,人们也将这条记忆遗忘曲线叫做艾宾浩斯遗忘曲线。研究发现,遗忘在学习之后立即开始,而且遗忘的进程并不是均匀的。最初遗忘速度很快,以后逐渐缓慢。他认为"保持和遗忘是时间的函数",他用无意义音节(由若干音节字母组成、能够读出、但无内容意义即不是词的音节)作记忆材料,用节省法计算保持和遗忘的数量。并根据他的实验结果绘成描述遗忘进程的曲线,即著名的艾宾浩斯记忆遗忘曲线,见图5-1。

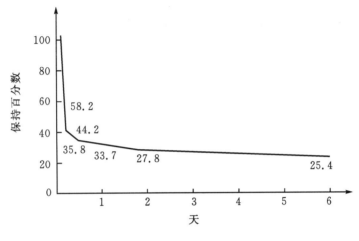

图5-1 艾宾浩斯遗忘曲线

遗忘曲线表明:学习后的不同时间里的保存量是不同的,即遗忘的发展是不均衡的。在识记后的短时间内遗忘比较快、比较多,以后保持量渐趋稳定地下降,到了相当时间几乎不再遗忘,表明了遗忘变量与时间变量之间的关系,遗忘是时间的函数,揭示了人类遗忘的规律是"先快后慢"。

在学习中,不仅要充分结合遗忘曲线给我们的启示,还要运用其他心理学家对记忆的研究成果,提高学习效率。

(1)学习要及时分析,复习频率宜先密后疏。记忆材料后的20分钟、1小时、24小时是遗忘速度最快的几个时间段,分别遗忘42%、56%、66%;2~31天遗忘率稳定在72%~79%之间,遗忘的速度是先快后慢。因此,复习的最佳时间是记材料后的1~24小时,最晚不超过2天,在这个区段内稍加复习即可恢复记忆。过了这个区段,记忆材料就会被我们遗忘72%以上,复习起来就会事倍功半。刚刚学习之后,要勤复习,过一段时间,两次复习的间隔可以逐渐拉长。

(2)睡前醒后——记忆的黄金时段。记忆时,先摄入大脑的内容会对后来的信息产生干扰,使大脑对后接触的信息印象不深,容易遗忘,叫前摄抑制(先摄入的抑制后摄入的);后摄抑制(后摄入的干扰、抑制先前摄入的)正好与前摄抑制相反,由于接受了新内容而把前面看过的忘了,使新信息干扰旧信息。因此,睡前记忆不会有后摄抑制,醒后记忆不会有前摄抑制,应该抓住睡前和醒后这两个记忆的黄金时段。

睡前可以复习一下白天或以前学过的内容。根据艾滨浩斯遗忘规律,24小时以内接触过的信息,一天后能保持34%的记忆。这时,如果能稍加复习,便可恢复记忆。另外,由于不受后摄抑制的影响,也很容易记住所记忆的内容。并且,睡眠过程中记忆并未停止,大脑会对刚接受的信息进行归纳、整理、编码、储存。所以,睡前的这段时间是很宝贵的。

早晨起床后,由于不会受前摄抑制的影响,记忆新内容或再复习一遍昨晚复习过的内容,则整个上午都会记忆犹新。

(3)有意义、能理解的内容不容易遗忘,无意义、不理解的内容容易遗忘。记住一些不连贯、没有意义的字母或数字的时候,记忆起来很困难,同时,也很容易遗忘。而如果记忆一些意义连贯的内容,如美妙的故事、完美的童话,甚至唐诗宋词等,就要比单纯记忆一些无连接意义的内容要容易得多。因此,在记忆学习内容之前,最好能理解所学内容。

(4)一次记忆同类的内容过多、过久时容易发生遗忘。如果一上午或者一天都在学习历史,那么后边学习的内容就很难记住。因此,在学习时,要注意文理学科交替学习、不同学科交替学习,刺激大脑皮层的不同部位,有利于大脑皮层的兴奋,保证记忆效率。

(5)用脑过度,脑机能下降时,记忆效率低。劳逸结合,不在疲劳的状态下学习,每学习四五十分钟,可以做做广播体操、眼保健操等,缓解疲劳,有利于身心健康,提高学习效率。

(6)记忆方法因人而异。有人擅长"看"(视觉型),有的人擅长"听"(听觉型),有的人擅长用"嘴和手"(运动型)等等;比较常见的是混合型的记忆方法,即各种感官并用,而这种方法的记忆效果最佳。如记忆英语单词时,可以一边用眼看,一边用口读,一边用手写,这样眼、口、手并用的方法要比单纯看或者读的效果要好得多。

有了记忆规律的指引,具体该如何做呢?都有哪些记忆方法可以帮助我们更有效地记忆呢?

①利用直观形象进行记忆。小学生擅长于具体形象记忆。直观、形象的东西,尤其是视觉映像,容易给孩子留下深刻的印象。因此,如果能将孩子所要记忆的一些抽象的东西尽可能地与具体形象的东西结合起来,让孩子在形象的基础上进行记忆,记忆就会很快很好。

小明记忆电话号码很有一套,他说:"把那些没有意义的数字和自己所熟知的东西挂起钩来,就能够很快记住。比如,33329916 这个电话号码,3332 是他所居住区域的邮政编码,99 又恰恰是他所居住公寓号,他住在 16 号房间。几组数字加起来正好是 33329916。"

②精选记忆法。记忆要选择重点知识来记忆,否则什么都记,很可能什么都记不住。尤其到了小学高年级或者初中,孩子每天接触的信息量是很大的,这就必须对信息进行筛选。一般情况下,公式、定义、定理、定律是精髓和本质所在,要理解,也要牢记。它们往往是以一当十,有举一反三的作用。而对于解题过程和答案完全没有必要记忆。

③联想记忆法。当一种事物和另一种事物相类似时,往往会从这一事物引起对另一事物的联想。而把联想运用于记忆过程中,即把记忆的材料与自己体验过的事物联系起来,记忆效果就好。例如,在记忆英语单词的时候,可以大胆使用自己的想象,巧用想象加深印象,增强记忆效果。如:

isolate vt. 使孤立、使隔离

【助记】i(爱)+so(如此)+late(晚)"当你发现你爱他时,已经晚了,他已娶妻,你只能孤立。"

campus n. 校园,大学教育

【助记】camp(营地)+us(我们)"我们在大学校园里露营。"

④分类记忆法。如果所要记忆的材料内容较多,可以将记忆的内容按一定的要求进行分

类。实际上,分类过程本身就是一个理解的过程和记忆的过程。

要记忆下列十种物品:猫、帽子、狗、挂钟、桌子、衣柜、眼镜、鹦鹉、鞋子和戒指。可以把上述的十种物品先加以分类,比如:猫、狗、鹦鹉是动物;帽子、眼镜、鞋子、戒指是穿戴在身上的东西;挂钟、桌子、衣柜则是家里的摆设。这样一分类,记忆就容易多了。

⑤口诀记忆法。人的记忆是以"组块"为单位的。口诀记忆法可以缩小记忆材料的绝对数量。把记忆材料分组、组块来记忆,加大信息浓度,增强趣味性,不但可减轻大脑负担,而且记得牢,避免遗漏。如乘法口诀、珠算口诀、二十四节气歌等等都是运用口诀记忆法,口诀朗朗上口,容易记忆,具有强大的生命力。

⑥限时记忆法。在规定的时间里去背诵一些数字、人名、单词等,可以锻炼博闻强记的能力。比如:在3分钟内,背诵圆周率π小数点后30位数字:3.141592653589793238462643383279;在2分钟内背诵十个陌生的人名等。

其实,只要能抓住记忆规律,掌握记忆方法,记忆就能变得更快更好。

练习与思考

一、填空题

1. 根据记忆的时间,按先后阶段顺序可将记忆分为瞬时记忆、_____和长时记忆。
2. 遗忘的进程是不均衡的,_____。
3. 短时记忆的容量是_____。

二、选择题

1. 学习新信息对已有旧信息回忆的抑制作用(　　)
   A. 前摄干扰　　　B. 倒摄干扰　　　C. 消退抑制　　　D. 超限抑制
2. 短时记忆容量有限,为了使其包含更多的信息,可采用的方式是(　　)
   A. 感觉登记　　　B. 注意　　　　　C. 组块　　　　　D. 复述
3. 从识记材料的系列位置看,处在(　　)部位的内容遗忘最多。
   A. 开头　　　　　B. 中间　　　　　C. 结尾　　　　　D. 两端

三、判断题

1. 陈述性记忆处理陈述性知识,如字词、人名、原理、观念、怎样骑车等。(　　)
2. 各种感觉信息在感觉寄存器中的储存形式有视象和声象。(　　)
3. 短时记忆的信息编码形式有视觉代码、听觉代码、语义代码和情绪代码。(　　)
4. 长时记忆的结构有归类、图式等类型。(　　)

四、名词解释

1. 后摄抑制
2. 内隐记忆
3. 语义记忆

五、简述题

1. 记忆包括哪些基本过程?
2. 简述记忆的类型?
3. 遗忘曲线说明了什么规律?

六、实例分析

1. 按顺序记忆下列词语：阿里巴巴与四十大盗、小二黑结婚、哲学、闭月羞花、枯燥、商务通 高楼大厦、山珍海味、心安理得

【联想】"阿里巴巴与四十大盗"VCD是小二黑结婚那天晚上放的，酷爱哲学的小二黑却不管闭月羞花般的妻子，独自又看上了书。看着那些枯燥的东西，妻子说：看这些有什么用，不如通点商务（商务通）。小二黑大叫，"我虽住不了高楼大厦，吃不上山珍海味，但比起那些赚昧心钱的商人，我活得心安理得"。

2. 按顺序记忆下列词语：蝴蝶、雪山飞狐、虚拟资本、过剩人口、贴现、政府、工资改革、股票商业利润、资本积累、资产负债表、一般价值、市场经济、生产力对外贸易、进口替代、出口导向、消费品、按劳分配、跳舞毯（共20项）

【联想】首先，记住蝴蝶，然后联想蝴蝶是雪山飞狐最爱吃的食物，而诱捕蝴蝶唯一资本只需泥（虚拟）（即虚拟资本）。于是，农村过剩人口（剩余劳动力）纷纷抓蝴蝶诱捕雪山飞狐。昨天，村里贴了张县（贴现）政府的告示，严禁抓捕野生动物，于是农民们又闲下来了。时逢城里工资改革，（工资改革）许多人钱多了后，炒起了股票，或从事商业，利润不断增大，很多人就这样完成了资本积累，个人的资产负债表上，一般的家（价）都值几十万（一般价值），市场经济一片繁荣。农村剩余劳动力，这回有了出路，因为城里需要大量的生产劳动力，主要是富裕的城里人办的对外贸易企业，他们进口手提袋（进口替代），出口刀（导）和橡（向）胶（出口导向）等消费品。干活按劳分配取酬，于是许多人打工的条件改善后还买了跳舞毯健身。

看了这两个例子后，你认为在记忆学习材料的过程中，还有哪些有效的方法可以提高我们的记忆效率？

拓展性阅读推荐

杨治良. 记忆心理学[M]. 2版. 上海：华东师范大学出版社，1999.

第六章 思维与问题解决

学习目标

1. 了解思维的定义与种类
2. 理解思维的概念,创造性思维的特点,问题解决的影响因素
3. 掌握概念形成的条件与途径,以及如何培养学生的创造性思维

主要概念

思维　创造性思维　概念　问题解决

第一节　思维概述

米老鼠的诞生

美国的迪斯尼曾一度从事美术设计,后来他失业了。原来他和妻子住在一间老鼠横行的公寓里。但失业后,因付不起房租,夫妇俩被迫搬出了公寓。这真是连遭不测,他们不知该去哪里。一天,二人呆坐在公园的长椅上,正当他们一筹莫展时,突然从迪斯尼的行李包中钻出一只小老鼠。望着老鼠机灵滑稽的面孔,夫妻俩感到非常有趣,心情一下子就变得愉快了,忘记了烦恼和苦闷。这时,迪斯尼头脑中突然闪过一个念头。对妻子惊喜地大声说道:"好了,我想到好主意了!世界上有很多人像我们一样穷困潦倒,他们肯定都很苦闷。我要把小老鼠可爱的面孔画成漫画,让千千万万的人从小老鼠的形象中得到安慰和愉快。"风行世界数十年之久的"米老鼠"就这样诞生了。在失业前,迪斯尼一直住在公寓里,每天从早到晚都同老鼠生活在一起,却并没有产生这样的设想。而在穷途末路、面临绝境的时候出现了这样的灵感,原因何在?其实,"米老鼠"就是触发了灵感的产物。他说:"米老鼠带给我的最大礼物,并非金钱和名誉,而是启示我陷入穷途末路时的构想是多么伟大!还有,它告诉我倒霉到极点时,正是捕捉灵感的绝好机会。"发现灵感思考法是指在对问题已进行较长时间思考的执著探索过程中,需随时留心和警觉,在同某些相关与不相关的事物相接触时,有可能在头脑中突然闪现所思考问题的某种答案或启示。就像迪斯尼夫妇由小老鼠触发灵感一样,许多意想不到的东西都可以成为触发灵感的媒介物。这一点常常使思考者喜出望外,兴奋异常。

一、思维的定义

思维是人脑对客观现实概括的和间接的反映,它反映的是事物的本质和内在的规律性,是

人类认识的高级阶段。思维实现着从现象到本质、从感性到理性的转化，使人达到对客观事物的理性认识。人们通过思维，可以更深刻地把握事物，预见事物的发展进程和结果。思维是人类认识的高级阶段，它是在感知基础上实现的理性认识形式。例如，通过对人的观察分析得出"人是能言语，能制造和使用工具的高等动物"；根据对水的研究得出水和温度之间的关系，在正常情况下，水的温度降低到0℃，就会结冰，升高到100℃，就会沸腾等。这些都是人脑对客观事物的本质及其规律的认识。人们常说的"考虑"、"设想"、"预计"、"沉思"、"审度"、"深思熟虑"等都是思维活动的表现形式。

思维具有间接性和概括性两个基本特征。

所谓思维的间接性，是指思维能对感官所不能直接把握的或不在眼前的事物，借助于某些媒介物与头脑加工来进行反映。由于人类感觉器官结构和机能的限制，以及时间和空间的限制，并且由于事物本身带有蕴含或内隐的特点，人们对世界上的许许多多的事物，如果单凭感官或仅仅停留在感知觉上，则是认识不到或无法认识的，那么就要借助于某些媒介物与头脑加工来进行反映。例如，内科医生不能直接看到病人内脏的病变，却能以听诊、化验、切脉、量体温、量血压、B超、CT检验等手段为中介，经过思维加工间接判断出病人的病情；地震工作者可以根据动物的反常现象或其他仪表的数据来分析与预报震情。这些都是人们凭借已有的知识经验间接认识的结果。人们要认识原始社会人类的生活、宇宙太空状况、原子结构、生命运动，要认识超声波、红外线，要预测天气等，都需要借助某些媒介物与思维加工来进行间接的认识。

所谓思维的概括性，是指思维通过抽取同一类事物的共同的本质特征和事物间的必然联系来反映事物。由于这一特性，人能通过事物的表面现象和外部特征而认识事物的本质和规律。例如，通过感知觉我们只能看到具体的一只鸟的外形和活动情况，而通过思维我们才能认识鸟的本质属性——有羽毛、卵生。也只有通过思维，把不会飞的鸡、鸭列入鸟类，而不把会飞的蝙蝠、蜻蜓等列入鸟类。又如，温度升降与金属膨胀的关系，植物与动物、动物与人类的生态平衡关系等，都是通过概括活动过程对自然界事物之间规律认识的结果。

思维的间接性和概括性是相互联系的。人之所以能够间接地反映事物，是因为人有概括性的知识经验，而人的知识经验越概括，就越能间接地反映客观事物。内科医生根据概括性的医学理论才能以中介性的检查，经过思考而间接地判断病人的病情；气象工作者根据概括性的气象规律，才能从大量天气资料中，经过思考做出天气预报。

正是因为思维具有间接性和概括性，所以它在人的生活实践中有着极为重要的意义。首先，它使人的认识范围不断扩大。人不仅能认识现在，而且还可以回顾过去和预见未来。人类学家根据古生物化石及有关资料推知人类过去进化的规律；地球物理工作者根据已有的地球运动资料，预报地震和火山爆发的情况。其次，它能不断提高人的认识深度，不仅能认识人一般接触到的事物以及规律，还可以把握人们所不能直接感知的事物以及规律，使人对事物的认识得以无止境地深化。对于物质结构的认识，正是在实验的基础上通过思维不断深入，由分子水平到原子水平，由原子核、电子水平到核内中子、质子水平，直至夸克水平，目前发现夸克也不是物质的最基本单位，还可以进一步分化。再次，它能使人由认识世界向改造世界发展，不仅能使人掌握知识、认识规律，还可以使人运用知识和规律解决问题，进行创造性活动。

二、思维与感知觉的关系

思维同感知觉一样都是人脑对客观现实的反映，但又有根本的区别。表现为以下几点：

(1)感知觉只是对当前事物的直接反映,并只是对信息的接受和识别,而思维却是对客观事物的间接的、概括的反映,对信息进行加工。

(2)感知觉反映的是客观事物的外部特征和外在联系,思维反映的是客观事物的本质特征和内在规律性联系。

(3)感知觉属于感性认识,它是借助于形象系统对直接作用于感官的事物进行反映,反映范围很小,是认识过程的初级阶段,而思维属于理性认识,它是借助于概念系统对客观事物进行反映,它可以反映任何事物,反映范围很大,是认识过程的高级阶段。例如,我们见到刮风、下雨,这是对自然现象的感知觉,是对直接作用于我们感官的客观事物外部特征的感性认识;而为什么会刮风,为什么会下雨,我们研究的结果是因为"空气对流"而形成风,因为"水蒸气遇冷液化"而形成雨,这就是我们对客观事物本质特征和内在规律性联系的间接的和概括的反映,这是思维,是理性认识的结果。又如,我们对三角形的认识,感知觉只能反映各种具体的三角形的形状和大小,而思维则能舍弃三角形的具体形状和大小等非本质特征,把任何三角形都具有三条边和三个角这一共同的、本质的特征概括出来。前者是对事物现象的反映,后者是对事物本质的反映。

思维虽是超出感知范围的理性认识阶段,是更高级更复杂的心理活动过程,但它是以感性材料为基础,与感知、记忆等认识过程密不可分的。感性认识是思维活动的源泉和依据。思维无论多么抽象,它的加工材料还是对个别事物的多次感知,从对个别事物多次感知中,概括出它们的本质和规律。同时,感性认识的材料如不经思维加工,就只能停留在对事物的表面的、现象的认识上,而不能认识客观事物的本质和规律。

三、思维与语言的关系

人的思维不仅与感性认识相关联,而且与语言密切联系着。人的思维活动是以感性材料为基础,凭借语言而实现的。思维与语言有联系,也有区别。

1. 思维与语言的联系

思维与语言是密不可分、相互依存的。首先,思维活动是借助语言而实现的。这是由于语言本身具有的概括性所决定的。人们通过语言才可把一类事物的共同的、本质属性概括出来。例如,"灯"这个词,与各种各样的灯相联系,它概括了一切不同颜色、不同形状和材料制作的灯的本质属性,即能照明的工具。如果没有标志一般东西的词,思维就无法进行间接概括的反映。可见思维的结果是靠语言这一载体来表达的,离开了词的刺激作用,人脑就不能反映事物的本质属性与事物之间的内在联系。正如马克思所说:"语言是思维的直接现实。"人类的抽象思维,总是语言的思维。其次,语言也离不开思维。因为构成语言的词汇和语法规则是思维的结果。而词义正是概括的思维或概念。语言和词的意义,也正是靠思维的日益充实和丰富而不断地深化和发展的。

2. 思维与语言的区别

认为思维与语言不可分,并不是说二者可以混为一谈,思维与语言是有区别的,表现在以下几个方面。

(1)它们的本质属性不同。语言是一种符号系统,是由基本的词汇和语法所构成的,是人们进行思维和交流思想的工具,是物质的,以声、形的物质形式存在。思维是人脑揭示客观事物的本质及其规律的心理过程,它是对客观现实的反映形式,是观念的,以意识的形式存在。

（2）它们与客观事物的关系不同。语言与客观事物之间是标志与被标志的关系，二者无必然联系。我们可以用不同的词代表同一事物，例如，土豆还可称马铃薯，西红柿又称番茄。思维与客观事物之间是反映与被反映的关系，其间有本质的、必然的联系。

（3）从构成要素来看，语言中的词与思维中的概念相关，但并不完全等同。概念用词来表达，但一个词可以表达不同的思想；反之，同一思想可以用不同的词来表达。

（4）从规律的性质来看，语言的语法结构与思维规律之间虽有联系，但不是一回事。语言具有民族性，不同国度、不同民族有着不同的语法结构。而思维具有全人类性，只要是大脑发育正常的人，不分国籍、民族、性别、职业，都遵循着从感性上升到理性，从具体上升到抽象。思维的基本过程都是分析、综合、比较、抽象、概括、具体化和系统化。

关于思维与语言的关系，也存在着"没有语言的思维"的观点，认为语言是思维的工具，但不是唯一的工具，不借助语言也可以进行思维。这种观点提出的依据有三点：

（1）人类学指出，人类已有几百万年到一千四百万年的历史，而语言学家认为，语言只有几十万年到几百万年的历史。有声语言产生前，人类是用手势进行交际活动的。

（2）人类先有生产劳动，与此同时必然进行思维，然后才给事物命名。

（3）儿童在未理解和掌握事物的类的名称时，就可以将图片上的衣物、动物、植物、器皿、交通工具等分别归类。儿童表达思想时是先学会手势，以后才学会用语言的。我们谈思维与语言的关系，主要是对于已掌握了语言的人来说的。

四、思维的种类

（一）根据凭借物和解决问题的方式分类

根据思维的凭借物和解决问题的方式，可以把思维分为直观动作思维、具体形象思维和抽象逻辑思维。

1. 直观动作思维

直观动作思维又称实践思维，是凭借直接感知，伴随实际动作进行的思维活动。实际动作便是这种思维的支柱。幼儿的思维活动往往是在实际操作中，借助触摸、摆弄物体而产生和进行的。例如，幼儿在学习简单计数和加减法时，常常借助数手指的方法，实际活动一停止，他们的思维便立即停下来。成人也有动作思维，如技术工人在对一台机器进行维修时，一边检查机器一边思考故障的原因，直至发现问题排除故障为止，在这一过程中动作思维占据主要地位。不过，成人的动作思维是在经验的基础上，在第二信号系统的调节下实现的，这与尚未完全掌握语言的儿童的动作思维相比有着本质的区别。

2. 具体形象思维

具体形象思维是运用已有表象进行的思维活动。表象便是这类思维的支柱。表象是当事物不在眼前时，在个体头脑中出现的关于该事物的形象。人们可以运用头脑中的这种形象来进行思维活动。这在幼儿期和小学低年级儿童身上表现得非常突出。如儿童计算 $2+3=5$，不是对抽象数字的分析、综合，而是在头脑中用两个手指加上三个手指，或两个人加上三个人等实物表象相加而计算出来的。形象思维在青少年和成人中，仍是一种主要的思维类型。例如，要考虑走哪条路能更快到达目的地，便须在头脑中出现若干条通往目的地的路的具体形象，并运用这些形象进行分析、比较来作出选择。在解决复杂问题时，鲜明生动的形象有助于思维的顺利进行。艺术家、作家、导演、工程师、设计师等都离不开高水平的形象思维。学生更需要形象思维来理解知识,并成为他们发展抽象思维的基础。

形象思维具有三种水平:第一种水平的形象思维是幼儿的思维,它只能反映同类事物中的一些直观的、非本质的特征;第二种水平的形象思维是成人对表象进行加工的思维;第三种水平的形象思维是艺术思维,这是一种高级的、复杂的思维形式。通常所说的形象思维是指第一种水平。

3. 抽象逻辑思维

抽象逻辑思维是以概念、判断、推理的形式达到对事物的本质特性和内在联系认识的思维。概念是这类思维的支柱。概念是人反映事物本质属性的一种思维形式,因而抽象逻辑思维是人类思维的核心形态。科学家研究、探索和发现客观规律,学生理解、论证科学的概念和原理以及日常生活中人们分析问题、解决问题等,都离不开抽象逻辑思维。小学高年级学生的抽象逻辑思维得到了迅速发展,初中时这种思维已开始占主导地位。初中一些学科中的公式、定理、法则的推导、证明与判断等,都需要抽象逻辑思维。

儿童思维的发展,一般都经历直观动作思维、具体形象思维和抽象逻辑思维三个阶段。成人在解决问题时,这三种思维往往是相互联系,相互补充,共同参与思维活动,如进行科学实验时,既需要高度的科学概括,又需要展开丰富的联想和想象,同时还需要在动手操作中探索问题症结所在。

(二)根据以日常经验还是理论指导分类

根据思维过程中是以日常经验还是以理论为指导来划分,可以把思维分为经验思维和理论思维。

1. 经验思维

经验思维是以日常生活经验为依据,判断生产、生活中问题的思维。例如,人们对"月晕而风,础润而雨"的判断,儿童凭自己的经验认为"鸟是会飞的动物",人们通常认为"太阳从东边升起,往西边落下"等都属于经验思维。

2. 理论思维

理论思维是以科学的原理、定理、定律等理论为依据,对问题进行分析、判断的思维。例如,根据"凡绿色植物都是可以进行光合作用的"一般原理,去判断某一种绿色植物的光合作用,科学家、理论家运用理论思维发现事物的客观规律,教师利用理论思维传授科学理论,学生运用理论思维学习理性知识。

(三)根据思考步骤的意识和清晰程序分类

根据思维结论是否有明确的思考步骤和思维过程中意识的清晰程度,可以把思维分为直觉思维和分析思维。

1. 直觉思维

直觉思维是未经逐步分析就迅速对问题答案作出合理的猜测、设想或突然领悟的思维。例如,医生听到病人的简单自述,迅速作出疾病的诊断;公安人员根据作案现场情况,迅速对案情作出判断;学生在解题中未经逐步分析,就对问题的答案作出合理的猜测、猜想等的思维。

2. 分析思维

分析思维是经过逐步分析后,对问题解决作出明确结论的思维。例如,学生解几何题的多步推理和论证,医生面对疑难病症的多种检查、会诊分析等的思维。

(四) 根据解决问题时思维方向分类

根据解决问题时的思维方向,可以把思维分为聚合思维和发散思维。

1. 聚合思维

聚合思维又称求同思维、集中思维,是把问题所提供的各种信息集中起来得出一个正确的或最好的答案的思维。例如,学生从各种解题方法中筛选出一种最佳解法,工程建设中把多种实施方案经过筛选和比较找出最佳的方案等的思维。

2. 发散思维

发散思维又称求异思维、辐射思维,是从一个目标出发,沿着各种不同途径寻求各种答案的思维。例如,数学中的"一题多解",科学研究中对某一问题的解决提出多种设想,教育改革的多种方案的提出等的思维。

聚合思维与发散思维都是智力活动不可缺少的思维,都带有创造的成分,而发散思维最能代表创造性的特征。

(五) 根据思维的创新成分的以上分类

根据思维的创新成分的多少,可以把思维分为常规思维和创造性思维。

1. 常规思维

常规思维是指人们运用已获得的知识经验,按惯常的方式解决问题的思维。例如,学生按例题的思路去解决练习题和作业题,学生利用学过的公式解决同一类型的问题等。

2. 创造性思维

创造性思维是指以新异、独创的方式解决问题的思维。例如,技术革新、科学的发明创造、教学改革等所用到的思维都是创造性思维。

第二节　思维的过程及品质

 案例展示

脑筋急转弯

某日,老师在课堂上想看看一个学生的智商怎样,就问他:"树上有十只鸟,开枪打死一只,还剩几只?"

学生反问:"是无声手枪吗?""不是。"

"枪声有多大?""80~100分贝。"

"那就是说会震得耳朵疼?""是。"

"在这个城市里打鸟犯不犯法?""不犯。"

"您确定那只鸟真的被打死了吗?""确定。"

老师已经不耐烦了,"拜托,你告诉我还剩几只就行了,OK?"

"OK,树上的鸟里有没有聋子?""没有。""有没有关在笼子里的?""没有。"

"边上还有没有其他的树,树上还有没有其他的鸟?""没有。"

"有没有残疾的或饿得飞不动的鸟?""没有。"

"算不算怀在肚子里的小鸟?""不算。"

"打鸟人眼有没有花？保证是十只？""没有花，就十只。"

老师已经满头是汗，且下课铃响了，但学生还在问："有没有傻到不怕死的？""都怕死"。

"会不会一枪打死两只？""不会。"

"所有的鸟都可以自由活动吗？""完全可以。"

"如果您的回答没有骗人。"学生满怀信心地说，"打死的鸟要是挂在树上没掉下来，那么就剩一只；如果掉下来，就一只不剩。"

老师当即晕倒……

一、思维的过程

思维的过程包括分析与综合、比较与分类、抽象与概括、具体化与系统化等。

（一）分析与综合

分析与综合是思维过程的基本环节，一切思维活动，从简单到复杂，从概念形成到创造性思维，都离不开头脑的分析与综合。

分析是在头脑中把事物的整体分解成各个部分、方面或个别特征的思维过程。例如，我们把植物分解为根、茎、叶、花、果实、种子，把动物分解为头、尾、足、躯体，把几何图形分解成点、线、面、角、体，分析一个句子由哪些语言成分构成等，都属于分析过程。

综合是在头脑里把事物的各个部分、方面，各种特征结合起来进行考虑的思维过程。例如，把单词组成句子，把文学作品的各个情节联成完整的场面，把一个学生的思想品德、智力水平、学业成绩、健康状况等方面联系起来，加以评价，作出结论等都属于综合过程。

分析与综合在人的认识过程中有不同作用。通过分析，人可以进一步认识事物的基本结构、属性和特征，也可以分出事物的表面特性和本质特性，使认识深化，还可以分出问题的情境、条件、任务，便于解决思维问题。通过综合，人可以完整、全面地认识事物，认识事物间的联系和规律，整体地把握问题的情境、条件与任务的关系，提高解题的技巧。

分析与综合是同一思维过程中彼此相反而又紧密联系的过程，是相互依赖、互为条件的。分析是以事物综合体为前提的，没有事物综合体，就无从分析。综合是以对事物的分析为基础的，分析越细致，综合越全面；分析越准确，综合越完善。例如，学生读一篇课文，既要分析，也要综合。经过分析，理解了词义和段落大意；经过综合，掌握了文章的中心思想，便获得了对文章的整体认识。对事物只有分析而没有综合，只能形成片面的、支离破碎的认识；只有综合没有分析，只能形成表面的认识。分析与综合是辩证统一的，只有把分析与综合有机地结合在一起，才能发现事物的联系和关系，才能更好地认识事物。

分析与综合可以在不同的水平上进行。人可以在直接摆弄物体的情况下进行分析与综合，例如，小学生用散装的零件自己组装成舰模或航模的过程；也可以在直观形象的水平上进行分析与综合，例如指挥员在军事图上分析敌情，服装师设计服装，建筑师设计建筑物等；还可以在思想上对抽象的事物进行分析与综合，例如，公安人员分析案情，学生解题等，这是分析与综合的最高水平。

（二）比较与分类

比较是在头脑中把各种事物或现象加以对比，确定它们之间的异同点的思维过程。人们认识事物，把握事物的属性、特征和相互关系，都是通过比较来进行的。只有经过比较，区分事物间的异同点,才能更好地识别事物。例如,教师要讲清"思维"这个概念,必须与相近的"思想"这个概念相比较,找出它们的共同点和差异点。它们的共同点是,二者都是理性认识;它们的差异点在于,思想是理性认识的内容,思维是理性认识的形式。通过比较,对思维这一概念的认识就更加准确了。

比较与分析、综合是紧密联系的。比较总是对事物的各部分、各种属性或特性的鉴别与区分,因此没有分析就谈不上比较,分析是比较的前提。然而,比较的目的是确定事物间的异同,因此比较也离不开综合。要比较事物,既要对事物进行分析,又要对事物进行综合,离开分析与综合,比较难以进行。

比较既可以是同中求异,也可以是异中求同。例如,在教学中,教师为了帮助学生清楚地了解某个对象,就把这个对象与它十分相似的各种对象进行比较,找出它们的不同点;又把这个对象与它差异很大的对象进行比较,找出它们的相同点。这样,学生就较容易地明确这个对象的本质特征。

分类是在头脑中根据事物或现象的共同点和差异点,把它们区分为不同种类的思维过程。分类是在比较的基础上,将有共同点的事物划为一类,再根据更小的差异将它们划分为同一类中不同的属,以揭示事物的一定从属关系和等级系统。例如,学生掌握数的概念时,把数分为实数和虚数,又把实数分为有理数和无理数,有理数又可分为整数、小数和分数等。

由于学生年龄的差异,思维发展水平不同,分类的水平也不同。小学生往往不是根据事物的本质特征,而是根据事物的外部特征和事物的功能进行分类;少年期的学生容易把本质特征与非本质特征并列来进行分类;青年期的学生则会按事物的本质特征进行分类。

(三)抽象与概括

抽象是在头脑中把同类事物或现象的共同的、本质的特征抽取出来,并舍弃个别的、非本质特征的思维过程。例如,我们对人的认识,人可以分为男性、女性、大人、小孩,工人、农民、军人、学生、教师、商人,高个、矮个,白种人、黄种人、黑种人,人能吃饭,能睡觉,能喝水,能活动,能知觉,能记忆,能说话,能思维,能制造工具,会使用工具等。通过分析、比较,抽出人类具有的共同的、本质的属性,即能说话、能思维、能制造工具等,舍弃能吃饭、能睡觉、能喝水、能活动等其他动物也有的非本质属性,这就是抽象过程。

概括是在头脑中把抽象出来的事物的共同的、本质的特征综合起来并推广到同类事物中去,使之普遍化的思维过程。例如,我们把"人"的本质属性——能言语、能思维、能制造工具——综合起来,推广到古今中外一切人身上,指出:"凡是能言语、能思维、能制造和使用工具的动物都是人。"这就是概括。

抽象与概括的关系十分密切。如果不能抽出一类事物的本质属性,就无法对这类事物进行概括。而如果没有概括性的思维,就抽不出一类事物的本质属性。抽象与概括是相互依存、相辅相成的。抽象是高级的分析,概括是高级的综合。抽象、概括都是建立在比较基础上的。任何概念、原理和理论都是抽象与概括的结果。

学生的概括可以分为以下两种水平。

(1)初级形式的感性概括。这种概括形式是根据事物的外部特征,对不同事物进行比较,然后对它们的特征加以概括。例如,小学生根据鸟会飞这一外部特征得出"会飞的动物就是鸟类",从而错误地认为鸭、鹅不会飞,所以不是鸟类。这种概括是属于知觉和表象水平的概括。

(2)高级形式的科学概括。这是根据事物的本质特征进行的概括。例如,学生通过学习有关动物学的知识,能准确地概括出鱼的本质特征,即"用鳃呼吸的脊椎动物是鱼类"。这种水平的概括属于思维水平的概括。

(四)具体化与系统化

具体化是指在头脑里把抽象、概括出来的一般概念、原理与理论同具体事物联系起来的思维过程,也就是用一般原理去解决实际问题,用理论指导实际活动的过程。具体化是把理论与实践结合起来,把一般与个别结合起来,把抽象与具体结合起来,可以使人更好地理解知识、检验知识,使认识不断深化。

系统化是指在头脑里把学到的知识分门别类地按一定程序组成层次分明的整体系统的过程。例如,生物学家按界、门、纲、目、科、属、种的顺序,把世界上所有的生物进行分类,并揭示了各类生物间的关系和联系,这就是人脑中对生物系统化的过程。又如,学生掌握数的概念,在掌握整数、分数、小数知识之后,可以概括归纳为有理数;当数的概念扩大,学习了无理数之后,又可把有理数和无理数概括为实数;掌握了虚数之后,又可把实数和虚数概括为数,从而掌握了系统的数的知识。

系统化是在分析、综合、比较和分类的基础上实现的。系统化的知识便于在大脑皮层上形成广泛的神经联系,使知识易于记忆。也只有掌握了系统的知识结构,才能真正理解知识,才能在不同条件下灵活运用知识。

二、思维的品质

思维品质,实质是人的思维的个性特征。思维品质反映了每个个体智力或思维水平的差异,主要包括深刻性、灵活性、独创性、批判性、敏捷性和系统性六个方面。

(一)深刻性

深刻性是指思维活动的抽象程度和逻辑水平,涉及思维活动的广度、深度和难度。人类的思维主要是言语思维,是抽象理性的认识。在感性材料的基础上,去粗取精、去伪存真,由此及彼、由表及里,进而抓住事物的本质与内在联系,认识事物的规律性。个体在这个过程中,表现出深刻性的差异。思维的深刻性集中表现为在智力活动中深入思考问题,善于概括归类,逻辑抽象性强,善于抓住事物的本质和规律,开展系统的理解活动,善于预见事物的发展进程。超常智力的人抽象概括能力高,低常智力的人往往只是停留在直观水平上。

(二)灵活性

灵活性是指思维活动的灵活程度。它的特点包括:一是思维起点灵活,即从不同角度、方向、方面,能用多种方法来解决问题;二是思维过程灵活,从分析到综合,从综合到分析,全面而灵活地作"综合的分析";三是概括—迁移能力强,运用规律的自觉性高;四是善于组合分析,伸缩性大;五是思维的结果往往是多种合理而灵活的结论,不仅仅有量的区别,而且有质的区别。灵活性反映了智力的"迁移",如我们平时说的,"举一反三"、"运用自如"等。灵活性强的人,智力方向灵活,善于从不同的角度与方面起步思考问题,能较全面地分析、思考问题,解决问题。

(三)独创性

独创性即思维活动的创造性。在实践中,除善于发现问题、思考问题外,更重要的是要创造性地解决问题。人类的发展、科学的发展,要有所发明,有所发现,有所创新,都离不开思维的独创性品质。独创性源于主体对知识经验或思维材料高度概括后集中而系统的迁移,进行新颖的组合分析,找出新异的层次和交结点。概括性越高,知识系统性越强,伸缩性越大,迁移性越灵活,注意力越集中,则独创性就越突出。

(四)批判性

批判性是思维活动中独立发现和批判的程度。是循规蹈矩、人云亦云,还是独立思考、善于发问,这是思维过程中一个很重要的品质。思维的批判性品质,来自于对思维活动各个环节、各个方面进行调整、校正的自我意识。它具有分析性、策略性、全面性、独立性和正确性等五个特点。正是有了批判性,人类才能够对思维本身加以自我认识,也就是人类不仅能够认识客体,而且也能够认识主体,并且在改造客观世界的过程中改造主观世界。

(五)敏捷性

敏捷性是指思维活动的速度,它反映了智力的敏锐程度。有了思维敏捷性,在处理问题和解决问题的过程中,能够适应变化的情况来积极地思维,周密地考虑,正确地判断和迅速地作出结论。比如,智力超常的人,在思考问题时敏捷,反应速度快;智力低常的人,往往迟钝,反应缓慢;智力正常的人则处于一般的速度。

(六)系统性

系统性是指思维活动的有序程度,以及整合各类不同信息的能力。

三、小学生思维发展的一般特点【选择性学习内容】

(一)从以具体形象思维为主要形式向以抽象逻辑思维为主要形式过渡

小学低年级学生的思维虽然有了抽象的成分,但仍然是以具体形象思维为主。比如,他们所掌握的概念大部分是具体的、可以直接感知的,他们难以区分概念的本质和非本质属性,而中高年级小学生则能区分概念的本质和非本质属性,能掌握一些抽象概念,能运用概念、判断、推理进行思考。小学生的思维由具体形象思维向抽象逻辑思维的过渡存在着一个转折期,一般出现在四年级。如果教育得当,训练得法,这一转折期可以提前到三年级。

(二)抽象逻辑思维发展不平衡

在整个小学时期,儿童的抽象逻辑思维水平不断提高,思维中抽象的成分日渐增多,但在不同的学科、不同的教学内容中表现出不平衡性。例如,对于儿童熟悉的学科、难度小的任务,儿童思维中抽象的成分较多,抽象的水平较高;而对于儿童不熟悉的学科、难度大的任务,儿童思维中的具体成分就较多。

(三)抽象逻辑思维从不自觉到自觉

小学低年级学生虽然已掌握一些概念,并能进行简单的判断、推理,但他们尚不能自觉地调节、控制自己的思维过程。而中高年级小学生,他们在教师的指导下,对自己的思维过程进行反省和监控的能力有了提高,能说出自己解题时的想法,能弄清自己为何出错,这表明他们思维的自觉性有了发展。

(四)辩证逻辑思维初步发展

抽象逻辑思维的发展要经历初步逻辑思维、经验逻辑思维、理论逻辑思维(包括辩证逻辑思维)三个阶段。小学生的思维主要属于初步逻辑思维,但却具备了逻辑思维的各种形式,并具有了辩证逻辑思维的萌芽。研究表明,小学儿童辩证逻辑思维发展水平随着年龄的增长而提高。小学一、二、三年级是辩证逻辑思维的萌芽期,四年级是辩证逻辑思维发展的转折期。整个小学阶段辩证逻辑思维发展水平尚不高,属初级阶段。

第三节 概念概述

 案例展示

动物这个概念是如何形成的?

教师:为什么说鸡、鸭、猪是动物?
学生:因为它们都会叫唤。
教师:对吗?蚯蚓不会叫唤,可它也是动物啊!
学生:蚯蚓会爬。会爬会走的生物都叫动物。
教师:鱼不会爬,也不会走,只会在水里游;鸟会飞,它们不是动物吗?
学生:它们是动物,因为它们都会活动,能活动的生物叫动物。
教师:对了,能活动的生物叫动物,可是飞机会飞,是不是动物?
学生:飞机自己不会飞,是人开的,它没有生命,是人造的,不是动物。
教师:对了,能自己活动的生物才叫动物。

一、概念的定义

概念是人脑反映事物共同的本质特性的思维形式。在抽象与概括的基础上,人脑形成各种不同的科学概念。概念是思维的基本单位,是思维的出发点和归结,人们运用概念进行判断和推理,因而它是思维的最基本形式。概念用词语来标志,它和词语是紧密联系而又相互区别的。词语是概念的物质外壳,没有词语,概念就不可能存在;概念赋予词语一定的意义和内容,词的意义不断充实的过程也就是概念不断扩大和深化的过程。但概念是精神、心理现象,词语是概念的物质标志,二者不能等同。每一概念都包括内涵和外延两部分。内涵指概念的质,即概念所反映事物本质特性的总和;外延指概念的范围,即凡具有该概念所反映的本质特性的一切事物。概念的内涵和外延是反比关系,内涵越少则外延越大,内涵越多则外延越小。

二、概念的分类

(1)根据概念反映事物属性的抽象与概括的程度,可分为具体概念和抽象概念。具体概念是按事物的外部特征形成的概念,抽象概念是按事物内部的本质特征形成的概念。

(2)根据概念反映事物属性的数量及其相互关系分为合取概念、析取概念和关系概念。合取概念是根据一类事物中同时存在的单个或多个相同属性形成的概念。如铅笔、毛笔、钢笔等,这种概念最为普遍。析取概念是根据不同标准,由单个或多个属性的结合而形成的概念。如"好孩子"这个概念就可结合多种属性。关系概念是根据事物之间的相互关系而形成的概念。如高低、上下、大小、左右等都是根据事物之间的相对关系形成的。

(3)根据概念形成的途径分为前科学概念和科学概念。前科学概念又称日常概念,是人们在日常生活中通过人际交往和个人积累经验的过程形成的概念。它受个人生活范围和知识经验的限制,其内涵往往包含事物的非本质属性,存在一定的片面性甚至错误。如小学生有时把

"会飞"作为"鸟"这个概念的内涵,误认为蝴蝶、蜜蜂也是鸟。

科学概念是在有计划、有目的的教学过程中形成的概念。如学习的定义、定律、原理等。

另外,根据概念的外延特征还可分为单独概念、普遍概念和集合概念,根据概念的内涵分为实物概念和抽象概念,根据概念的人为性分为自然概念和人工概念,等等。

概念类型的增多,不仅表明社会科技的迅速发展,更说明人的思维水平正向深广层延伸。

三、概念形成

(一)概念形成的定义

概念形成所指的是个人掌握概念的过程,又称概念掌握或概念学习。具体地说是个体通过反复接触大量同一类事物,从而获得此类事物或现象的共同特征或共同属性,并通过肯定(正例)或否定(反例)的例子加以证实的过程。例如向小学生呈现各种各样的两条直线间的相互关系,告诉他们哪些是垂直,哪些不垂直,当他们能够正确区分垂直(正例)和非垂直情况(反例)时,就形成了关于(垂直)的概念。

(二)概念形成的阶段

概念形成一般经历以下三个阶段:

1. 抽象化

概念形成首先是要了解客观事物的属性或特征,因此,必须对具体事物各种特征与属性进行抽象。如果个体缺乏这种抽象能力,概念便无法脱离具体事物本身,也不能去概括其他同类具体事物。

如"警察"这个词,幼儿知道指的是什么样的人。但对他们来说,"警察"只是意味着穿某种服装的人,或是指挥交通的人。并不像成人那样知道警察是维护社会秩序的国家治安人员,是阶级专政的工具。

2. 类化

概念的形成,除了从具体事物抽象其属性外,并将类似的属性加以认同。此种认同作用,就是刺激的类化作用。例如,称所有不同的车辆为"车辆",这就是认同作用,亦称类化。类化时只顾及某些属性的相似性,而忽略其他属性间的差异性。

3. 辨别

概念的形成,必须同时认知事物属性间的差异性,以便分类。例如,辨别出鸽子是鸟类而不是鱼类,它是益鸟而不是害鸟。由于辨别,概念便有广义和狭义之分,亦有高低层次之分。概念越广,其层次越高,所包括的属性越多。

四、在教学中引导学生掌握科学概念【选择性学习内容】

在学校中,各科教学是使学生掌握人类已经积累下来的现成的各种科学概念的主要途径。为了帮助学生有效地掌握科学概念,教师要注意以下几个问题:

(一)以充分的感性材料作为概念掌握的基础

感性材料是形成概念的基础,感性材料越丰富、全面,概念的形成就越准确。在教学中,教师要提供必要的感性材料,注意充分利用各种直观教具进行教学。

(二)正确利用变式

变式是指从不用角度和方法组织感性材料,使非本质属性变化,突出事物本质属性的方法,它可帮助学生更准确地掌握概念。提供变式的方法有两种,一是保持本质属性不变,变化非本质属性,即举正例。如学生学习鸟的概念时,向其呈现燕子、麻雀、鸵鸟、企鹅、鸡、鸭等鸟类动物。二是保持非本质属性不变,变化本质属性,即举反例。如学习鸟的概念时,向其呈现蝴蝶、蜜蜂、蝙蝠等动物。

(三)用正确语言表达

概念是要用词标志的,当用语言对概念进行表述时,即通常所说的下定义时,教师要用正确、清晰的语言陈述概念的内涵与外延,使学生在理解的基础上掌握概念并将其固定下来,从而逐渐获得和积累大量的科学概念。在教学过程中语言的说明可以使直观直觉更加鲜明、突出,可补充直观材料的不足,指出事物之间的关系等。另外,对抽象的概念,如友谊、忠诚等,也需要通过语言描述提供某些感性的情景,帮助概念的形成。

(四)形成概念体系

概念体系是指学科相关概念之间形成相互联系又相互区别的概念系统。帮助学生建立概念体系,使学生把握相关概念之间的区别和联系,能更加准确、有效地掌握概念,也有利于学科知识系统化。为此,教学中要注意让学生弄清楚概念之间的诸如从属、并列、复合等关系,可采取绘制表格,阅读教材、目录、标题等方式、方法促进概念体系的形成。

(5)将概念运用于实践

将概念运用于实践活动,是从一般认识回到个别的过程,它是掌握概念的目的,又可以加深对概念的理解,检验概念掌握的程度,还可以提高学生掌握概念的兴趣、主动性和积极性。应用概念,可以在语言活动中实践,如说明概念、阐述概念的内涵等,也可以在处理实际问题中实践,如做习题、实验,以及解决日常生活、社会领域中的问题等。在实际生活中,概念并不是一次就可以形成的,需要人们经过多次反复地学习和应用,才能全面深刻地掌握它。

第四节 问题解决及其影响因素

案例展示

普遍倾向阻碍问题解决

看一下下面两个问题:

A. 小王家兄弟五个,都未婚,他们每个人都有一个姐妹,如果把王妈妈也算在内,试问他们家有几个女人?

B. 某城市有15%的人不把电话号码放入电话簿上,如果你从该城市的电话簿上随机抽取200个号码,问其中有多少人是不把电话号码放入号码簿上的?

答案:

这是两个很简单的问题。但你是否都能很快地得出了答案?在A题中,答案是两个女人,兄弟的数目是无关信息,但它却使多数人费了许多思考。在B题中,人们倾向于注意15%和200个人数,而实际上这两个数字都是无关信息,因为所有200个人都取自电话簿,答案应该是0。研究发现人们经常错误地假定：问题中的所给出的条件或数字在解题中都有用。因此，总是想办法去利用这些信息。了解了这个普遍倾向，我们在解题时就应该先注意考虑一下哪些信息有用，哪些没用。

一、问题及问题解决的含义

思维总是体现在一定的活动过程中，主要是问题解决的活动过程中。问题是指蕴含着个人面临障碍的目标，既不能认知又不能用习惯反映，是个体在达到所欲期望目标过程中遇到的障碍。问题一般具有三个要素：

(1)有一组已知的关于问题情境和条件的描述，即问题的起始状态。

(2)有欲达到或期望的目标，即具有构成问题结论或结果的描述，或者具有问题所要求的答案，即问题的目标状态。

(3)遇到障碍，即对该问题正确解决的方法不是直接显现，需要通过间接思考才能达到。

问题解决是指问题解决者寻找操作系列以达到预定目标的心理过程。它是使问题获得解决的思维过程，具有复杂的心理过程，同时，也是人类思维的普遍形式。

问题解决有两种类型，常规性问题解决和创造性问题解决。常规性问题解决是问题解决者用现成方法进行的问题解决；创造性问题解决是需要运用新颖独特的方法进行具有社会意义的问题解决。常规性问题解决和创造性问题解决是相对的，它们能够相互转化。

二、问题解决的思维过程

问题解决过程是一个发现问题、分析问题，最后导向问题目标与结果的过程。因此，问题解决一般包括提出问题、明确问题、提出假设、检验假设四个基本步骤。

(一)提出问题

问题就是矛盾，发现问题就是发现矛盾的存在，并产生解决矛盾的需要和动机，这是把社会的需要转化为个人思维活动的过程。发现问题是问题解决的开端，也是问题解决的动力。只有发现问题，才能激励和推动人们投入问题解决的思维活动之中。提出问题是问题解决的开端。

能否发现具有重大社会价值的问题，取决于多种因素。

1. 依赖于人的思维活动的积极性

勤于思考、善于钻研的人，才能从细微平凡的事件中发现关键性问题。思想懒惰、因循守旧者难于发现问题。例如，牛顿发现地心引力，瓦特发明蒸汽机，巴甫洛夫发现狗的"心理性唾液分泌"等都是勤于观察、思考的结果。

2. 依赖于人的认真负责的态度

人的活动积极性越高，社会责任感越强，态度越认真负责，越容易发现问题。例如，一个工作认真负责的教师，很容易发现学生中出现的学习、心理等问题。而一个没有认真负责态度的人，对周围的一切问题将会熟视无睹。

3. 依赖于人的兴趣爱好和求知欲望

兴趣广泛、求知欲望强烈的人，一般不满足于对事物的公认的、表面的解释，而是力求探究事物的内部原因，能够见人所未见，想人所未想，发现事物的本质和规律。

4. 依赖于人的知识经验的丰富程度

一般来说,知识渊博、经验丰富的人,能够提出深刻而有价值的问题;而知识贫乏的人,不容易提出问题,也不容易抓住要害提出深刻性的有价值的问题。

(二)明确问题

所谓明确问题就是分析问题,抓住问题的核心与关键,找出主要矛盾的过程。明确问题依赖于两个条件。

1. 依赖于是否全面系统地掌握感性材料

问题总是在具体事实上表现出来的,只有当具体事实的感性材料十分丰富且符合实际时,才能通过分析、综合、比较等,使矛盾充分暴露并找出主要矛盾。这是明确问题的关键。

2. 依赖于已有的知识经验

知识经验越丰富,越容易分析问题并抓住主要矛盾,越容易对问题进行归类,使思考具有指向性,便于有选择地应用原有知识经验来解决当前的问题。

(三)提出假设

提出假设就是在明确问题的基础上,对问题解决的具体方案提出假定和设想。问题解决的方案常常是先以假设的方式出现,经过验证逐步完善的。假设是人们推测、假定和设想问题的结论与问题解决的原则、途径、方法。

假设的提出是从分析问题开始的,在分析问题的基础上,根据问题的性质、问题解决的一般规律及个人的知识经验,在头脑中进行推测、预想和推论,然后有指向、有选择地提出解决问题的建议和方案(即假设)。方案是否符合实际,是否有利于问题的解决,还有待于验证。假设的提出就为问题解决搭起了从已知到未知的桥梁。

假设的提出依赖于许多条件,已有的知识经验、智力水平、创造想象力、直观的感性形象、尝试性的实际操作、言语表达和创造性构想等对其有重要影响。

(四)检验假设

检验假设是对假设进行验证的过程,它是问题解决的最后步骤。检验假设的方法有两种:一种是直接检验,即通过实验和实践活动来检验。这是检验的最根本、最有效的手段。例如,机器坏了,我们查找到原因,提出解决方案,进行实际维修,看一看这种维修方案是否解决问题。另一种是间接检验,即在头脑中根据已掌握的科学原理、原则,利用思维对假设进行论证。对于那些不能立即通过实践直接检验的复杂的假设常采用间接检验。例如,我们研制的卫星、导弹、运载火箭等不可能一遍又一遍地进行直接检验,而是反复地进行间接的理论论证,认为万无一失了再进行直接检验。医生设计的治疗方案、军事指挥员提出的各种作战方案等,都总是先在头脑中进行反复的推敲、论证,最后付诸实际。实践是检验真理的唯一标准,任何假设的正确与否最终都要接受实践的检验假设,其结果可以有两种情况:一是假设与检验的结果符合,这样的假设是正确的;二是假设与检验的结果不符合,这样的假设就是错误的,这种情况下就要重新提出假设。正确的新假设的提出有赖于对以前失败的原因进行充分的了解和分析。检验假设直到结果正确为止。

三、影响问题解决的因素

(一)问题情境

问题情境是指呈现问题的客观情境(刺激模式)。问题情境对问题的解决有重要的影响。

(1)情境中物体和事物的空间排列不同,会影响问题的解决。一般说来,解决某一问题所必需的物体比较靠近,都在人的视野之中,问题就容易解决,反之则困难。

(2)问题情境中的刺激模式与个人的知识结构越接近,问题就越容易解决。例如,已知一个圆的半径是2厘米,求圆的外切正方形的面积,用A、B两种方式呈现图形(见图6-1),A图中不容易看出圆的半径与正方形的关系,问题解决就要困难,而B图中,人们很容易看出圆的半径与正方形的关系,问题较易解决。

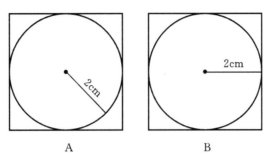

图 6-1　圆的外切正方形呈现方式

(3)问题情境中所包含的物件或事实太少或太多都不利于问题的解决。太少可能遗漏事实,太多则会产生干扰。如图6-2所示,由于"心理眩惑"作用,右侧的箭形部分不易被看出。你能看见右侧图上与左上图相同的箭头吗?

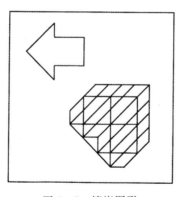

图 6-2　镶嵌图形

(二)迁移

迁移是指已有的知识经验对解决新课题的影响。例如,学会了骑摩托车再学开汽车就要容易些;学会了骑自行车反而影响学骑三轮车。这些现象都是迁移的表现。迁移有正迁移和负迁移之分。正迁移是指已获得的知识经验对解决新问题有促进作用。例如,毛笔字写得好的学生,钢笔字往往也会写得不错。负迁移是指已获得的知识经验对解决新问题有阻碍或干扰的影响。例如,学过汉语拼音的学生在初学英文时往往有一些困难。一般来说,知识经验越丰富,概括水平越高,新旧情境间共同因素越多,越易于将知识经验迁移到解决新问题的情境中去,促使问题解决,产生正迁移;相反,知识经验片面、概括水平低或使用不当,会妨碍问题的解决或把问题解决的思路引向歧途,导致负迁移产生。

(三)原型启发

原型启发是指在其他事物或现象中获得的信息对解决当前问题的启发。其中具有启发作用的事物或现象叫做原型。作为原型的事物或现象多种多样,存在于自然界、人类社会和日常生活之中。例如,人类受到飞鸟和鱼的启发发明了飞机和轮船,由蒲公英轻飘飘随风飞行的启发制成降落伞,模拟蝙蝠定向作用启发的而设计出了雷达,模拟狗鼻而设计"电子鼻"。科学家们从动物的形态、动作和某些机体结构中获得启发,解决了大量的生产、生活和军事上的问题,并形成仿生科学。

(四)定势

定势是指由先前的活动所形成的并影响后继活动趋势的一种心理准备状态。它在思维活动中表现为一种易于以习用的方式解决问题的倾向。定势在问题解决中有积极作用,也有消极影响。当问题情境不变时,定势对问题的解决有积极的作用,有利于问题的解决;当问题情境发生了变化,定势对问题的解决有消极影响,不利于问题的解决。心理学家卢钦斯(A.S. Luchins,1942)的水杯量水实验可以很好地说明。该实验要求被试用三个不等容量的杯子去解决"取一定数量的水"的问题。共有8个问题,每题时限为30秒。

该实验将被试分为实验组和控制组两组。实验组从第1题连续做到第8题,控制组只做7、8两题。结果,实验组被试用B-A-2C的方法解决了2~6题,接着又有81%的被试用B-A-2C的方法解决了7、8两道题,在用这种方法解第8题时遇到了困难;而控制组被试由于不受先前活动的影响,他们采用A-C和A+C的简便方法很顺利地解决了7、8题。实验说明,实验组大多数学生在解7、8题时之所以没能采用简便的方法,是由于受到在解2~6题时形成的思维定势的影响。思维定势阻碍了对新问题的解决,具体如表6-1所示。

表6-1 定势对解决问题的影响

问题编号	给定空瓶(单位:升)			所需的水量	解决方式
	A	B	C		
1	29	3		20	A-3B
2	21	127	3	100	B-A-2C
3	14	163	25	99	B-A-2C
4	18	43	10	5	B-A-2C
5	9	42	6	21	B-A-2C
6	20	59	4	31	B-A-2C
7	23	49	3	20	B-A-2C A-C
8	15	39	3	18	B-A-2C A+C

破除定势消极影响的办法要具体情况具体分析,一旦发现自己以习用的方式解决问题发

生困难时,不要执意固守,应换一种思路,寻求新方法。

(五)功能固着

功能固着是指个体在解决问题时往往只看到某种事物的通常功能,而看不到它其他方面可能有的功能。这是人们长期以来形成的对某些事物的功能或用途的固定看法。例如,对于电吹风,一般人只认为它是吹头用的,其实它还有多种功能,可以做衣服、墨迹等的烘干器;砖,它的主要功能是用来建筑,然而我们还可以用它来当武器、坐凳等。功能固着影响人的思维,不利于新假设的提出和问题的解决。有这样一个实验,让被试把两支点燃的蜡烛,沿着与木板墙平行的方向,固定在木板墙上。发给被试的材料是两支蜡烛、一个纸盒、几根火柴、几个图钉。把发给第一组的所有材料分别装进两个纸盒里,而发给第二组的所有材料放在两个纸盒之外。结果是:第二组有86%的被试按时解决了问题;第一组只有41%的被试按时解决了问题。为什么第一组被试的成绩不如第二组被试呢?原因在于第一组被试一开始就把纸盒的功能固定地看成装东西的容器,而没有看到纸盒还有当烛台用的功能,所以没能顺利解决问题。第二组被试一开始就没有把纸盒看成仅仅是装东西的容器,在解决实际问题中想到了当烛台用,所以顺利地解决了问题。实验材料与实验结果如图6-3所示。

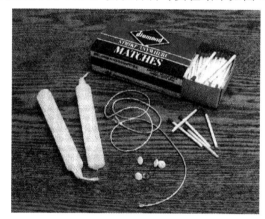

图6-3 纸盒的功能实验

(六)动机与情绪状态

动机是促使人问题解决的动力因素,对问题解决的思维活动有重要影响。动机的性质和动机的强度会影响问题解决的进程。就动机的性质来说,如果一个人的动机越积极,越有社会价值,它对人的活动的推动力就越大,人们就会为问题解决积极、主动地进行探索,这样,活动效率也就会越高。就动机的强度来说,它对问题解决的思维活动的影响比较复杂。一般情况下,当人具有某种问题解决的强烈动机时,人的思维才活跃,才能以积极的态度去寻求问题解决的途径、方法;相反,动机强度太弱,对问题解决漠不关心,自然不能调动个体问题解决的积极性,就不会主动、积极地寻求问题解决的途径、方法,不利于充分活跃个体的思维活动和人的能力的发挥,这时易产生畏难、退缩行为。但动机强度与问题解决的思维活动效率之间并不总是呈正相关关系的。心理学家的研究表明,动机强弱与问题解决的关系,可以描绘成一条"倒转的U形曲线",如图6-4所示。

可以看出,适中的动机强度最有利于问题的解决。动机超过适宜强度,反而不利于问题的

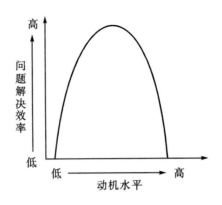

图 6-4　动机水平与问题解决效率关系

解决。因为动机过强会造成很大的心理压力,易出现情绪紧张,思维紊乱,反而抑制思维活动,降低解题成效。动机强度的适中点会随解决的问题的难度而变化。一般来说,越是解决复杂的问题,其动机强度的适中点越是偏低些(见图 6-5)。

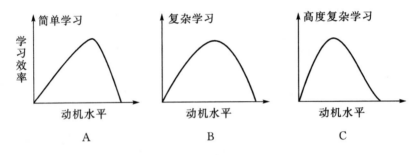

图 6-5　问题难度和适宜动机强度的关系

个体在问题解决活动中的情绪状态对活动的效果有直接的影响。一般来说,高度紧张和焦虑的情绪状态会抑制思维活动,阻碍问题的解决;而愉快、兴奋的情绪状态则会使思维活跃,思路开阔,有利于问题的解决。但情绪过于兴奋和激动,也会抑制人的思维活动,使人的思路狭窄,妨碍问题的解决。

(七)个性特征

从事问题解决活动的是人,是有个性特征的人,人的个性特征对问题解决有着直接的影响。一个有远大理想、富于自信、有创新意识、勤奋、乐观、勇敢、顽强、坚韧、果断、勇于进取和探索的人,能克服困难去解决许多疑难问题;而一个鼠目寸光、畏缩、懒惰、畏难、拘谨、自负、自卑、遇事动摇不定的人,往往会使问题解决半途而废。研究表明,绝大多数有重大贡献的科学家、发明家和艺术家,都有强烈的事业心和积极的进取心。他们善于独立思考,勤于钻研,富于自信,勇于创新,有胆有识,有坚持力等。此外,人的能力、气质类型也影响对问题的解决。

第五节 创造性思维

案例展示

旱冰鞋的产生

英国有个叫吉姆的小职员,成天坐在办公室里抄写东西,常常累得腰酸背痛。他消除疲劳的最好办法,就是在工作之余去滑冰。冬季很容易就能在室外找个滑冰的地方,而在其他季节,吉姆就没有机会滑冰了。怎样才能在其他季节也能像冬季那样滑冰呢?对滑冰情有独钟的吉姆一直在思考这个问题。想来想去,他想到了脚上穿的鞋和能滑行的轮子。吉姆在脑海里把这两样东西的形象组合在一起,想象出了一种"能滑行的鞋"。经过反复设计和试验,他终于制成了四季都能用的"旱冰鞋"。组合想象思考法就是指从头脑中某些客观存在的事物形象中,分别抽出它们的一些组成部分或因素,根据需要作一定改变后,再将这些抽取出的部分或因素,构成具有自己的结构、性质、功能与特征的能独立存在的特定事物形象。

一、创造性思维

创造性思维是指有创见的思维。它是在创造性活动中,应用新的方案和程序,创造新的思维产品的思维活动。它是在一般思维的基础上发展起来的多种思维的综合,有如下四个特点。

(一)发散思维和集中思维的统一

创造性思维主要是发散思维和集中思维的统一。我们要解决某一创造性问题,首先进行发散思维,设想种种可能的方案;然后进行集中思维,通过比较分析,确定一种最佳方案。在创造性思维中,发散思维和集中思维都是非常重要的,二者缺一不可。然而对于创造性思维来说,发散思维更为重要,它是思维的创造性的主要体现。发散思维可以突破思维定势和功能固着的局限,重新组合已有的知识经验,找出许多新的可能的解决问题方案。它是一种开放性的没有固定的模式、方向和范围的,可以有"标新立异"、"海阔天空"、"异想天开"的思维方式。没有发散思维就不能打破传统的框架,也就不能提出全新的解决问题的方案。

发散思维有三个指标:①流畅性,指发散思维的量。单位时间内发散的量越多,流畅性越好;②变通性,指思维在发散方向上所表现出的变化和灵活;③独创性,指思维发散的新颖、新奇、独特的程度。

例如,让学生说出"红砖"都有哪些用途,学生可能回答:盖房子,筑墙,砌台阶,修路,当锤子,当武器,压纸,作画写字,磨红粉当颜料,练功,垫东西,吸水……在有限的时间内,提供的数量越多,说明思维的流畅性越好;能说出不同的用途,说明变通性好;说出的用途是别人没有说出的、新异的、独特的,说明具有独创性。发散思维的这三个特点有助于人消除思维定势和功能固着等消极影响,顺利地解决创造性问题。

集中思维在创造活动中发挥着集大成的作用。当通过发散思维,提出种种假设和解决问题的方案、方法时,并不意味着创造活动的完成,还需从这些方案、方法中挑选出最合理、最接近客观现实的设想,这一任务的完成是靠集中思维来承担的,集中思维具有批判地选择的功能。

(二)多有直觉思维出现

直觉思维是指不经过一步步地分析,而迅速地对问题答案作出合理猜测、设想或突然领悟的思维。它是创造性思维活跃的一种表现,它不仅是创造发明的先导,也是创造活动的动力。直觉思维的结果,是使用逻辑思维所得不到的预见、捷径,或是解决问题的最佳方案的雏形。它往往从整体出发,用猜测、跳跃、压缩思维过程的方式,直觉而迅速地领悟。许多科学家的发明创造都是从直觉思维开始的。例如,达尔文通过观察植物幼苗顶端向阳光弯曲,直觉提出"其中有某种物质跑向背光一面"的设想,以后随科学的发展被证明确有"某种物质"即"植物生长素"。数学领域中的歌德巴赫猜想、费尔马猜想等都是当初数学大师未经论证而提出的一种直觉判断,但为后人所确信,并为此进行了论证。直觉思维作为创造性思维中的一个重要思维活动,具有三个特点:一是从整体上把握对象,而不是拘泥于细枝末节;二是对问题的实质的一种洞察,而不是停留于问题的表面现象;三是一种跳跃式思维,而不是按部就班地展开思维过程。直觉思维是在知识经验的基础上形成和进行的,丰富的知识经验有助于人们形成深邃的直觉。

(三)创造想象参与

创造性思维有创造想象的参与。因为创造性思维的成果都是前所未有的,而个体在进行思维时借助于想象,特别是创造想象来进行探索。创造性思维只有创造想象参与,才能从最高水平上对现有知识经验进行改造、组合,构筑出最完整、最理想的新形象。例如,牛顿的万有引力定律的提出就是以地球绕太阳运转、月亮绕地球运转、大海潮汐现象、苹果落地等事实为前提,先在头脑中进行创造想象,然后进行推理而产生的。世界著名的物理学家爱因斯坦在高度抽象的理论物理领域中有许多杰出的创造性成果,他大多是运用创造想象来进行研究的。他对想象力的评价是:"想象力比知识更重要,因为知识是有限的,而想象力概括着世界的一切,推动着进步,并且是知识进化的源泉。严格地说,想象力是科学研究的根本因素。"

(四)多有灵感出现

在创造性思维过程中,新的解决问题的思路、方案的产生往往带有突然性,这种突然产生新思路、新方案的状态,称为灵感。它常给人一种豁然开朗、妙思突发的体验,使百思不得其解的问题顿释。对许多科学家的调查表明,他们的发明创造过程中,大多出现过灵感。灵感并不是什么神秘之物,它是思考者长期积累知识经验、勤于思考的结果。研究表明,灵感的出现有一定的规律性。首先,灵感出现的基本条件是,个体对所要研究的问题有一个长时间的思考,要反复考虑所要解决问题的一切方面、一切角度及一切可能。这种苦思冥想是灵感产生的前提。其实灵感的出现是对某问题的一切方面经过深入考虑之后达到的瓜熟蒂落、水到渠成的境界。其次,注意力高度集中在所要解决的问题上,甚至达到痴迷的程度。这样可以全心投入思考,使要解决的问题时时萦绕在心。再次,灵感出现的最佳时机是在长期紧张思考之后的短暂松弛状态下出现的,可能是在散步、洗澡、钓鱼、交谈、舒适地躺在床上的时候或其他比较轻松的时刻。因为紧张后的轻松之时,大脑灵活,感受力强,最易产生联想、触发新意。

二、教学活动中学生创造性思维的培养【选择性学习内容】

(一)引导学生积极参加创造性活动,增强创造意识

这是培养创造性思维的前提。要让学生认识到创造思维能力是创造型人才的重要标志,

而创造不是少数人的事情，每一个智力正常的人都具有创造能力，都可以进行发明创造。人的各种能力是在活动中形成和发展的，创造性思维能力只有通过创造性活动才能得到发展和提高。所以，要鼓励学生积极参加各种创造性活动，鼓励学生的各种新颖、独特的创造性行为和成果，帮助学生树立在创造活动中的信心，激发他们的创作欲望，鼓励他们大胆尝试，勇于实践，不怕失败，认真总结经验等。

（二）保护好奇心，激发求知欲

好奇心是人对新异事物产生好奇并进行探究的一种心理倾向。求知欲又称认识兴趣，它是好奇心、求知欲的升华，是人渴望获得知识的一种心理状态。好奇心和求知欲是学生主动观察事物、进行创造性思维的内部动因。一些研究认为，儿童的好奇心、求知欲如果得不到支持与扶植，就会泯灭。因此，儿童的好奇心、求知欲以及由此引起的各种探索活动，应得到鼓励和保护。教师在教学过程中要创造条件，积极促进学生好奇心、求知欲的发展。例如，通过启发式教学或创设问题情境，使学生面临疑难，产生求知的需要和探索的欲望，主动提问和质疑，并给予鼓励；通过现代化的教学手段，创造新异的活动、变化的课件来激发学生的好奇心、求知欲和探索动机；组织或引导学生去观察大自然或社会生活，鼓励他们去发现问题，并启发他们自己寻找答案；经常结合教学向学生提出一些他们感到熟悉而又需要动脑筋才能解决的思考题等，从而促进学生创造性思维的发展。

（三）加强发散思维的训练

创造活动过程是由发散思维到集中思维，又由集中思维再到发散思维多次循环往复的过程。其中发散思维更能体现思维的创造性，它是创造性思维的主要成分。

在教学中有意识地训练学生的发散思维，有助于学生创造性思维的培养。培养学生的发散思维，主要是通过加强学生思维的流畅性、变通性和独特性的训练，限制与排除心理定势与功能固着的消极作用来进行。例如，每次作业内容不要太单调，不要机械地死套公式，应多出一些选择题来锻炼学生灵活解决问题的能力；要鼓励学生一题多解，一事多写；出一些有多种答案的问题等。

（四）鼓励直觉思维

直觉思维在人的创造性活动中具有重要的作用。有意识地培养和发展学生的直觉思维能力，是培养学生创造性思维的一个重要环节。因此，在教学活动中，教师要做到以下几方面：

（1）引导学生获得应用知识和解决问题的知识经验，这有助于学生简缩思维过程和依据某些线索迅速作出直觉判断。

（2）教育学生认真掌握每门学科的基本理论和体系，这是发展学生直觉思维的根本。

（3）鼓励学生对问题进行推测、猜想、应急性回答、提出各种怪问题或不合常规的设想等，以培养他们的直觉习惯。

（4）充分利用原型启发、类比和逆向思维等，使学生有更多的机会获得新观念、新设想、新闪念。

（5）教师在教学中不仅要讲清定论的知识经验，也应对某些尚未定论的难题提出假设，敢于猜想，为学生作出运用直觉思维的示范。

（6）直觉思维与分析思维是相互补充、相互联系的，培养学生的分析思维能力有助于学生直觉思维的培养。

(7)教师要鼓励学生勇于思考,不要求学生对一切问题的答案都经过深思熟虑和严密推理后才提出来,倡导学生学会捕捉转瞬即逝的直觉,鼓励学生近似合理地猜想、假想和即兴回答,对学生直觉回答中的错误不要指责和挖苦,要给予正确的引导。

(五)发展学生的想象力

想象与创造性思维有着密切的联系,它是人类创造活动所不可缺少的心理因素。因此,教师要注意发展学生的想象力。

(1)引导学生努力学习科学文化知识,增加知识储备。创造性思维过程是对头脑中已有经验的调遣、重组过程,有时以从未有的组合形式表现出来,但任何形式的组合都不会脱离一个人已有的知识经验范围。

(2)引导学生学会观察,获得感性经验,不断丰富学生的表象。

(3)引导学生积极思考,打开想象力的大门。

(4)引导学生积极参加科技、文艺、体育等活动,不断丰富学生的生活经验,为发展想象力创造良好的条件。

(六)培养学生的创造个性

创造性思维的发展不仅和智力因素有关,而且与个性因素也有密切关系。研究表明,人的意志力、自信心、独立性等个性因素在创造性活动中起着重要作用。因此,教师要有意识地通过各种活动培养学生独立、自信、持之以恒、有创新意识、有责任感、勤奋、乐观、感情丰富、勇敢、顽强、坚韧、果断、勇于进取和探索、富于想象、兴趣广泛、有强烈的好奇心、好冒险、不盲从等个性品质,这些都有利于学生创造性思维的发展。

练习与思考

一、填空题

1. 人的思维具有两大特点:_____ 和 _____。
2. 依据实际动作来解决问题的思维过程称为 _____。
3. 抽象思维是以 _____、_____、_____ 的形式来反映客观事物,达到对事物 _____ 和 _____ 理解的思维过程,它是人类思维的高级形式。
4. 人类的思维过程包括 _____。
5. 问题解决的思维过程一般经历 _____、_____、_____ 和 _____ 四个阶段。

二、选择题

1. 人脑对客观事物的概括的间接的反映过程叫( )。
   A. 知觉   B. 想象   C. 表象   D. 思维
2. 人类对同类事物的本质属性和思维之间规律性的联系反映,是思维( )的特点。
   A. 间接性   B. 直接性   C. 概括性   D. 推理过程
3. 凭借头脑中已有的形象或表象解决问题的思维过程叫做( )。
   A. 形象思维   B. 运动思维   C. 具体思维   D. 动作思维
4. 在抽象思维中起特别重要作用是( )。
   A. 形象   B. 语言   C. 动作   D. 图表
5. 在人脑中确定对象之间相同点和差异点的思维过程叫做( )。

A. 分析　　　　　B. 综合　　　　　C. 比较　　　　　D. 抽象和概括

三、判断题
1. 看到温度表上的水银柱降到0℃时就知道水要结冰,这是思维的间接性。（　　）
2. 思维和感知是认识过程的两个不同阶段,感知要以不依赖于思维,思维也可以不依赖于感知。（　　）
3. 表象与概念都具有概括性特征,因此表象与概念是一回事。（　　）
4. "夜来风雨声,花落知多少"这说的是思维的概括性。（　　）
5. 教师讲解一题多解这是创造思维。（　　）

四、名词解释
1. 思维
2. 分析和综合
3. 比较
4. 问题
5. 创造性思维

五、简述题
1. 思维和语言有什么关系？
2. 如何在教学中引导学生掌握科学的概念？
3. 如何培养学生的创造思维能力？
4. 影响问题解决的因素有哪些？

拓展性阅读

创造性思维的训练

一、发散思维训练
发散思维是培养创造性思维的重要途径,通过以下发散训练,有利于培养创造性思维能力。

(1)材料扩散：以某个物品为材料,当做扩散点,让学生设想它的各种用途。如说出回形针的用途：把纸或文件别在一起,做夹子……

(2)功能扩散：以某种事物的功能作为扩散点,设想出获得该功能的各种可能性。如怎样达到照明的目的：点油灯,开电灯,点火把……

(3)结构扩散：以某种事物的结构为扩散点,设想出利用该结构的各种可能性。如尽可能多地说出含圆形结构的东西：太阳,水滴,酒杯……

(4)特征扩散：以某种事物的特征为扩散点,设想出利用某种特征的各种可能性。如利用红色可做什么：禁止通行的信号灯,红印泥,红墨水……

(5)方法扩散：以人们解决问题或制造物品的某种方法为扩散点,设想出利用该种方法的各种可能性。如说出用"吹"的方法可能做的事或解决的问题：吹气球,吹蜡烛,吹口哨……

(6)组合扩散：从某一事物出发,以此为扩散点,尽可能多地设想与另一事物联结成具有新事物的各种可能性。如尽可能多地说出钥匙圈可以同哪些东西组合在一起：可同小刀组合,可同指甲刀组合,可同小剪刀组合……

(7)因果扩散：以某事物发展结果起因为扩散点,设想出这一结果的原因或这一原因可能产生的结果。如推测"玻璃杯碎了"的原因:手没抓住,掉落地上碎了;被某物碰碎了……

(8)语词扩散:以一个词为基础连接或组成更多的词或句子。如学生——生活——活力——力量——量表——表扬……

二、摆脱习惯性思维训练

习惯性思维有时可能阻碍我们的思路,摆脱习惯性思维训练,可打破某种固定不变的思维框架,使思维具有流畅、变通、灵活、独创等特点。

(1)排除观念定势训练:训练思考者对任何事都能考虑各种可能性。如爸爸的衬衣纽扣掉进了已经倒入咖啡的杯子,他连忙从杯子里拾起,不但手不湿,连纽扣都是干的,他是怎样取出来的?答案很简单:已经倒入的咖啡是固体粉末。在人们的观念里,总以为咖啡是一种"液体饮料",而导致解决问题的障碍。

(2)排除功能固着训练:训练思考者从崭新的角度思考问题,可防止思维刻板、僵化,打破思维定势的.影响。如天花板上悬挂两根相距五米的绳子,桌上放有一把剪刀,聪明的被试能站在两绳间不动,伸开双臂,两手各抓一根绳子。你知道用的是什么办法吗?被试先用一根绳拴住剪刀并使其振荡,然后走过去抓住一根绳,另一只手抓住振荡过来的剪刀。剪刀,人们很少想到用来当重锤,只想到"剪"的功能。想不到剪刀的其他功能,问题就很难解决。排除功能固着,可通过列举事物用途来加以训练。

(3)核查表法训练:为了打破习惯性思维方式,人们把应该考虑的各个要点编成一个表格,进行发明设想,按表格内的要点逐一考虑,从中得到启发,而提高创造性思维的效率。

三、缺点列举训练

对某事物存在的某个或某些缺点产生不满,往往是创造发明的先导。只要把列举出来的缺点想办法加以克服,那么就会有新发明创造。如尽可能多列举出玻璃杯的缺点:易碎,较滑,盛了开水时手摸上去很烫,有小缺口会划破手……

四、愿望列举训练

愿望列举也称希望点列举。人们对美好愿望的追求,往往成为创造发明的强大动力。如人们希望烧饭能自动控制,结果就发明了电饭锅。愿望列举就是将对某个事物的要求——"如果是这样该多好"之类的想法列举出来。提出积极的希望比仅仅克服缺点会产生更好的创意。如什么样的电视机才理想;看起来像立体的,具有每个人都可以分开看的装置,想看的频道节目会自动出现,能看到全世界的节目……

五、想象训练

训练想象力是培养和发展创造性思维的一种极好的办法。它能帮助人们从固定化想法中解放出来,使人们在思考、解决问题的过程中学会大胆想象,敢于"标新立异","异想天开"。

第七章 表象与想象

学习目标

1. 了解表象和想象的概念和分类
2. 理解表象和想象的特征,明确表象和想象对发展学生思维的价值
3. 掌握发展创造想象的条件,区分幻想的不同形式

主要概念

表象　想象　幻想

第一节　表象

科学幻想不是梦

科学幻想并不是无中生有的代名词,更不是胡说八道。科幻作品之所以吸引人,一个重要的原因就是作者在科学的基础上展开合理想象。若干年后人们发现,科幻作品中很多新奇的玩意竟然变成了现实……科幻作品中由想象变成现实的发明并不少,比如手机,再比如直升机,这些东西的发明其实都是从《星际迷航》和《世界大战》等科幻作品中找到的灵感。

美国发明家西蒙·莱克被誉为"现代潜艇之父",他在1870年阅读了儒勒·凡尔纳的科幻小说《海底二万里》后,从此迷上了海底旅行和探险。莱克的新发明包括压载舱、潜水舱和潜望镜。他的公司于1898年制造了第一艘在公海成功航行的潜艇"舡鱼(Argonaut)"号,并收到凡尔纳的贺信。现代直升机的发明者埃格·西科斯基是在他小时候读过著名科幻作家凡尔纳的《征服者罗比尔》的启发下,发明了直升机。西科斯基经常援引凡尔纳的话:"一个人能够想象出来的东西,另一个人都能把它变成现实。"美国科学家罗伯特·戈达德制成第一枚液体燃料火箭,并于1926年3月16日成功发射升空。他是在阅读了1898年报纸连载的 H. G. 韦尔斯描写火星人入侵地球的科幻小说《世界大战》后,开始迷恋上太空飞行的。后来戈达德回忆,星际飞行的想法"引起了我无限的遐想"。1914年,H. G. 韦尔斯推出科幻小说《解放全世界》,设想1933年出现"人造"原子能,随后发生一场毁灭性的世界大战,最终出现一个爱好和平的全球政府。物理学家利奥·西拉特1932年读了这本书,这帮助他在1933年解决了产生核链式反应所面临的一个问题。这本书还促使西拉特在二战后积极从事控制武器和国际和平利用核能的活动。

一、表象概述

表象是当事物不在眼前时,人们在头脑中出现的关于事物的形象。

现代认知心理学认为,表象是人们在头脑中以形象的形式对物体进行操作和加工,是物体不在面前时关于物体的心理复现。表象曾是心理学研究的重要对象。17世纪英国哲学家洛克(J. Loke)等人认为表象是思考的元素,19世纪英国心理学家、测量学家高尔顿(F. galton)就对表象进行了测量研究。但是,在20世纪初,行为主义在心理学研究中占主导地位,认为表象毫无功能上的意义,是感觉中的幽灵,故而将其排斥在科学研究之外。所以,关于表象的科学研究一时陷入了停顿状态。直到20世纪60年代,由于认知心理学的兴起,表象作为人们信息加工、贮存的基本方式才又受到重视,表象研究也成为认知心理研究的重要内容。

表象是由人脑中刺激痕迹的再现所引起的,它以知觉提供的材料为基础,但又不只是知觉的翻版和重复,是知觉痕迹经信息加工后的产物。表象作为知识表征的一种形式,不仅可以贮存,还可以被加工和编码,那种认为表象只不过是知觉痕迹的再作用,与知觉相比仅仅只是强度更低一些的观点是不正确的。

由于表象的出现不需客观事物的直接作用,可以不受时间和空间的限制,所以它对人类的想象、思维等高级心理活动具有十分重要的意义。

表象具有如下几方面的特征:

(1)直观性。表象和感觉、知觉一样具有直观形象性,是人脑对外界事物的感性反映,但它所反映的通常只是事物的大体轮廓和一些主要特征。表象没有感知所得的形象那样鲜明、完整和稳定。例如,游览过北京天坛的人们虽然对天坛有很清晰的映象,但这种映象总不如正在观看天坛时的知觉形象那样鲜明、完整和稳定。正是由于表象不能反映事物的全部特征,而且不稳定,比较模糊,因此它所反映的一些主要特征就显得突出和直观。

(2)概括性。表象往往反映同一事物或同一类事物在不同条件下所表现出来的一般特点,而不是某一次感知的个别特点。知觉是人脑对直接作用于感觉器官的客观事物的整体反映,需要借助于人过去的知识和经验。表象比知觉具有更大的概括性,它是以多次知觉经验为基础而产生的概括形象。

表象具有概括性,但表象的概括性和语词的概括性是不同的。表象是形象的概括,所概括的既有事物的本质属性又有非本质属性,而语词是对事物本质属性的概括,已弃除其非本质属性。因此,表象往往被看成感知到思维过程的中间环节。

二、表象的种类

(一)记忆表象和想象表象

根据创造性程度,表象可以划分为记忆表象和想象表象。

记忆表象基本上是过去感知过的事物形象的简单重现;想象表象是旧表象经过加工改造、重新组合创造出来的新形象。这两种表象往往是交织在一起的,很难绝对地加以分开。亚里士多德说过:"记忆和想象属于心灵的同一部分,一切可想象的东西在本质上就是记忆的东西。"只有从记忆表象中提取素材,想象才能得以进行,同时,记忆表象在某种程度上为想象形象所补充,与想象形象相结合。

(二)视觉、听觉、动觉、嗅觉、味觉、触觉等表象

根据表象形成的主要感知通道,可将其分为视觉表象、听觉表象、动觉表象、嗅觉表象、味觉表象、触觉表象等。视觉表象是比较鲜明、最常发生的表象形式。由于人们所从事的社会实践活动不同,各种表象形式所起的作用也有所侧重。一般而言,画家具有较发达的视觉表象,音乐家的听觉表象较发达,而体操运动员的动觉表象较为丰富。值得注意的是,各种表象形式往往是综合起作用的,如钢琴演奏既需要听觉表象,又需要动觉表象;完成体操动作既需要动觉表象,又需要听觉表象。

(三)个别表象和一般表象

根据对象范围和概括程度,表象可划分为个别表象和一般表象。对某一具体事物(如六和塔)的表象称为个别表象;对某一类事物(如宝塔)的表象称为一般表象。个别表象和一般表象有着密切联系,个别表象是一般表象的基础和核心,而一般表象具有更高的概括性。

(四)遗觉象

在刺激停止作用后,头脑中继续保持异常清晰、鲜明的表象,称为遗觉象。遗觉象是记忆表象的一种特殊形式,它几乎与感知形象一样鲜明和生动,似乎是介于知觉和幻觉之间的状态。遗觉象是部分学龄儿童所特有的,随着年龄增长会逐渐消退。据研究,儿童中有40%~70%的人有遗觉象,在11~12岁时最明显。有些儿童的遗觉象能保持半分钟。他们背诵课文就像看着课文朗读一样,准确无误;在一幅被拿掉后,仍然能在原处看到那幅画的十分清晰的图像。通常,较为多见的遗觉象是视觉表象,但一些研究也发现了听觉遗觉象、嗅觉遗觉象和味觉遗觉象等。

三、表象的信息加工理论

认知心理学将表象看做信息编码的一种主要形式,但在它是不是唯一的形式这一问题上存在着争论,并由此引出两种信息加工理论。

(一)基本表象理论

美国心理学家巴格斯基(B. B. Bagelckl)认为,人们对信息的贮存是将视觉和言语材料转化为表象贮存在记忆中的。表象是信息编码最基本的形式,人们可以对表象进行操作,而这种操作类似于对具体事物的操作。

基本表象理论得到了谢波德等人(R. N. Shepard)的心理旋转实验的支持。这个实验向被试呈示一组立体图形,以 A 图形为标志要求被试辨别其他五个图形与第一个图形是否相同。这五个图形有的是第一个图形的镜像,与原型是不相同的;有的与 A 图形相同,但加以旋转,旋转的范围从 0 度到 180 度,记录被试作出判断的正误及反应时间。实验结果表明,反应时是旋转度的直线函数,随着旋转度的增加,反应时也随之延长。这说明表象是信息贮存的基本形式之一;视觉表象的旋转加工是物理旋转的类似物。

库珀和谢波德(L. A. Cooper, R. N. Shepard)进一步对表象的旋转加工作了实验研究。这个实验呈示给被试的是以不同倾斜度的正向和反向的 R 为刺激物。结果表明,字母从垂直方向旋转的度角越大,作出判断的时间也越长;被试的报告也表明,在判断时确实在头脑里旋转表象。这说明,被试在判断时有目的地将字母表象旋转到垂直方向,以便作出正确判断。而用其他方式,如用命题的方式去解释这种心理旋转过程是困难的,很难自圆其说。

心理表象旋转实验有力地证明了表象是信息贮存和加工的一种形式,说明表象的这种作用的不可替代性,但并不能证明它是信息贮存的唯一形式。另外,一些心理实验也证明,言语对表象的再现有启发作用,表象并不能代替言语。因此,基本表象理论被认为是一种极端的信息加工理论。

(二)双重编码理论

面对基本表象理论的不足,佩维奥(Paivio)等人提出同时存在表象和言语符号两种信息编码和贮存系统的假设。他发现,表象码更适合加工具体的信息,言语码更适合加工抽象信息;言语码加工信息是有序加工,表象码则似乎是空间加工;在信息加工过程中,两种系统可能是重叠的,也可能是其中一种占优势。表象系统用表象材料进行信息加工,言语符号系统用言语听觉、抽象概念或命题的形式进行信息加工。在一定条件下,表象码和言语码可以互译,言语码可以通过译码以感性形象再现,表象码也可以用言语形式贮存起来。

佩维奥以大量的实验来证明双重编码理论,图片和具体单词比抽象单词容易学习;同时采用两种编码形式时,记忆效果比单用其中一种好;如果长时记忆存在视觉编码,则比例不和谐的图像配对将形成冲突,而比例不和谐的文字配对却不会造成这种冲突。比如其中一个实验表明,对图形的回忆比抽象的词进行回忆要好得多;图形在一周后的偶然回忆成绩比抽象词在5分钟后的有意回忆还要好。有趣的是,对具体词的回忆比对抽象词的回忆多75%,原因是具体词可以诱发它所代表的事物的心理表象。这些实验充分证明了两种编码系统的存在。目前,这一理论已被大家所接受。

四、表象的作用

表象是从感知到思维的过渡阶段,是认识过程的重要环节。从表象的直观性来看,表象和知觉相似;从表象的概括性来看,表象又和思维相似,但它既不是知觉也不是思维,而是二者的中间环节。表象打破了人的认识受当前事物直接作用的局限,使认识更趋概括化。运用表象训练能更好地挖掘潜能,发展智力。例如,我国心理学工作者曾利用表象训练提高幼儿园儿童的加减法计算能力。开始时,儿童只能按实物计算;后来,研究者将实物遮起来,让儿童想着按那里的实物计算(即用表象计算)。经过这种训练,儿童能较快地掌握口算和心算。体操和游泳运动员也常常用表象训练提高运动成绩。

表象是人们实践活动的必要条件。活动前在头脑中形成、"做什么"和"怎么做"的表象,是人类心理活动区别于动物的主要特点。画家、作家、工程师、运动员、发明家、军事指挥员的各种实践活动,都要求具有鲜明、稳定、完整的表象。

第二节 想象

案例展示

告幼儿园扼杀想象力 美国母亲索赔千万美元

1968年,美国内华达州一位叫伊迪丝的3岁小女孩告诉妈妈,她认识礼品盒上的"OPEN"的第一个字母"O"。这位妈妈非常吃惊,问她怎么认识的。伊迪丝说:"是老师教的。"这位母亲表扬了女儿之后,一纸诉状把女儿所在的劳拉三世幼儿园告上了法庭,理由是该幼儿园剥夺了伊迪丝的想象力。因为她的女儿在认识"O"之前,能把"O"说成苹果、太阳、足球、鸟蛋等各种东西,这位母亲要求幼儿园赔偿伊迪丝精神伤残费1000万美元。3个月后,法院开庭审理此案,幼儿园败诉,因为陪审团的23名成员被这位母亲在庭上讲的故事感动了。这位母亲说,她曾到东方旅行,在一家公园里见过两只天鹅,一只被剪去了左边的翅膀,一只完好无损。她询问原因时,管理人员说,缺了翅膀的天鹅飞起后只能滑翔回水面。翅膀齐全的天鹅在小的时候只见过滑翔,没见过飞翔,所以,只会老实呆在水里。这位母亲说,"幼儿园剪掉了伊迪丝一只幻想的翅膀,并把她投进只有ABC的小水塘"。

一、想象概述

想象是人脑对已有表象进行加工改造而创造新形象的过程。通过想象过程创造的新形象就是想象表象,它具有形象性和新颖性的特点。

想象是在记忆表象的基础上进行的,它是以直观形式呈现在人们头脑中的具有形象性特征的表征,而不是言语符号。在想象过程中,表象得到进一步的加工和组合,创造出新的形象。这些新形象既可以是主体没有感知过的事物的形象,也可以是世界上根本不存在或还未出现的新形象。如读过《阿房宫赋》后,人们在头脑中浮现出的阿房宫现象,发明家设计出新机器前头脑中构思的机器形象,人们头脑中出现的神话中的妖魔鬼怪形象等,都是想象的产物。

想象是组织起来的形象系统对客观现实的超前反映。乍看起来似乎是"超现实"的,其实,任何想象都不是凭空产生的,构成新形象的材料都来自生活,取自过去的经验,不可能无中生有。天生的聋哑人决不能想象出优美的音乐,天生的盲人也想象不出春天的美景。鲁迅先生曾记录过一位盲诗人的谈话:"在缅甸遍地是音乐,房里、草里、树上都有昆虫的吟叫,各种声音成为合奏,很神奇,其间不时夹着蛇鸣'嘶嘶'。"字里行间充满了听觉形象,视觉形象则十分匮乏。这说明,想象无论新颖甚至离奇到什么程度,构成新表象的材料则永远来自对客观现实的感知。梦也是一种想象,梦中出现的形象有时显得十分新奇甚至荒唐,但组成梦境的"素材"仍然是感知过的事物。

可见,想象虽然是新形象的创造,但它的内容和其他心理过程一样,来自客观现实。想象是反映客观现实的各种成分的形象组合过程,也是人脑反映客观现实的一种形式。

二、想象的种类

"想象是一种意向性的反映,它在某种程度上超脱现实,因此,可有意地或在无意间发生。"按照想象的目的性和计划性,可将想象分为不随意想象和随意想象。

(一)不随意想象

不随意想象是没有预定目的的、不自觉的想象。如天空中变化的浮云,时而似人头,时而似奔马,时而似城楼……各种想象形象不自觉地浮现着,转化着。另外,当人们长久地进行机械、枯燥的活动时,注意力不集中,如冗长的会议、长久地躺在草地上休息,某种想象形象就可能不经意地浮现在眼前。这些都是不随意想象。由于不随意想象不需要人作意志努力,出现也很突然,往往对思维具有启发作用。梦是不随意想象的一种特殊的形式。

(二)随意想象

随意想象是有预定目的的、自觉进行的想象,是意识活动的一种形式。这种想象活动具有一定的预见性、方向性,人们在想象过程中一直控制着想象的方向和内容。

根据创造程度的不同,随意想象又可分为再造想象和创造想象。幻想也是随意想象的一种特殊的形式。这些想象活动具有一定的预见性、方向性,都是意识活动的形式。

再造想象、创造想象和幻想都是有预定目的、自觉进行的想象,是随意想象的三种形式。

1. 再造想象

(1)再造想象的概念。再造想象是人们根据别人的言语叙述、文字描述或图形示意,在头脑中形成新形象的过程。

再造想象必须以别人的描述和提示为前提,再造别人想象过的事物,虽然具有一定的独立性,但独立性较差。值得注意的是,再造想象不是别人想象的简单重现,而是依据以往的经验再造出来的。例如,技术工人根据平面图纸生产立体产品,由于个体之间的知识经验、兴趣爱好、个性的差异,每个人再造出来的形象各不相同。再如,我们想象"朝辞白帝彩云间,千里江陵一日还。两岸猿声啼不住,轻舟已过万重山。"这首诗所描述的情景时,每个人再造出来的情景各不相同,都按各自的方式构成新形象。可见,再造想象中也有创造性的成分。

再造想象是理解和掌握知识必不可少的条件。在接受间接经验时,概念停留在机械识记水平上是毫无意义的,只有在头脑中形成了与概念相应的形象,主体才能理解和掌握知识。因此,课堂教学的形象化、直观化有利于知识的掌握和运用。图表、模型、标本等直观教具和生动的语言,有利于想象的发展和知识的掌握。

再造想象对人格的塑造也有重要作用。再造想象是榜样言行内化过程的一种形式。儿童听了故事或看了电影或连环画后,往往沉浸在故事情节中,想象自己亲身体验这些行为。这种想象甚至能指导他们的行为。

(2)形成正确再造想象的条件。

①正确理解词与实物标志的意义。再造想象由言语描述或图样示意所引起,如果言语不能引发表象,想象活动将难以进行。想象活动是第一信号系统和第二信号系统协同作用的结果,要形成正确的想象,必须正确理解和掌握词与实物标志的意义。

②丰富的表象储备。表象是想象的基本条件,表象愈丰富,再造想象的内容愈丰富;再造想象不仅对已有表象的数量有较高的要求,对表象的质量和种类也有很高的要求。正确反映客观现实的直观材料愈丰富,再造出来的想象内容就愈生动、准确。

2. 创造想象

(1)创造想象的概念。创造想象是不依据现成的描述而独立创造出新形象的过程。

创造想象根据预定目的,通过言语符号对已有表象进行选择、加工、改组而产生可以作为创造性活动"蓝图"的新形象。文学家、艺术家、发明家、科学家、设计人员的创新都是创造想象的产物。与再造想象相比,创造想象具有首创性、独立性、新颖性等特点。

创造想象是人类创造性活动的一个必不可少的因素,是创造活动顺利开展的关键。创造活动由于有了创造想象的参与,才能结合以往的经验,根据预定的目的和计划将概念和形象、具体和抽象、现实与未来有机地结合起来形成创造性的新形象,勾画出劳动的最终或中间产品的立体表象模型。没有创造想象,技术发明、科学研究、艺术创作等一切创造活动都无法顺利进行。

创造想象能力的培养具有十分重要的意义。教师在学生的作文、绘画、解题和实习等创造活动中正确运用启发教学法,创造问题情境,诱导学生自己去"发现"问题、"解决"问题,是培养学生创造想象能力的一种重要途径。

(2)发展创造想象的条件。

①创造动机。社会生活不断地对个体提出创造新事物、解决新问题的需求。这种需求反映在人的头脑中就成为创造新事物的需要和动机。创造动机是创造想象的动力。

(2)扩大知识范围,增加表象储备。没有相应的表象储备,再造想象和创造想象都很难顺利进行。创造想象有将相关表象的某些因素重新组合排列成新形象的"凑合式想象",如狮身人面像;有将几种表象融合成新形象的"融合式想象",如《战争与和平》中娜塔莎的形象,是托尔斯泰融合其妻子、妻妹两人的形象创造的;有"改换式想象",即改变旧表象创造新表象;有"夸张式想象",即对现实中的形象作夸张处理,如"飞流直下三千尺";有抽取某些事物的本质特征的"典型式想象",如鲁迅笔下的阿Q,是旧社会农村流氓无产阶级者的典型形象。这些创造想象的形式都以丰富的表象储备为先决条件。

(3)积极的思维活动。创造想象受思维的调节。思维活动由一定的问题引起,并指向问题的解决。如作家在写作前要考虑文章的主题、人物、事物等,如果不假思索、信马由缰,就很难创造出活生生的、令人信服的形象来。

(4)灵感。灵感是指创造活动接近突破时出现的心理状态。灵感首先表现为人的注意力高度集中在创造对象上。这时,意识处于十分清晰和敏锐的状态,思维极为活跃。因此,在产生灵感时人有极高的工作效率。灵感的出现使久思不解的问题迎刃而解,常常伴随着无法形容的喜悦。例如,古希腊哲学家阿基米德在验证王冠是否由纯金制成的问题时,一次入浴中忽然有悟,起来在街上狂呼"我发现了!我发现了!"(即发现了关于比重的阿基米德定律),简直达到了狂喜的程度。这是成功的喜悦,胜利的喜悦。

唯心论者将灵感看做是神灵的感应。其实,灵感不是天上掉下来的,也不是人脑所固有的,而是经过艰巨劳动的长期酝酿促成的。它是一朵长期积累后偶尔得之的思想火花,"灵感是对艰苦劳动的奖赏"。

灵感的产生需要一定的客观条件,创造者长期形成的创造习惯有利于灵感的出现。另外,灵感会突然产生而瞬间即逝,若不注意捕捉就会失之交臂。

3. 幻想

(1)细想及特征。幻想是一种与生活愿望相结合并指向于未来的想象。幻想是创造想象的一处特殊形式,与一般的创造想象相比具有下述两个特征。

①幻想体现了个人的愿望,是向往的形象。幻想中的形象总是与个人的愿望相联系,体现了个人的向往和祈求,而创造想象所形成的形象则并不一定是个人所向往的形象。例如,作家创造的人物形象有的是他所喜欢的和同情的,有的(如反面人物)则可能是他所厌恶的或鞭挞的。后一种形象就不是作者所向往的。

②幻想常是创造性活动的准备阶段。幻想虽然是有目的的,但不像一般的创造想象那样需要付出艰苦的精神劳动。幻想不指向于当前物质产品和精神产品的创造,而是指向未来,代表个体的愿望,故常常又是创造性活动的准备阶段。

(2)幻想的形式。幻想可分为科学幻想、理想、空想三种形式。

①科学幻想。科学幻想是科学预见的一种形式,是创造想象的准备阶段和发展的推动力,是具有进步意义和有实现可能的积极幻想。如一个多世纪前人们作出的到天空和海洋邀游等科学幻想在今天已经变成了现实。

②理想。理想是符合事物发展规律、有实现可能的积极幻想。如想成为科学家、艺术家，为国家的繁荣富强作出贡献，就是许多当代青年的理想。

③空想。空想是与客观现实相违背的消极幻想，根本不可能实现。空想往往使人脱离现实，长期陷入空想的人往往碌碌无为，一事无成。

三、想象的生理机制

1937年生理学家加可布逊(C. Jacobson)对猴作延缓反应实验的结果提示：额叶的一些神经回路将一些有关物体位置的视觉信息组成一种内部表象。即额叶与一种"当物体在空间和时间上客观存在但又看不见时也能识别物体的能力"有关。另外，在额叶和顶叶的亚区之间还有很多类似的通路。所有这些都意味着，即使是在信息加工的最高层次中也具有与表象相关的脑结构。

在感知客观事物的过程中，大脑皮层里留下了许多痕迹，并在痕迹之间建立了暂时的神经联系，形成暂时神经联系系统。人们的经验越多，这种暂时神经联系就越丰富。暂时神经联系系统是不断地变化、补充和修改着的，旧的联系重新配合构成新的联系。新的暂时神经联系的形成就是想象的生理机制。

词语对暂时神经联系的建立和重新组合起着重要的调节和支配作用。虽然想象的形式属于第一信号系统，是形象的，但想象的形象是在皮层言语机能的相应区域上形成的。想象的出现是第一信号系统和第二信号系统协同作用的结果。

现代科学表明，下丘脑——边缘系统——与大脑皮层共同参与了想象的过程。如果下丘脑——边缘系统——损伤，人可能产生特殊的心理错乱，他的行为将不再受大脑支配，不能拟定简单的行动计划，不能预见行动的后果，想象的主要作用也将受到破坏。

四、想象与实践

想象是在实践活动中发展起来的，同时也是人类实践活动的必要条件。人在实践活动中会遇到一些困难，产生新的需要，这促使人们去改变客观现实，创造新的事物。想象就是在这种实践活动中发展起来的。劳动是人类认识世界、改造世界以满足个人或社会需要的活动。目的性、计划性是劳动的重要特征。马克思说：劳动过程结束时得到的结果，在这个过程开始时就已经在劳动者的表象中存在着，即已经观念地存在着。人在劳动前对劳动的结果作出预见，产生"做什么"和"怎么做"的表象；在劳动过程中，想象对活动起着调节作用。另外，想象还具有代替作用和补充作用，它使人们的思维、情感交流突破直接感知和操作的限制，进行学习和创新。

五、想象的意义

想象力的发展是智力发展的一个极其重要的方面。再造想象的发展对于学习科学文化知识起着重要作用，创造想象则是创造性活动的必要条件。想象力贫乏的人，思维是机械而偏狭的，不可能有很高的分析问题和解决问题的能力。爱因斯坦对想象的重要性作了重要的评价："想象力比知识更重要，因为知识是有限的，而想象力概括着世界上的一切，推动着进步，并且是知识进化的源泉。严格地说，想象力是科学研究中的实在因素。"

想象和其他心理过程有着有机的联系。它与人的思维、情感、意志活动甚至感知活动都有深刻的联系。想象与记忆活动交织在一起,记忆表象是想象的素材,同时在一定程度上被想象补充着,与想象结合着。想象参与思维过程,任何一种思维过程尤其是形象思维都离不开想象的参与。想象在人的情感生活中也有重大意义。想象过程总是伴随着一定的情感体验,情感体验也是想象的内容之一。想象不仅可以引起一种短暂的情绪状态,也可能成为深刻而牢固的情感产生的源泉。想象可成为人的意志行为和社会实践的内部推动力。

总之,想象不仅在认识和实践活动中意义十分重大,而且在人的整个精神生活体系中,在创造活动中,在反映客观世界的一切形式中都具有十分重大的意义。想象对人个性的发展及生活道路的抉择也有着重要的作用。

练习与思考

一、填空题

1. 根据创造性程度,表象可以划分为_____和_____。
2. 表象具有_____、_____的特征。
3. 根据对象范围和概括程度,表象可划分为_____和_____。
4. 幻想可分为科学_____、_____、_____三种形式。

二、选择题

1. 在刺激停止作用后,脑中继续保持异常清晰、鲜明的表象,称为(　　)。
   A. 个别表象　　　B. 一般表象　　　C. 遗觉象　　　D. 基本表象
2. 佩维奥等人提出同时存在表象和言语符号两种信息编码和贮存系统的假设,这种理论称作(　　)。
   A. 双重编码理论　B. 基本表象　　　C. 信息加工理论　D. 白板理论
3. 属于无意想象的是(　　)。
   A. 梦　　　　　　B. 幻想　　　　　C. 空想　　　　　D. 灵感
4. 看小说时,头脑中形成的形象是(　　)。
   A. 幻想　　　　　B. 再造想象　　　C. 创造想象　　　D. 记忆表象
5. 看到天上的白云,自然而然地想象为大海、山峰或某种动物,这种想象是(　　)。
   A. 无意想象　　　B. 有意想象　　　C. 再造想象　　　D. 幻想

三、判断题

1. 想象是一种超现实的自由精神的创造。(　　)
2. 梦基本上属于无意想象活动。(　　)
3. 一般而言,画家具有较发达的视觉表象,音乐家的听觉表象较发达,而体操运动员的动觉表象较为丰富。(　　)
4. 想象的内容都是来自客观现实。(　　)

四、名词解释

1. 表象
2. 想象
3. 幻想

五、简述题

1. 谈谈表象的作用。
2. 发展创造想象的条件是什么?

六、实例分析

古希腊哲学家阿基米德在验证王冠是否由纯金制成的问题时,一次入浴中忽然有悟,起来在街上狂呼"我发现了!我发现了!"(即发现了关于比重的阿基米德定律)简直达到了狂喜的程度。

请分析该案例的心理过程。

拓展性阅读推荐

黄希庭. 心理学导论[M]. 2版. 北京:人民教育出版社,2007.

第八章 情绪和情感

学习目标

1. 了解情绪与情感的概念及两者的区别和联系,以及情绪的理论
2. 掌握情绪和情感的种类与功能
3. 能联系实际综合分析与掌握情绪和情感在实际中的应用,以及良好情绪的培养

主要概念

情绪　情感　情商

第一节　情绪和情感概述

笑能拯救生命

加利福尼亚大学的诺曼教授,40多岁时患上了胶原病,医生说,这种病康复的可能性是五百分之一。他按照医生的吩咐,经常看滑稽有趣的文娱体育节目,有的节目使他捧腹大笑,有的节目使他从心底发出微笑。他除了看有趣的节目,平时还有意识地和家人开开玩笑。一年后医生对他进行血沉检查,发现指标开始好转了。两年以后,他身上的胶原病竟然自然消失了。为此,他撰写了一本《五百分之一的奇迹》,书中提出:"……如果消极情绪能引起肉体的消极化学反应的话,那么,积极向上的情绪就可以引起积极的化学反应……爱、希望、信仰、笑、信赖、对生的渴望,等等,也具有医疗价值。"中外许多心理学家、运动学家认为,一般性的笑,能使隔膜、咽喉、腹部、心脏、两肺,甚至连肝脏都能获得一次短暂的运动。捧腹大笑,它还能牵动脸部、手臂和两腿肌肉的运动。当笑停止之后,脉搏的跳动会低于正常的频率,骨骼肌也会变得非常松弛。

一、情绪和情感的内涵

(一)情绪和情感的定义

情绪和情感涉及我们生活的方方面面。在我们清醒着的每一个时刻,都伴随着感觉的差异、变化以及情绪的冲动,并体验着不同的心境和情感。有时候感到高兴和喜悦,有时感到气愤和憎恨,有时感到悲伤和忧虑……这些都是情绪和情感的不同表现形式。

那么,什么是情绪和情感呢?我们发现,给出一个具体的情绪和情感的例子非常的容易,

但是要用概括的方式来给出定义却非常困难。从19世纪以来,心理学家们就对此进行了长期而深入的研究,但是至今还没有得出一个一致性的结论。现在一般认为,情绪和情感是个体对客观事物的态度体验和相应的行为反应。本书中就沿用这一概念。对于这一概念,我们可以从以下三个方面来进行理解:

1. 主观体验

主观体验是指个体对不同情绪和情感状态的自我感受。"体验"是情绪和情感区别于认知的重要方面。认知是通过概念反映事物,情绪和情感则是通过感受和体验来反映事物。例如,珍惜生命,对于生病的病人,他的体验跟身体健康的人是不一样的。

2. 外部表现

情绪和情感的外部表现形式就是表情。表情包括面部表情、姿态表情和语调表情。不同的情绪情感状态下的外部表现是截然不同的。例如,人高兴的时候眉飞色舞,极端恐惧的时候,手会发抖,面部扭曲,动作紧张。

3. 生理唤醒

生理唤醒是指情绪和情感产生的生理反应。它涉及广泛的神经结构,例如中枢神经系统的脑干、中央灰质、丘脑、杏仁核、下丘脑、蓝斑、松果体、前额皮层,外周神经系统,内外分泌腺等。不同的情绪情感的生理反应模式是不同的。例如,我们经常看到电视剧中有这样的场景,某个人在暴怒之下,捂着胸口慢慢倒下。这是因为在暴怒时,心跳加速,血压升高。

(二)情绪和情感的实质

1. 情绪和情感产生的基础是人的需要

情绪和情感虽然是由客观事物引起的,但是客观事物并不直接决定个体的情绪和情感,它对情绪和情感的决定作用是以需要作为中介来起作用的。因此,情绪和情感是反映客观事物和人的需要之间的关系。一方面,能够满足个体需要或符合其愿望的事物,会使得个体产生愉快、兴奋、喜爱等积极的情绪和情感体验。例如,美食、美景、朋友团聚、考试成功、生意顺利,等等。另一方面,凡是不符合个体需要或者违背其愿望的事物,就会使个体产生郁闷、痛苦、厌恶的情绪和情感体验。例如,饥渴难忍、重病缠身、考试失败、投资失利、被人误解,等等。而那些与个体需要没有直接关系的事物,一般不会引起个体的情绪和情感体验。但是,客观事物纷繁复杂,个体需要多种多样,因此,客观事物与个体需要之间的关系具有多样性,人的情绪和情感也具有复杂多样性,并不是简单的肯定或否定,高兴或伤心。

2. 对刺激情境的认知是情绪和情感产生的直接原因

除了个体的需要是情绪和情感产生的基础之外,个体对于刺激情境的认知是产生情绪和情感的直接原因。例如,我们对于毒蛇到底有没有恐惧心理,在于我们对蛇出现的情境的认知。如果在野外近距离看到毒蛇就会感到非常害怕恐惧,如果毒蛇在远处,对自己威胁不大的时候,虽然也是害怕的,但是没有那么的恐惧;如果在动物园的玻璃柜子里看到,那么就只会产生好奇。由此可见,个体对于刺激情境的认知和评价的不同,就会产生不同的情绪和情感体验。

(三)情绪和情感的关系

情绪和情感我们可以笼统地称之为感情,在日常生活中的区分并不严格。但是作为科学概念,情绪和情感是相互区别又紧密联系着的两个概念。

1. 情绪和情感的区别

(1)情绪和情感赖以产生的需要不同。情绪通常与有机体的生理需要相联系,是人和动物所共有的。例如,当饥饿的时候得到食物,就会感到满意愉快,如果得不到,则会感到焦躁不满。而情感通常与个体的社会需要相联系,是人类特有的心理现象。例如,当孩子得到老师的表扬的时候,内心喜悦;当被批评的时候,则会难受、不高兴。

(2)情绪和情感的强度不同。情绪具有冲动性,并带有明显的外部表现,情绪一旦发生,其强度往往较大,有时个体难以控制。例如,2013年北京电影学院的艺术考试复试放榜的时候,一个女生因为落榜情绪失控,在现场大叫和痛哭起来,表情非常夸张,因而走红了网络。情感则经常以内隐的形式存在或以微妙的方式流露,并始终处于意识的调节支配之下,例如母亲对于孩子的爱。

(3)情绪和情感的稳定性不同。情绪具有鲜明的情境性和短暂性,往往随着情境的改变和需要的满足而很快减弱或消失。例如,一个哭泣吵闹的孩子得到他想要的玩具之后,马上兴高采烈了。而情感则具有较大的稳定性、深刻性和持久性,例如对待祖国的热爱。

2. 情绪和情感的联系

情绪和情感又是相互联系的。一方面,情感离不开情绪。稳定的情感在情绪的基础上形成,又通过各种不断变化的情绪得以表现,离开了具体的情绪,人的情感就难以表现和存在。另一方面,情绪也离不开情感。情绪变化受情感支配,情感的深度决定着情绪表现的强度。情绪是情感的外部表现,情感是情绪的本质内容,两者密不可分。

二、情绪和情感的生理机制

情绪的生理机制在很大程度上都是与生俱来的。一个徒步旅行者在野外遇到野兽的时候的恐惧和你在城市里遇到强盗时候的恐惧,在生理反应上是非常相似的。其中比较典型的生理反应包括肌肉紧张、心跳加快、出汗、想吐,等等。情绪和情感的产生涉及复杂的神经机制和生化机制,是在大脑皮层支配下,皮层和皮层下神经过程协调作用的结果。

(一)情绪发生时机体的内部变化

1. 呼吸的活动变化

呼吸的频率和深度与个体的情绪变化有着直接的关系。人在情绪处于休静状态时,呼吸每分钟只有20次左右;在愤怒时每分钟呼吸可达40~50次;在极端忧愁时,呼吸减弱变慢;突然惊惧时甚至出现暂时的呼吸中断;在极端悲痛和狂喜时,可能会引起呼吸痉挛现象。

2. 血液循环的活动变化

人在情绪激动的时候脸会涨得通红,这是血液循环加快的反应。血液循环有三个主要指标,分别是血压、心率和血管容积。人在愤怒或恐惧时会引起血管收缩、心跳加速、血压升高、血糖增加、血液中含氧量增高;人在悲伤时所引起的郁抑和烦闷,可以减弱、减慢血液循环,减少人体活动量;人在愉快和满意时,心跳正常,血管舒张。

3. 内外分泌腺的活动和变化

人在愉快时,胃肠的蠕动和消化液的分泌会增强,整个消化系统的活动提高。而人在悲伤时,泪腺分泌增加,这时,消化系统的活动受到抑制,因而使人食欲减退。

4. 皮肤电反应

皮肤电反应是皮肤的电阻变化。人的皮肤表面存在着微弱的电压,在发生情绪或情感时会引起皮肤内的血管舒张和收缩以及汗腺分泌的变化,从而引起皮肤导电率的变化。人在受惊恐惧或紧张时,皮肤电反应最为显著。

5. 脑电反应

脑电活动的变化也是情绪的生理反应之一。人在松弛状态与处于紧张和忧虑状态的时候，脑电波是不一样的。将大脑各部分的电波活动记录下来就形成了脑电图。不同情绪状态下人的脑电图是不同的。

(二)情绪和情感的脑中枢机制

1. 情绪的大脑皮层下中枢的机制

现代情绪生理学研究表明，脑的许多部位在情绪的诸成分中起着不同的作用。

下丘脑不仅是植物神经系统的皮层下中枢，而且与情绪反应关系密切。下丘脑被认为是支配愤怒和恐惧的中枢。

边缘系统是整合情绪体验的重要区域。例如，边缘系统中的杏仁核在调节情绪行为中起着重要的作用。杏仁核似乎起着漏斗的作用，通过它对负责愤怒反应的下丘脑施加抑制影响。

网状结构在情绪反应中起着激活的作用。它是维持意识的清醒状态的重要机构，对筛选不同性质和强度的冲动传入大脑皮层，具有重要的作用。它可以使机体出现紧张，也可以使情绪活跃化，是情绪产生的必要条件。

2. 情绪的大脑皮层机制

大脑皮层对人类的大量情绪起着调节和控制作用。它负责情绪的认知、体验与控制。因此，情绪的脑机制可以概括如下：对情绪刺激的认知在大脑皮质的相应区域产生，然后将冲动传给下丘脑和边缘系统，导致植物性神经系统的生理反应并产生某种特殊类型的情绪行为；同时，对自己情绪状态的认知(感受)也就在大脑皮质中产生了。

许多实验研究表明，大脑两半球的情绪功能具有不对称性，大脑左半球主要控制正情绪，大脑右半球控制负情绪。左半球损伤，病人表现出过多的哭泣；右半球损伤，病人则表现出更多的欣快反应。

总之，情绪的生理机制是非常复杂的。它是大脑皮质和皮质下部位协同活动的结果。皮质下部位在情绪行为中起着重要作用，而情绪认知、情绪体验、情绪控制则是大脑皮质的功能。大脑皮质在人的情感中起着主导作用。

三、情绪和情感的外部表现

情绪和情感是一种内部的主观体验，在人们产生情绪和情感的时候，总是伴随着一些外部表现，即所谓表情。表情是情绪和情感在有机体身上的外显行为，它包括在面部、身体姿态和语音语调上的表现，称为面部表情、姿态表情和语调表情。

(一)面部表情

面部表情以面部的眼部肌肉、颜面肌肉和嘴部肌肉的活动变化来表现各种情绪状态。人的眼睛是最善于传情的，不同的眼神可以表达人的各种不同的情绪和情感。例如：在文艺作品中，作家们就非常善于用人物的眼睛来表达各种不同的情绪和情感，如"眉目传情"、"含情脉脉"，等等。嘴部肌肉的变化也是表达情绪和情感的重要线索。心理学家对人类的面部表情的观察结果发现，出生后四个月的婴儿，就可用面部肌肉的活动表现快乐、厌恶、愤怒、痛苦、惊奇等不同情绪。恐惧的情绪发展较晚，约在六个月左右才会出现。比如，人愉快时，额眉——鼻根区放松，眉毛下降；眼——鼻颊区眼睛眯小，面颊上提，鼻面扩张；口唇——下巴区嘴角后收、上翘。这三个区域的肌肉运动组合起来就构成了笑的面部表情。在表现不同情绪的面部表情中,起主导作用的肌肉各有不同。如笑时嘴角上翘,惊奇时眼和嘴张大,悲哀时双眉和嘴角下垂。

(二)姿态表情

姿态表情是人们用全身姿态和四肢活动变化来表达情绪、情感的。个体在不同的情绪状态下,身体姿态会发生不同的变化。姿态表情不仅有个别差异,而且由于受到文化和传统习惯的影响还存在民族或团体的差异。头、手和脚是表达情绪的主要身体部位。例如,人在欢乐时手舞足蹈,悔恨时顿足捶胸,惧怕时手足无措,羞怯时扭扭捏捏。舞蹈和哑剧就是演员用姿态表情和面部表情反映情感和思想的艺术形式。

(三)语调表情

除了面部表情、姿态表情之外,语调表情也是表达情绪和情感的重要形式。语调表情是人们通过说话时的语音、语调、节奏、速度等的变化来表达情绪和情感的。人在高兴时音调轻快,悲哀时音调低沉节奏缓慢,愤怒时音量大、急促而严厉。同样一句话用不同的方式讲出来会表现出不同的含义。例如,"你干吗"用升调说出来时表示疑问,用降调则表示不耐烦,用感叹语气强调"吗"字则表示责备。

四、情绪和情感的功能

(一)信号功能

情绪和情感的各种表现都有一定的信号意义,这种信号意义是通过表情来实现的。通过这种非言语的表达方式,人们彼此之间可以传递信息,达到沟通、交往的目的。某些场合,当个体的思想或愿望只可意会不可言传的时候,表情可以通过"此时无声胜有声"的作用,实现彼此间的交流与沟通。个体通过口头言语传递信息时,表情的信息可以补充、完善言语信息。例如,微笑点头表示容忍或赞赏,摇头表示不认同。一岁左右的婴儿在面临陌生或者不确定的情境的时候,往往会先从成人脸上寻找表情信息,然后采取行动。

(二)动机功能

情绪和情感是动机系统的有机组成部分,它能激励人的行动,提高人的活动效率。适度的情绪状态兴奋水平,可以使人的身心处于活动的最佳状态,从而推动人们去完成学习、工作任务。例如,适度的紧张和焦虑能促进人积极地思考和解决问题。高考之前保持适度的紧张,对于考试是有利的,过分的放松或者过分的紧张则对考试会产生不利的影响。

(三)感染功能

人的情绪和情感具有感染性。人们之间的感情的沟通正是由于情绪和情感的感染功能,才能以情动情。优秀文学艺术创作无不是以情感人,它能激起读者和观众的情感波涛。在教育与教学中,教师不仅要用自己的专业知识、良好的言行去影响学生,而且还以自己的情感去感染学生,使学生产生强烈的内心体验,因而能使教师的要求较容易转化为学生的需要,使学生乐于接受教育。例如,在高速上,当司机身体受到重创的时候,仍然能够忍住剧痛停稳车挽救一车人的生命。听到这个消息的人,都被他感动了。

(四)组织功能

情绪和和情感是一个独立的心理过程,有自己的发生机制和发生、发展的过程,对其他心理活动如知觉、记忆、思维等具有组织的作用。情绪情感的组织功能表现为积极的情绪和情感对活动的协调、促进作用,消极情绪和情感对活动的破坏、瓦解作用。情绪和情感的组织功能表现为人们在积极、愉快的情绪状态时,容易关注事物美好的方面,愿意接纳外界的事物。在悲观、压抑、失望的消极状态时,总是放弃自己的愿望,甚至对他人产生攻击性的行为。

(五)适应功能

情绪和情感是个体适应环境、求得生存的工具。当特定的行为模式、胜利唤醒及相应的感受状态三种成分出现以后,情绪和情感就体现出其适应性,即调动有机体的能量使有机体处于适宜的活动状态,并将相应感受通过行为或表情表现出来,以达到共鸣或求得援助。婴儿在出生的时候,不具有维持生存的基本能力,因此主要依靠情绪来传递信息,以得到成人的帮助与照料。成年后个体可以借助情绪和情感来了解自身或他人的处境或状态,以求得良好的适应。

五、情绪理论

(一)詹姆斯-兰格理论

美国心理学家詹姆斯和丹麦生理学家兰格分别提出内容相同的一种情绪理论。他们强调情绪的产生是植物性神经活动的产物,后人称之为情绪的外周理论。即情绪刺激引起身体的生理反应,而生理反应进一步导致情绪体验的产生。詹姆斯提出情绪是对身体变化的知觉。在他看来,是先有机体的生理变化,而后才有情绪。所以悲伤由哭泣引起,恐惧由战栗引起。兰格认为情绪是内脏活动的结果。他特别强调情绪与血管变化的关系。詹姆斯-兰格理论看到了情绪与机体变化的直接关系,强调了植物性神经系统在情绪产生中的作用;但是,他们片面强调植物性神经系统的作用,忽视了中枢神经系统的调节、控制作用,因而引起了很多的争议。

(二)坎农-巴德学说

坎农-巴德学说认为情绪的中枢不在外周神经系统,而在中枢神经系统的丘脑,并且强调大脑对丘脑抑制的解除,使植物性神经活跃起来,加强身体生理的反应,而产生情绪。外界刺激引起感觉器官的神经冲动,传至丘脑,再由丘脑同时向大脑和植物性神经系统发出神经冲动,从而在大脑产生情绪的主观体验而由植物性神经系统产生个体的生理变化。

(三)阿诺德评定-兴奋说

阿诺德评定-兴奋说由美国心理学家阿诺德提出,该学说认为:刺激情景并不直接决定情绪的性质,从刺激出现到情绪的产生要经过对刺激的估量和评价。情绪产生的基本过程是刺激情景-评估-情绪。同一刺激情景,由于对它的评估不同就会产生不同的情绪反应。情绪的产生是大脑皮层和皮下组织协同活动的结果,大脑皮层的兴奋是情绪行为的最重要条件。

(四)沙赫特的两因素情绪理论

沙赫特的两因素情绪理论由美国心理学家沙赫特和辛格提出,该理由认为情绪的产生有两个不可缺少的因素:一是个体必须体验到高度的生理唤醒;二是个体必须对生理状态的变化进行认知性的唤醒。情绪状态是认知过程、生理状态、环境因素在大脑皮层中整合的结果。我们可以将上述理论转化为一个工作系统,称为情绪唤醒模型。

(五)拉扎勒斯的认知-评价理论

拉扎勒斯的认知-评价理论认为情绪是人与环境相互作用的产物。在情绪活动中,人不仅反映环境中的刺激事件对自己的影响,同时要调节自己对刺激的反应。也就是说,情绪是个体对环境知觉到有害或有益的反应。因此,人们需要不断地评价刺激事件与自身的关系。具体有三个层次的评价:初评价、次评价、再评价。

第二节　情绪和情感的基本分类

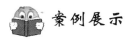
案例展示

终生坎坷的巴尔扎克

1850年8月21日,在巴尔扎克的葬礼上,雨果所致的悼词中有这样的话:"在伟大的人物中间,巴尔扎克是最伟大的一个;在优秀的人物中间,巴尔扎克是最优秀的一个。……可叹啊!这个坚强的、永远不停止奋斗的哲学家、思想家、诗人、天才作家。在我们中间,他过着风风雨雨的生活,遭遇了任何时代一切伟人都遭遇过的恶斗和不幸。如今,他走了。他走出了纷扰和痛苦。"是的,巴尔扎克,一生坎坷。幼年就缺乏母爱。家庭和母亲,对他冷漠无情,他好像是家庭里多余的人。巴尔扎克后来回忆这段生活,曾忿忿地说:"我从来不知道什么叫母爱。""我经历了人的命运中所遭受的最可怕的童年。"长大以后,他立志要从事清苦的文学创作,当一个"文坛国王"。从1819年夏天开始,他整天在一间阁楼里伏案写作,阁楼咫尺见方,夏天热气腾腾,冬天寒风嗖嗖。他没有白天,没有黑夜,没有娱乐,总是不停地写。常常连续工作18小时,在不到20年里,共创作91部小说。结果在与书商打交道过程中不断受骗,以致负债累累,债务高达10万法郎,为了躲债他6次迁居。他对朋友说:"我经常为一点面包、蜡烛和纸张发愁。债主迫害我像迫害兔子一样。我常像兔子一样四处奔跑。"巴尔扎克的作品在世界上有广泛的影响,但他一生却是在贫困和痛苦中度过的。他曾一句话概括自己:"一生的劳动都在痛苦和贫困中度过。经常不为人理解。"

一、基本的情绪

(一)有关情绪分类的不同观点

情绪和情感是复杂多样的,因此,古今中外的许多学者在情绪的分类问题上各有自己不同的观点。

在我国古代,对情绪的分类就有"四情"、"五情"、"六情"、"七情"这几种。如:《中庸》中将情绪分为喜、怒、哀、乐四种;《素问》中把情绪分为喜、怒、悲、忧、恐或喜、怒、思、忧、恐五种;《左传·昭公二十五年》把情绪分为好、恶、喜、怒、哀、乐六种;《礼记·礼运》中则把情绪分为喜、怒、哀、爱、恶、欲六种。

1944年,我国心理学家林传鼎把人的情绪分为十八类:安静、喜悦、愤怒、哀怜、悲痛、忧怒、忿恚、烦闷、恐惧、惊骇、恭敬、悦爱、憎恶、贪憨、嫉妒、微惧、惭愧、耻辱。

在国外,法国哲学家笛卡尔提出,人类具有六种原始情绪,分别是惊奇、爱悦、憎恶、欲望、欢乐、悲哀。艾克曼等人认为,人类具有六种基本情绪,分别是快乐、惊讶、害怕、悲伤、愤怒、厌恶。

还有学者从生物进化角度研究人的情绪种类,将情绪分为基本情绪和复合情绪。伊扎德认为人类有十一种基本情绪,由此派生出三类复合情绪。

罗素采用情绪词评价和归类方法,提出情绪词分类的环形模式。他认为情绪有两个维度,即愉快度和强度。愉快度可以分为愉快和不愉快,强度可以分为中等强度和高强度。由此可以组合成四个基本类型。

(二)基本的情绪

现在一般认为,情绪有快乐、悲伤、愤怒、恐惧四种基本形式。

(1)快乐。快乐是盼望的目的达到后,继之而来的紧张解除时的情绪体验。快乐的程度取决于愿望满足的意外程度。快乐的程度从满意、愉快到大喜、狂喜。快乐是一种追求并达到目的时所产生的满足体验。它是具有正性享乐色调的情绪,使人产生超越感、自由感和接纳感。

(2)悲哀。悲哀与失去所盼望、所追求的东西和目的有关,是在失去心爱的对象或愿望破灭、理想不能实现时所产生的体验。悲哀情绪体验的程度取决于对象、愿望、理想的重要性与价值。悲哀的程度依次是遗憾、失望、难过、悲伤、哀痛。悲哀所带来紧张的释放会产生哭泣。

(3)愤怒。愤怒是由于受到干扰而使人不能达到目标时所产生的体验。目的和愿望不能达到,一再受到阻碍,从而积累了紧张,最终产生愤怒。特别是所遇到的挫折是不合理的或是被人恶意所造成的时候,愤怒最容易发生。当人们意识到某些不合理或充满恶意的因素存在时,愤怒也会骤然发生。愤怒的程度依次是不满、生气、愠怒、愤、激愤、大怒、暴怒。

(4)恐惧。恐惧是企图摆脱、逃避某种危险情景时所产生的情绪体验。恐惧往往是由于缺乏处理、摆脱可怕情景的力量和能力而造成的。引起恐惧的重要原因是缺乏处理可怕情景的能力与手段。

二、情绪状态的分类

情绪状态是指在某种情境或事件的影响下,在一定时间内所产生的某种情绪。情绪状态有心情、激情和应激等三种类型。

(一)心境

心境是一种具有渲染性、比较微弱而持久的情绪状态,也就是平常说的心情。心境,从其发生的强度来看,是微弱而平稳的;从其延续的时间来看,是持续时间是较长的,可以少则几小时、几天,多则数年;从其影响的范围来看,具有非定向的渲染性。愉快、喜悦的心境,会给人们的整个生活染上快乐的情绪色彩。相反,心境忧伤的人,在某段时间里所看到周围的一切都带有忧伤的色彩。

引起心境的原因是多方面的。个人生活中的重大事件,事业的成败,工作的顺利与否,与周围人相处的关系等,都可能引起某种心境。生活条件的优劣,健康状况的好坏,甚至自然的环境如气候、温度等的变化,都可能是导致某种心境的原因。

心境有积极和消极之分。积极向上、乐观的心境,可以提高人的活动效率,增强信心,对未来充满希望,有益于健康;消极悲观的心境,会降低人的认知活动效率,使人丧失希望和信心,使人的全部心理活动失去平衡,有损于健康。

(二)激情

激情是一种强烈的、短暂的、爆发性的情绪状态。激情状态往往伴随着生理变化和明显的外部行为表现。例如,人在盛怒时全身肌肉紧张、双目怒视,狂喜时捧腹大笑、手舞足蹈等。在激情状态下,人的认识范围会缩小,理智分析能力受到抑制,自我控制力减弱,甚至作出一些鲁莽的行为。

激情通常是由强烈的欲望和明显的刺激引起的。生活中的重大事件，冲突、失恋、受人侮辱、突然的危险情景等都会引起激情。

激情有积极与消极之分。积极的激情，常常能调动人的身心巨大潜力，奋不顾身地工作和学习。激情与艺术创作、科学发明也有着密切的关系。诗人写出脍炙人口的诗句需要激情，科学家进行发明创造也离不开激情。欧仁·鲍狄埃的《国际歌》、文天祥的《正气歌》都是充满激情的作品。消极的激情常常会使人惊慌失措或盲目行动。因此，为了控制消极的激情就必须用理智和意志加以调节，进行合理的释放与转移。

（三）应激

应激是由出乎意料的紧张情况所引起的情绪状态。人们在不寻常的紧张状况下会把人体的各种资源（首先是内分泌资源）都动员起来以应付紧张的局面，这时所产生的复杂的生理和心理反应都属于应激状态。当人面临危险或突发事件时，人的身心会处于高度紧张状态，引发一系列生理反应，如肌肉紧张、心率加快、呼吸变快、血压升高、血糖增高等。例如，当遭遇歹徒抢劫时，人就可能会产生上述的生理反应，从而积聚力量以进行反抗。当驾车出现危险情景的时刻，在遇到巨大自然灾害的时刻，就需要人们根据自己的知识经验，集中意志力，迅速地判明情况，果断地作出决定。在2013年的雅安地震中，一个母亲，靠自己的力量把重达百斤的预制板搬开，把儿子救了出来。

现代科学已经证明，人在各种紧张刺激影响下会导致一系列激素分泌的增加，引起人体全身性反应。这些活动有助于个体适应急剧变化的环境刺激，维护机体功能的完整性。但是，长期处于应激状态也会引起人体生物化学保护机制的溃退，从而导致某些基本的出现。

应激能引起一般适应综合症的发生。这种症状分为三个阶段：①惊觉阶段。应激初期，机体处于适应性防御状态。②阻抗阶段。有机体提高代谢水平，动员保护机制以抵消持续的情绪紧张。③衰竭阶段。紧张持续，有机体的适应性贮存耗尽。这时，机体被自身防御作用损害，导致适应性疾病。例如，高血压、胃溃疡等。因此，对应激的调节控制非常重要。过去的知识经验、良好的性格特征、高度的责任感等等，都是对应激调节控制的重要因素。

三、情感的种类

情感是同人的社会性需要相联系的主观体验。人类高级的社会性情感主要有道德感、理智感和美感。

（一）道德感

道德感是由人的道德需要是否得到满足而产生的态度体验。人的道德需要是社会道德准则在人脑中的反映。每个人都是以社会道德去感知、分析、评价自己及别人道德行为的。当道德需要得到满足时，就产生满意、愉快等积极的情感，否则就会产生不满足或内疚等消极的情感。道德感是伴随着人们的道德认识而产生和发展的，它对道德行为起着巨大的调节和动力作用。道德感是受社会历史条件制约的。不同的历史时期，不同的社会制度有不同的道德感。在阶级社会里，由于阶级利益的不同，各阶级都有自己的信念、理想和世界观，因此就形成了不同的道德需要，产生了不同的道德感。

道德感对人们的实践活动有着重要的作用。它可以帮助人们按照道德准则的要求，正确地去衡量周围人们的各种思想行为。同时,也可以使自己的思想行为自觉地符合社会道德准则,做一个道德高尚的人。

(二)理智感

理智感是在智力活动过程中,在认识和评价事物时所产生的情感体验。它是与人的好奇心、求知欲等社会需要相联系的。例如,当人们对事物产生新的认识或受到新的启发时,就会产生好奇心和新异感;当人们获得认识活动的成就时,就会产生喜悦;当人们在认识过程中发现了事物的矛盾时,就会产生怀疑;当人们认识到自己所作的判断论据不足时,就会产生不安;当人们确认自己有能力解决问题时,就会产生自信。总之,随着认识过程中求知需要满足与否而产生不同态度的体验就是理智感。

理智感是推动人们学习科学知识、认识和掌握事物发展规律的强大动力。其作用的大小同个人已有的知识水平、学习的愿望有关。

(三)美感

美感是人们按照一定的审美标准评价事物时所产生的情感体验。在客观世界中,凡是符合我们的审美标准的事物都能引起美的体验。美感总是由一定对象引起的。一方面,自然景物和人类创造物中某些美的特征能引起人们愉快的、肯定的情感体验。例如,桂林山水的秀丽、内蒙古草原的苍茫、故宫的绚丽辉煌、长城的蜿蜒壮美,可以使人体验到大自然的美和人类的创造之美。另一方面,人的容貌举止和道德修养也常能引发美感,甚至一个人身上善良、纯朴的性格,率直、坚强的品性,比身材和外貌更能体现人性之美。人在感受美的时候通常会产生一种愉快的体验,而且表现出对美的客体的强烈的倾向性。所以,美感体验有时也能成为人的行为的推动力。在生活中,由于人的价值追求和审美情趣的多样化,对美的见解也多有不同。例如,有的人喜欢花好月圆的美,有的人却以朽木、怪石为美;有的人喜欢绚丽和精致的美,有的人却喜欢悲壮和苍凉之美。

在不同的文化背景下,不同民族、不同阶级的人对事物美的评价既有共同的方面,也有不同的地方。

第三节 情绪和情感的调控与情商

案例展示

不肯放弃的林肯

生下来就一贫如洗的林肯,终其一生都在面对挫败,八次竞选八次落败,两次经商两次失败,甚至还精神崩溃过一次。好多次,他本可以放弃,但他并没有如此,也正因为他没有放弃,才成为美国历史上最伟大的总统之一。以下是林肯进驻白宫前的简历。

1816年,家人被赶出了居住的地方,他必须工作以抚养他们;1818年,母亲去世;1831年,经商失败;1832年,竞选州议员,落选了;1832年,工作也丢了,想就读法学院,但进不去;1833年,向朋友借钱经商,但年底就破产了,接下来他花了十六年,才把债还清;1834年,再次竞选州议员,赢了;1835年,订婚后即将结婚时,未婚妻却死了,因此他心也碎了;1836年,精神完全崩溃,卧病在床六个月;1838年,争取成为州议员的发言人,没有成功;1840年,争取成为选

举人了,失败了;1843年,参加国会大选,落选了;1846年,再次参加国会大选,这次当选了;前往华盛顿特区,表现可圈可点;1848年,寻求国会议员连任,失败了。

1849年,想在自己的州内担任土地局长的工作,被拒绝了,1854年,竞选美国参议员,落选了;1856年,在共和党的全国代表大会上争取副总统的提名,得票不到一百张;1858年,再度竞选美国参议员,再度落败;1860年,当选美国总统。

一、情绪和情感调控

(一)情绪调控的定义

情绪调控,简单来说就是我们对情绪的调节控制。情绪调控是每个人管理和改变自己或他人情绪的过程。在这个过程中,通过一定的策略和机制,使情绪在生理活动、主观体验、表情行为等方面发生一定的变化。成功的情绪调控,主要是要管理情绪体验和行为,使之处在适度的水平,其中包括削弱或去除正在进行的情绪,激活需要的情绪,掩盖或伪装一种情绪,等等。可见,情绪调控既包括抑制、削弱和掩盖等过程,也包括维持和增强的过程。具体的情绪调控包括以下几个方面:

1. 具体情绪的调控

情绪的调控包括对正面和负面的具体情绪的调控。对于负面情绪的调控我们非常熟悉,如愤怒的时候要理智克制,悲伤的时候要转换心境,等等。但是,具体情绪的调控不仅是对负面情绪的调控,对正面情绪在某些情况下也是需要调控的。当范进知道自己中举之后高兴疯了,这个故事我们是耳熟能详的。由此可见,对于正面的情绪也是需要调控的。

2. 唤醒水平的调控

情绪调控是个体对自己情绪的唤醒水平的调控。不仅仅是调控过高的唤醒水平和强烈的情感体验,还要调控一些较低强度的情绪。情绪调控既包括抑制、削弱和掩盖等过程,也包括维持和增强的过程。

3. 情绪成分的调控

情绪调控的范围相当广,不仅包括情绪系统的各个成分,也包括情绪系统以外的认知和行为等。情绪系统的调控主要是指调控情绪的生理反应、主观体验和表情行为,此外还有情绪格调的调控、动力性的调控等。情绪调控的机制是一种自动化的机制,不需要个体的努力和有意识地进行操作。

(二)情绪调控的类型

按照不同的标准可以把情绪调控分成不同的类型。

1. 内部调控和外部调控

从情绪调控过程的来源分类,可以分为内部调控和外部调控。内部调控来源于个体内部,如个体的生理、心理和行为等方面的调控。例如,孩子刚上幼儿园母亲离开时,哭闹产生负面情绪,如果让孩子知道母亲只是暂时离开,马上就会回来接他的,就可以帮助孩子克服这种负面情绪。外部调控来源于个体以外的环境,如自然的、社会的、人际的、文化的等方面的调控。例如,失恋、考试失利等产生负面情绪。这时候如果有朋友适时的安慰和鼓励就能克服负面情绪。

2. 原因调控和反应调控

根据调控发生的不同阶段,可以分为原因调控和反应调控。原因调控是针对引起情绪的原因进行调整,包括对情境的选择、修改,注意调整以及认知策略的改变等。个体通过改变自己的注意来改变情绪,对诱发情绪的情境进行重新认识和评价。反应调控是发生在情绪激活或者诱发之后,通过增强或者减少、延长或者缩短反应等策略对情绪进行调整。

3. 修正调控、维持调控和增强调控

根据情绪的不同特点,可以分为修正调控、维持调控和增强调控。修正调控主要是指对负面情绪所进行的调整和修正。例如,重大考试前特别紧张,通过深呼吸使自己恢复平静。维持调控主要是指人们主动地维持对自己有益的正面情绪。例如,人们尽可能地保持自己的兴趣和快乐。增强调控是指对情绪进行积极地干预。这种调控在临床上经常被采用,例如:对待抑郁可对患者进行增强调控,使其调整到积极的情绪状态。

(三)情绪调控的基本过程

1. 生理调控

情绪的生理调控是以一定的生理过程为基础的,调节过程中存在着相应的生理反应变化模式。

生理唤醒是典型的情绪生理反应,如心率、舒张血压、瞳孔大小、神经内分泌的变化、皮下动静脉联结处的血管收缩等都是常用的生理指标。研究发现,正情绪诱发后,心率变化不明显;负情绪诱发后,心率显著增加。情绪生理成分的调节是系统性的,这种调节将改变或降低处于高唤醒水平的烦恼和痛苦。

2. 情绪体验调控

情绪体验调控是情绪调控的重要方面。当体验过于强烈时,个体会有意识地进行调整。不同情绪体验有着不同的情绪调控过程,可采用不同的策略。人们采取解决问题的策略有悲伤时采取寻求帮助策略,伤感时采取回避的策略。

3. 行为调控

行为调控是个体通过控制和改变自己的表情和行为来实现的。在日常生活中,人们主要采用两种调控方式:一是抑制和掩盖不适当的情绪表达;二是呈现适当的交流信号。如一个人在向他人表示请求时,即使感到失望或愤怒,也要管理或控制自己的情绪,不要影响信息的表达和交流。

行为调控可以对情绪体验产生影响。莱尔德(Laird,1974)发现,快乐和愤怒的脸部肌肉使个体产生相应的体验,孟昭兰等人(1993)也发现,愤怒的表情活动可以增强愤怒的情绪体验。

4. 认知调控

道奇等人(1991)认为,情绪系统和认知系统是信息加工过程中的两个子系统,情绪可以是信息加工过程的启动状态,也可以是信息加工的背景。道奇等人在《普通心理学》一书中进一步提出,良好的认知调控包含以下步骤:①知觉或再认唤醒需要调节的情绪;②解释情绪唤醒的原因和认识改变情绪的方式和途径;③作出改变情绪的决定和设定目标;④产生适当的个体力所能及的调控反应;⑤对反应进行一定的评价,尤其是评价这些反应是否达到目标;⑥将调节付诸实践。

5. 人际调控

人际调控属于社会调节或外部环境的调控。在人际调控中,个体的动机状态、社会信号、自然环境、记忆等因素都起重要作用。坎培斯(Compas,1989)认为,个体的动机状态主要指个体正在追求的目标。如果外部事件与个体追求的目标有关,那么这些事件就可能引起个体的情绪。在社会信号中,他人的情绪信号,尤其是与个体关系密切的人(如母亲、教师、朋友等)发出的情绪信号对情绪调节有较大的作用。在自然环境中,美丽风景令人赏心悦目;而混乱、肮脏、臭气熏天的环境则令人恶心。个人记忆也会影响人们的情绪,有些环境让人想起愉快的情境,而有些环境让人回忆起痛苦。

二、情商

情绪调控可以发展成为一种能力,这就是我们通常说的情绪智力,或者也被称为情商。

(一)情商的定义

以往认为,一个人能否在一生中取得成就,智力水平是最重要的。也就是说,智商越高,取得成就的可能性就越大。但是现在心理学家普遍认为,情商水平的高低对于一个人是否能取得成功也有着重大的影响。高情商者善于控制自己的情绪,任何时候都能做到头脑冷静,行为理智,抑制感情的冲动,克制急切的欲望,及时化解和排除自己的不良情绪,使自己始终保持良好的心境,心情开朗,胸怀豁达,心理健康,因此更加容易取得成功。典型例子要算历届美国总统中,最负盛名的华盛顿和富兰克林·罗斯福都是"二流智商、一流情商"的代表人物,肯尼迪和里根智商只属中流,但却因为善于交朋结友而被许多美国人誉为"最优秀、最可亲的领袖"。

20世纪90年代中期,美国心理学家丹尼尔·戈尔曼在以往众多理论的基础上,提出了一种理论。该理论认为,有一组品质跟个人的智商基本上没有关系,但是这种品质可以得到很好的培养,可以对个人幸福和事业成功产生惊人的效果。他把这组品质叫做"情商"(emotional quotient,EQ)。

情商(EQ)又称情绪智力,它主要是指人在情绪、情感、意志、经受挫折等方面的品质。总的来讲,人与人之间的情商并无明显的先天差别,更多与后天的培养息息相关。

情商包含以下五个主要方面:

(1)了解自我:即监视情绪时时刻刻的变化,察觉某种情绪的出现,观察和审视自己的内心世界体验。它是情感智商的核心,只有认识自己,才能成为自己生活的主宰。

(2)自我管理:调控自己的情绪,使之适时、适度地表现出来,即能调控自己。每个人都有情绪,情绪如果随着境遇作出相应的波动,就是正常又合乎人性的。不过如果情绪太极端化或者长时间持续地僵化,则比较容易被情绪所困扰。一个情绪化的人,不但事业不能成功,连正常的生活和工作也可能受到影响。

(3)自我激励:即能够依据活动的某种目标,调动、指挥情绪的能力。它能够使人走出生命中的低潮,重新出发。人生不如意的事情,十之八九。人在失意的时候,能够保持积极向上的心态,在冲动的时候能够克制、忍耐,有效分辨眼前与长远,保持高度热忱,就会推动自己走向成功。

(4)识别他人的情绪:即能够通过细微的社会信号,敏感地感受到他人的需求与欲望。认知他人的情绪是与他人正常交往、实现顺利沟通的基础。

(5)处理人际关系:即调控自己与他人的情绪反应的技巧。人际关系就是管理他人情绪的艺术,可以从人缘、领导能力以及人际和谐度上显示出来。

(二)情商的培养

从某种意义上讲,情商甚至比智商更重要,随着未来社会的多元化和融合度日益提高,较高的情商将有助于一个人获得成功。其实早期的情商教育尤为重要,也就是心理上的一种塑造,如果一个孩子从小性格孤僻、不易合作、自卑、脆弱,不能面对挫折,急躁、固执、自负,情绪不稳定,那么他智商再高,也很难取得成就。反之,情商高的孩子有很好的自我认知、自我情绪控制和抗挫折能力,喜欢与人交往,愿意分享、合作,这些都成为其为日后成功的前期准备。积极探索并从中建立自信,那么如何来进行情商的培养呢?

1. 妥善管理自己的情绪

(1)体察自己的情绪。也就是,时时刻刻提醒自己注意:我现在的情绪是什么?人一定会有情绪的,压抑情绪反而带来更不好的结果,学着体察自己的情绪,是情绪管理的第一步。

(2)适当表达自己的情绪。要能适当的表达情绪,需先接纳正、负面情绪的存在,然后认识情绪的内涵,最后才是适当的表达。如何适当表达情绪,是一门艺术,需要用心地体会、揣摩,更重要的是,要确实用在生活中。

(3)以合适的方式纾解情绪。纾解情绪的目的在于给自己一个理清想法的机会,让自己好过一点,也让自己更有能量去面对未来。选择适合自己且能有效纾解情绪的方式,就能够控制情绪。下面介绍一些比较合适的纾解情绪的方法:

①宣泄。当情绪发作的时候,人体内潜藏着一种能量,过分的压抑只会使情绪困扰加重,积聚起来不利于身心健康,因此可以通过合理的渠道把情绪宣泄出来。例如大哭一次。有研究表明,女性相较于男性而言更长寿,因为女性遇到伤心的事情的时候容易哭,这有利于维持女性的情绪和身体健康。

②注意转移。即把注意力从引起不良情绪反应的刺激情境中转移出来。当心情不好的时候,把注意力转移到自己感兴趣的事情上,或者离开令人伤心的地方。例如,外出散步、看电影、听音乐、看笑话、出去旅游,等等。

③解脱。即换一个角度来看问题,从更深、更广、更高、更长远的角度来看待问题,对它作出新的理解,以求跳出原有的局限,从而获得解脱。例如,"塞翁失马,焉知非福"就是经典的解脱思维。

④升华。即利用强烈的情绪冲动,把它引导到积极的、有益的方向上去。俗话说的化悲愤为力量就是升华的典型表现。

⑤分离。即分散烦恼,把它们各个击破。不要把这个烦恼跟其他的烦恼联系在一起,人为地放大。很多人在遇到不顺心的事情的时候,觉得喝凉水也塞牙,实际上就是人为地放大了烦恼,我们要学会就事论事。

纾解情绪的方法有很多,可以根据自己的实际情况来进行选择。只要是适当的合理的,都是好的方法。

2. 认知他人的情绪,协调好人际关系

在人际交往中,情商的作用更加重要。当我们具有一些内在的优秀品质之后,人际关系能够变得和谐。但是,在处理人际关系上也需要一些人际关系的技巧。如社交察觉,就是指准确地察觉到交流人的情感变化,学会察言观色。同理,感受到其他人的情绪,了解别人的观点,就要积极地关心他人。

练习与思考

一、填空题

1. 情绪和情感是人对客观事物是否符合人的_____而产生的。
2. 表情动作是情绪的外部表现形式,主要有_____、_____和言语表情。
3. 根据情绪发生的强度、紧张度、速度和持续性,把情绪状态分为心境、_____和_____三种状态。
4. 激情状态的主要特征是强烈的、_____和_____。
5. 人类较高级的社会情感有_____、_____和美感。

二、选择题

1. 人的情绪体验与人的(　　)密切相关。
   A. 性格　　　　B. 意志　　　　C. 需要　　　　D. 热情
2. (　　)是具有渲染性的、比较微弱而又持续作用的情绪状态。
   A. 心境　　　　B. 激情　　　　C. 应激　　　　D. 热情
3. (　　)是一种介于心境与激情之间的情绪状态。
   A. 心境　　　　B. 激情　　　　C. 应激　　　　D. 热情
4. 人们在追求真理、从事智力活动中所产生的心理体验,是人们探究知识、追求真理的需要是否得到满足而产生的情感体验,叫(　　)。
   A. 道德感　　　B. 美感　　　　C. 理智感　　　D. 情操

三、判断题

1. 情绪常与情感联系在一起,具有冲动性、情景性、暂时性特征。(　　)
2. 人是否产生情感和情绪取决于个体主观需要。(　　)
3. 情绪具有稳定性、深刻性、持久性,它往往与人的认知活动、思想观念紧密相连。(　　)
4. 情绪和情感在一定条件下可以相互转化。(　　)
5. 一种介于心境和激情之间的中间情绪状态是激情(　　)。

四、名词解释

1. 情绪
2. 应激
3. 心境
4. 情商

五、简述题

1. 简述情绪和情感的区别与联系。
2. 情绪和情感的功能有哪些?
3. 什么是表情?其作用有哪些?
4. 情绪的理论有哪些?

六、实例分析

1. 阿强前两天因为考试没考好,心理有挫折感。他一直责怪自己平时不够用功,考前没有好好准备,考试的时候没仔细看,他觉得自己不是一块念书的料,自己比别人差,很灰心!他开始垂头丧气,故意远离人群,一个人躲在角落,心情很沮丧。

2. 小华把她朋友小国心爱的偶像签名照弄丢了。那可是小国千辛万苦、排了两三个小时队才得到的偶像亲笔签名照,现在却被小华弄丢了,小国真的很生气。可是小华是她最好的朋友,怎么可以对她生气呢?而且生气是不好的,万一失控,可能还会伤害到其他人呢。还有,小华也许就不再跟自己做朋友了,所以小国告诉自己:"算了!丢了就丢了,生气也无济于事。"虽然这样,她还是心有疙瘩,无法再像以前一样对待小华。

3. 小东的学习成绩不好,不喜欢上课,经常逃课去网吧玩游戏。父母经常教育他,希望他专心读书,将来能凭自己的本领自食其力。但是,小东总是嫌父母啰嗦,与他们争吵。有一次他跟父母吵架,一气之下把电视机给砸了,令父母很伤心。

上面三个故事中呈现出来的是某些同学对情绪的态度与处理方式,比较有代表性。如果主角换成是你,你会有什么感受?你会怎么处理你的情绪呢?

拓展性阅读

情绪 ABC 理论

情绪 ABC 理论的创始者爱利斯认为:正是由于我们常有的一些不合理的信念才使我们产生情绪困扰。如果这些不合理的信念久而久之,还会引起情绪障碍。

情绪 ABC 理论中:A 表示诱发性事件;B 表示个体针对此诱发性事件产生的一些信念,即对这件事的一些看法、解释;C 表示自己产生的情绪和行为的结果。

通常人们会认为诱发事件 A 直接导致了人的情绪和行为结果 C,发生了什么事就引起了什么情绪体验。然而,同样一件事,对不同的人,会引起不同的情绪体验。同样是报考英语六级,结果两个人都没过,一个人无所谓,而另一个人却伤心欲绝。

为什么?就是诱发事件 A 与情绪、行为结果 C 之间还有个对诱发事件 A 的看法、解释的 B 在作怪。一个人可能认为:这次考试只是试一试,考不过也没关系,下次可以再来。另一个人可能说:我精心准备了那么长时间,竟然没过,是不是我太笨了,我还有什么用啊,人家会怎么评价我。于是不同的 B 带来的 C 大相径庭。

第九章 意 志

学习目标

1. 了解意志行动过程的阶段及各阶段的主要环节
2. 理解意志的概念、品质及意志行动的特征,明确意志与认知、情绪和情感的关系

主要概念

意志　特征　意志行动过程　意志品质　培养

第一节　意志概述

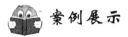

北大女博士郭晖

2006年2月2日,中央电视台一套播出的《焦点访谈》"梦想之翼——情动丙戌(五)"节目中,介绍了一位12岁就患高位截瘫的女孩郭晖的事迹。20多年来,没有取得小学毕业文凭的郭晖以惊人的毅力,在病床和轮椅上坚持学习,先后通过自学获得了大专、本科、硕士文凭,2003年36岁的郭晖最终考上了北京大学英语系的博士研究生。

12岁那年,骨结核使郭晖高位截瘫。病痛夺走了郭晖的行动自由,亲情却给了她坚强的翅膀,面对突如其来的灾难,郭晖选择了坚强——她决心自学。书上的要点一个都不漏掉,书上的习题她每道都做。碰上不知道的,就查字典,查参考书。

大专毕业后,郭晖开始做英语家教,她带的学生多达二十人,其中还有30多岁的硕士生。她每月挣的家教收入已经够养活一家人。

郭晖是个坚强的女性,生活给了她很多磨难,在亲人和社会的支持下,她把磨难变成了动力,从不放弃梦想,她说:"如果放弃梦想,生命就是一片不毛的荒野,将冰霜满地。"现在,她仍在求学的道路上艰难地跋涉着。

一、意志的定义

意志是指人自觉地确定目的,并依据目的来支配和调节自己的行动,克服困难,以实现预定目的的心理过程。

意志是人类特有的心理现象,是人的意识能动性的集中表现。有无意志是人和动物最本质的区别之一。

由意志支配的行动称为意志行动,它表现为人有目的、有计划地认识世界和改造世界的心理过程。意志与意志行动相互作用,紧密联系。意志是人的主观活动,它体现在人的意志行动之中,没有意志就不会有意志行动,意志行动是意志的外显表现。

二、意志行动的特征

意志是通过行动表现出来的,意志行动是人类特有的行为,但并不是所有的人类行动都是意志行动。人的意志行动具有以下三个基本特征:

(一)自觉的目的性和能动性

自觉地确定目的是意志行动最重要的特征。人与动物的根本区别在于:人的行动是有目的、有计划的、自觉的行动,一个人在活动之前,总是先经过自己的深思熟虑,对行动的目的有了充分的认识,并且把活动的结果存储在头脑中之后才去采取行动,并能动地调节支配自己的行为。在活动过程中,方法的选择、步骤的安排等始终从属于自己确立的目标,然后以目标来评价自己活动的结果。动物的行为虽带有类似于目的的性质,但这种行为都是无意发生的,而且对于动物本身来说是偶然的事情。

人的活动和行为始终是在人的自觉目的的意志支配下进行的,确立的目标水平高低与人的意志行动的效应大小有直接关系。在崇高理想支持下确立的目标,能够有效地调节与控制自己的行为,并在实现目的的过程中,表现出积极、顽强、进取的精神,其行为结果就会产生较大的社会价值。

(二)以随意动作为基础

随意动作是意志行动的基础,意志行动表现在人的随意动作中。人的动作分为不随意的和随意的两类。

不随意动作是指那些不受意志支配的、不由自主产生的动作,主要有四种形式:一是本能动作,即无条件反射下产生的动作,如防御本能、摄食本能、性本能等;二是无意识状况产生的动作,即自动化了的动作,如说话时的发声、喝水时的肌肉动作;三是习惯性动作,即一种与个体某种需要相联系而产生的自动化动作,如饭前、便后要洗手等;四是冲动性行为,即没有经过深思熟虑,对于行动目的也没有明确的意识,不考虑后果,缺乏自觉控制的行为动作。

随意动作是指由人的意识调节和控制的,具有一定目的性和方向性的运动,例如做操、听课做笔记、操纵劳动工具等。随意动作是在不随意动作的基础上,通过有目的的练习而形成的条件反射。随意运动是意志行动的基础,若没有随意动作,意志行动就不可能产生,其目的也不可能实现。

(三)与克服困难相联系

克服困难是意志行动的核心。意志行动作为有自觉目的的行动,在目的确立和实现的过程中会遇到各种各样的困难,如内部困难和外部困难。内部困难是指干扰目的的确定与实现的内在条件,它包括来自生理方面的困难和来自心理方面的困难,如健康状况不佳、知识经验缺乏、自信心不足、情绪欠佳、不良的性格等。外部困难是指阻碍目的确定与实现的外在条件,如恶劣的环境、设备的简陋、他人的嘲讽打击、政治经济文化方面的落后等。

虽然有行动目的,也以随意动作为基础,但意志行动除此之外还与克服困难相联系。例如,行走对于正常人来说轻而易举,但对久卧病床正在康复的病人来说,每走一步都需要克服很多困难,这时,行走这种随意动作就由于意志的参与而变为人的意志行动。在现实生活中,有许多行为如饭后散步、闲时聊天、观鱼赏花等,由于没有明显困难,一般都不认为它们是意志行动,只有那些与克服困难相联系而产生的行动才是意志行动。因此,一个人的意志坚强水平,往往是以克服困难的性质、对待困难的态度和努力程度来加以衡量的。

三、意志与认识、情绪和情感的关系

意志与认识、情绪和情感是统一的心理过程的不同方面,它们之间存在紧密联系。

(一)意志过程与认识过程的关系

(1)意志过程是以认识过程为前提的,离开了人的认识过程,意志过程就不可能产生。自觉的目的性是意志的基本特征之一,人的任何目的都不是凭空产生的,都是在认识活动的基础上形成的。目的虽然是主观的,但它们却是源于人对客观事物的认识的结果。人在选择目的和采取方法与步骤的过程中,必须通过感知、记忆、思维、想象等认识过程才能实现。

(2)意志过程对认识过程也有很大影响。没有人的意志努力,就不可能有认识过程,更不可能使认识活动过程深入和持久。因为在认识活动过程中,人总会遇到这样或那样的困难,要克服困难,就需要作出意志努力。例如,观察的组织、有意注意的维持、追忆和解决问题时思维活动的开展以及形象化进程等,都离不开人的意志的参与。

(二)意志过程与情绪和情感过程的相互关系

(1)情绪和情感既可以成为意志行动的动力,也可以成为意志行动的阻力。当某种情绪和情感对人的活动起推动作用的时候,这种情绪和情感就会成为意志行动的动力。例如,积极的心境对学习或工作具有促进作用,社会责任感会促使个体努力学习、辛勤劳动。当某种情绪和情感对人的活动起阻碍作用的时候,就会成为意志行动的阻力。例如消极的心境会影响个体的学习与工作状态,高度焦虑的情绪会妨碍个体的意志行动的执行,动摇以致削弱人的意志,阻碍预定目标的实现。

(2)意志能够控制情绪和情感,使情绪情感服从人的理智。个体在工作或学习中面对困难而产生的消极情绪和情感,可以通过自己的意志来加以调节和控制,从而使自己的意志行动服从于理智的要求。人既能够调节和控制由于失败或挫折带来的痛苦和愤怒的情绪,也能够控制和调节由于胜利带来的狂喜和激动,这取决于一个人的意志力水平的高低。

第二节 意志行动的心理过程

案例展示

今天就出发

安东尼·吉娜是目前纽约百老汇中最年轻、最负盛名的演员之一,她曾在美国著名的脱口秀节目中讲述了她的成功之路。

几年前,吉娜是大学里艺术团的歌剧演员。那时她就向人们展示了她的梦想:大学毕业后先去欧洲旅游一年,然后要在百老汇成为一名优秀的主角。

吉娜的心理学老师找到她,尖锐地问了一句:"你赴欧洲旅游结束后去百老汇与毕业后去有什么差别?"吉娜仔细一想:"是啊,赴欧洲旅游并不能帮我争取到百老汇的工作机会。"于是,吉娜决定毕业后就去百老汇闯荡。

这时,老师又冷不丁地问她:"你现在去跟一年以后去有什么不同?"吉娜有些眩晕了,想想那个金碧辉煌的舞台和那只在睡梦中萦绕不绝的红舞鞋,情不自禁地说:"好,给我一个星期的时间准备一下,然后就出发。"老师却步步紧逼:"所有的生活用品在百老汇都能买到,为什么非要等到下个星期才动身呢?"

吉娜终于眼泪盈盈地说:"好,我明天就去。"老师赞许地点点头,说:"我马上帮你订明天的机票。"

第二天,吉娜就飞赴全世界著名的艺术殿堂——纽约百老汇。当时,百老汇的制片人正在酝酿一部经典剧目,几百名各国演员前去应征主角。按当时的应征步骤,是先挑选出十来个候选人,然后让他们按剧本的要求表演一段主角的念白。这意味着成为主角要经历艰苦角逐。

吉娜到了纽约后,并没有急于做头发和买服装,而是历尽周折从一个化妆师手里拿到了即将开拍的剧本。在以后的两天中,吉娜闭门苦读,悄悄演练。初试那天,当其他应征者按常规介绍着自己的表演经历时,吉娜却要求现场表演那个剧目的念白,最终以精心的准备出奇制胜。

就这样,吉娜来到纽约的第三天,就顺利地进入了百老汇,穿上了她演艺生涯中的第一双红舞鞋。

意志行动是人的积极性的体现,是意志对个体行为的调节和控制过程,它有发生、发展和完成的阶段。意志行动过程分为采取决定阶段和执行决定阶段。

一、采取决定阶段

采取决定是意志行动的开始阶段,它决定意志行动的方向和部署。这个阶段包括动机斗争、确定行动目的、选择行动方法和制订行动计划等环节。

(一)动机斗争

人的行动由一定动机引起并指向一定目的。动机是在需要的基础上产生的,由于人的需要具有多样性,因此个体行动背后的动机往往是纷繁复杂的,不同的动机经常同时存在,却又不可能同时获得满足,这样就会导致动机之间的矛盾与冲突,有时甚至是非常尖锐的矛盾冲突而导致激烈的动机斗争。

动机斗争是个体在确定目的时对各种动机进行价值权衡并作出选择的过程。动机斗争的形式主要有以下四种:

1. 双趋冲突

双趋冲突是指当两种目标同时都吸引人们,但又无法兼得时而产生的动机斗争。正如孟子所说"鱼,我所欲也;熊掌,亦我所欲也,二者不可兼得……"时的内心冲突。例如,既想看电视又想踢足球就是一种双趋冲突。要解决这种冲突并不难,只要稍许调整一下动机,冲突便会消除。但如果遇到与自己的利益得失关系重大的冲突时,就会出现特别难取舍以及犹豫不决的矛盾心理。

2. 双避冲突

双避冲突是指当两种目标都是人们力图回避的事物,但又不能同时避开时而产生的难以抉择的动机斗争。这实际上是一种"左右为难"、"进退维谷"式的由于选择困难而使人困扰不安的心理冲突。双避冲突动机的解决，既要依赖对所处情境的分析，也要依赖个体的价值观和道德规范。

3. 趋避冲突

趋避冲突是指同一目标既具有吸引力又具有排斥力时所产生的欲趋之又避之的动机斗争。趋避冲突在日常生活中经常出现，例如，某人喜欢甜食，又怕吃多会胖；某人在遇到麻烦时想求人帮助，又怕遭到拒绝；某人生病，想快些痊愈，又怕打针。趋避冲突在心理上引起的困惑比较严重，因为它会使人在较长时间内一直处于对立意向的矛盾状态中，并可能导致行动不断失误。

4. 多重趋避冲突

多重趋避冲突是指由于面对多个既对个体具有吸引力又遭个体排斥的目标或情境而引起的心理冲突。例如，一个人想跳槽到新的工作单位，因为新单位有较高的经济收入和优厚的福利条件，只是工作性质和人际关系不大容易适应。如果继续留在原单位工作，有习惯的工作环境，人际关系也较好，但经济收入和福利待遇差些。这种对利弊得失所进行的考虑会产生多重趋避冲突。一般来说，如果几种目标的吸引力和排斥力差距较大时，解决这种内心冲突就比较容易；如果几种目标的吸引力和排斥力比较接近，解决这种内心冲突就比较困难了，需要用较长时间来考虑得失，权衡利弊。

(二) 确定行动目的

确定目的在意志行动中非常重要。是否能够通过动机斗争而树立正确的行动目的，表现了一个人的意志力水平。动机之间的矛盾越大，斗争越激烈，确定目的时所需的意志努力也越大。意志的力量表现在正确地处理动机冲突，选择正确动机，确定正确的目标。

目的是意志行动所要达到的目标和结果。目的越明确、越高尚、越具有社会价值，则由这个目的所引起的毅力也就越大，就越能表现出人的意志水平。相反，一个没有明确目的而盲目行动的人，往往会患得患失，斤斤计较，因此便无成就可言。但是，目的的确立并不是件容易的事情。通常一个人在行动之前往往会有几个彼此不同，甚至是相互抵触的目的，因此需要对其进行权衡比较，根据目的的意义、价值、客观条件和自身特点最终确定一个目的。一般来说，有一定难度、需要花费一定意志努力后可以达成的目的，往往是比较适宜的。一旦这个目的得以实现，可以带来心理上的满足感和成就感，并能够弥补由于目的确定时发生的内心冲突所带来的损害，更好地为实现下一个目的作好准备。如果有几种目的都很适宜和诱人，就可能会发生内心冲突或动机斗争，难以下决心作出抉择，这就需要合理安排，即先实现主要的、近期的目的，后实现次要的、远期的目的，或者相反，先实现次要的目的，创造条件，再集中力量实现主要的目的。

动机斗争和确定目的是两个既有区别又有联系的过程。在选择和确定目的之前，往往要经过激烈的动机斗争，克服心理矛盾与冲突。相反，在目的确定的过程中也会进一步引起动机斗争，随后逐步趋于统一。要正确地确定目的，就必须排除各种内外部干扰，为此需要以正确的动机为基础，面对现实而深思熟虑和权衡利弊，通过仔细分析、评价所追求目标的重要性，通过自己的意志努力，增强自信并果断作出决定，从而选择并决定行动目的，同时注意信息的反馈，以便能够有效地修正行动，使目的顺利地达到。

(三) 选择行动方法

个体经过动机斗争、确定目的之后，就要解决如何实现目的，即解决怎么做、怎样实现目标的问题,就需要根据主客观条件来选择达到目的的方法。

选择行动方法一般要满足两方面的要求。首先,为实现预定目的的行为设计是合理的,这种方法符合客观事物的规律和社会准则要求。只有把这两个方面有机结合起来,才能顺利地实现预定目的。另外,在实现所作决定的过程中,不可避免地会遇到许多困难,因此克服内心冲突、干扰以及外部所遇到的障碍而实现行动目的,是意志行动的关键环节。个体即使有了美好的行动目的和高尚的动机,拟订的计划再完善周全,但如果不去付诸实施,一切仍是空中楼阁,仍只是个人头脑中的主观愿望而已,这时就需要人的意志努力的积极参与。

(四)制订行动计划

在这个环节,主要是个体根据已确定的行动目的和已选择的方法,制订行动的具体计划。制订计划时,要注意广泛收集各种信息,全面了解情况,进行深入细致的调查研究,在此基础上认真分析,抓住重点,突出矛盾,制订出切实可行的行动计划。

经过动机斗争、确定行动目的、选择行动方法、制订行动计划后,意志行动就从准备阶段过渡到执行决定阶段。

二、执行决定阶段

执行决定,就是将准备阶段已作出的决定付诸实施,是意志行动的关键环节和完成阶段。同时,由于执行决定过程已从"头脑中的行动"过渡到实际行动,它需要克服更多的内、外部困难,因而更能体现出一个人的意志水平。

执行决定阶段主要包括以下两个方面:

(一)根据既定方案积极组织行动

选择行动方法和策略是在目的确定之后由实现目的的愿望推动的。它是一个人根据欲达目的的外部条件和内部规律,适当地设计自己行动的过程。这个过程既能反映一个人的经验、认知水平和智力,又能反映出一个人的意志力水平。例如,简单的意志行动,行动目的一经确定,方式、方法很快就可以拟定。复杂的意志行动,如果有较长远的目的,就要选择行动方法和策略,期间会遇到各种阻力和困难,如能选择出合理的优化行动模式,就能促使目的顺利实现;如选择不当,就有可能导致意志行动的失败。

(二)克服困难,实现预定目的

克服困难实现所作出的决定是意志行动的关键环节,因为即使有美好的愿望和行动目的、高尚的动机和完善的计划,如果不去付诸实际行动,所有的一切仍然是空中楼阁,仍然是脑中的主观愿望而已。因此,人的意志品质也正是在克服困难的过程中体现出来的。

在实现所作决定时的最大特点是在行动过程中会遇到这样或那样的困难或障碍,克服困难和障碍就需要意志的努力。意志表现在克服内心的冲突、干扰以及外部的各种障碍上,如要在实现所作决定中承受巨大体力和智力上的负担,并要克服自己原有的知识经验以及内心冲突对执行决定所产生的干扰。当在意志行动中出现新情况、新问题,与预定目的、计划和方法等产生矛盾的时候,就必须努力作出果断决断,同时根据意志行动中的反馈信息来修正自己原有的行动方案,放弃不符合实际情况的原有决定,以最终达到预定目标。

实现预定目标,标志着基本的意志行动过程的顺利完成。但是,人的意志行动并不会就此结束。在新的需要、动机、愿望和追求目的的推动下,又会产生新的意志行动,以此往复不断向新的目标前进,这是人的意志行动中极为重要的环节。

第三节　意志品质及其培养

案例展示

逆境奋争,苦中寻乐——高士其苦斗病魔

　　高士其是我国著名的科学家、科普作家。在国外留学时,有一次做实验,一个装有培养脑炎过滤性病毒的玻璃瓶子破裂了,病毒侵入了他的小脑。从此留下了身体致残的祸根,但他忍受着病毒的折磨,学完了芝加哥大学细菌学的全部博士课程。回国以后,他拖着半瘫的身子,到达延安工作。解放后,他的病情恶化,说话和行动都十分困难,连睁、合眼都需要别人帮助。但他仍以惊人的吃苦精神进行创作,先后写成100多万字的作品。有人问他苦不苦,他笑着说:"不苦!因为我每天都在斗争,斗争是有无穷乐趣的。"

　　意志品质是个人的比较稳定的意志特点。由于生活实践和所受教育的不同,人们的意志品质既有共同性,也存在着差异。良好的意志品质是保证活动顺利进行、实现预定目的的重要条件。

一、意志的品质

(一)自觉性

　　意志的自觉性是指一个人对行动的目的和意义有充分的自觉认识,并随时控制自己的行动,使之符合于正确目的和社会要求的意志品质。具有自觉性的人,在行动中既能坚持独立性,目的明确,行动坚决,不轻易受外界影响,又能不骄不躁,虚心听取有益的意见,直到最后胜利。

　　与自觉性相反的意志品质是易受暗示性和独断性。易受暗示性表现为缺乏信心和主见,人云亦云,易受他人影响,中途会轻率地改变行动方向。独断性是指容易从主观出发,一意孤行,刚愎自用,听不进中肯的意见和合理的建议。易受暗示性和独断性都是意志薄弱的表现。

(二)果断性

　　意志的果断性是指面对复杂多变的情境,能够迅速而有效地采取决定并行动。要想迅速而有效地采取决定,不仅要大胆,更要心细,它是意志机敏的表现。意志的果断性表现在需要立即行动时,能当机立断,毫不犹豫;当不需要立即行动或情况发生变化时,又能立即停止执行或改变已作出的决定。果断性是以大胆勇敢和深思熟虑为前提的,与思维的独立性、批评性、敏捷性相联系。一个意志坚强的人也一定是果断、负责的人。

　　与果断性相反的是优柔寡断和冒失鲁莽。优柔寡断的表现是面临选择常犹豫不决,摇摆不定,作出决定后又患得患失,踌躇不前。在个体身上表现出来的这种情况,一方面可能是情形复杂,不易作出判断,另一方面则是意志品质上的欠缺,瞻前顾后,过于小心。冒失鲁莽的人表现为对事物的特点和现状不假思索,多凭一时冲动和兴致,或轻举妄动,或鲁莽从事,不顾后果。这种人做事看似果断,实际上是意志品质不成熟和薄弱的表现。

(三)坚持性

意志的坚持性是指在执行决定阶段能矢志不渝,坚持到底,遇到困难和挫折时能顽强乐观地面对和克服。具有坚持性意志品质的人,一方面善于克制和抵制不符合行动目的的主客观诱因的干扰,做到目标专一,始终不渝,直到实现目的;另一方面能在行动中做到锲而不舍,百折不挠,努力克服一切外部困难,排除艰难险阻,不达目的誓不罢休。坚持性是人的重要的意志品质,一切有成就的人都具有不屈不挠地向既定目的前进的坚韧的意志品质。

与坚持性品质相反的意志品质是动摇性和顽固性。动摇性是指在意志行动刚开始的时候,决心很大,干劲十足,一旦遇到困难,就灰心丧气,感觉前路茫茫,中途退缩。生活中这种虎头蛇尾的人不在少数,应属于意志薄弱者之列。顽固性是指在行动中认准目标后,就一成不变地按计划行事,遇到特殊情况,或者客观条件发生了变化,仍然固执己见,一意孤行。平时我们说某人总是"一条道走到黑",或是"不见黄河不死心",就是指行为过于执拗,总是一意孤行。动摇性和顽固性虽然表现形式不同,其实质都是不能正确地对待行动中的困难,都属于消极的意志品质。

(四)自制性

意志的自制性是指在意志行动中能够自觉、灵活地控制自己的情绪,约束自己的动作和言语方面的品质。自制力反映着意志的抑制职能。自制性表现在两方面:第一,善于促使自己去执行已经采取的决定,并能战胜与执行决定相对抗的一切因素;第二,善于克服盲目的冲动和消极的情绪。一个有自制性的人能自觉地控制和调节自己的行动,其主要特征是情绪稳定、注意力高度集中、记忆力强和思维敏捷。

与自制性品质相反的是任性和怯懦。任性的人表现为不能约束自己的言论和行动,不能控制自己的情绪、情感,常在需要克制冲动的时候任性而为。怯懦的人表现为对行动中的困难畏缩不前,胆小怕事,一遇到生活中的突变就惊慌失措,无力控制。任性和怯懦的共同之处在于不能有效地调节、控制自己,自我约束力差,都是意志缺乏自制性的表现。

上述意志的品质并不是彼此孤立的,而是相互联系、相互制约的统一体,它们对人的认知、情感和行为活动有很大的影响,同时又与人的性格、健康和成才密切相关。

二、青少年意志品质的培养【选择性学习内容】

意志品质作为学生学习活动的保证和身心发展的重要条件不是与生俱来的。特别是良好的意志品质,更需要在后天教育和实践活动中有目的地加以培养。

(一)加强世界观和人生观教育,确立正确的行动目的

自觉目的性是意志行动的重要特征,学生意志品质的发展都建立在一个正确而合理的行动目的的基础上。为此,在学校教育活动中,应该对学生加强科学的世界观和正确的人生观教育,使他们勇于探索人生的意义和价值,学会明辨是非,分清善恶与荣辱。只有这样,才能使他们既具有崇高的人生目标,又能在日常生活和学习中确立有意义的行动目的。

在对学生进行世界观和人生观教育的时候,应该紧密结合社会现实和学生当前的学习、生活实际,帮助他们把个人的理想和价值追求同国家、社会、集体的利益联系起来,使他们既具有远大的目标,又能将远大的目标转化成日常学习和生活中的苦干和实干精神。例如,我国著名的数学家陈景润在中学时代一位数学老师的启迪下,立志要摘取"哥德巴赫猜想"这颗数学王

冠上的明珠,为中国人争光。在以后的十几年中,他不顾政治运动的冲击和生活条件的简陋,埋首于数字和草稿纸中,夜以继日地进行推导、演算,终于取得了重大突破,得到了世界数学界的认可。

(二)加强学习动机教育,培养正确的观念

学生的学习动机多种多样,有的为父母而学,有的为教师而学,有的为考大学而学,有的为超过同伴、同学而学,等等。每个中学生都应该加强自我的学习动机教育,逐步提高动机水平。例如,学生可以适当地参加一些科技活动,培养自己的爱好,帮助自己形成稳定的学习动机和认真负责的学习态度;可利用正确的自我评价,培养和激发自己的学习动机;可以因势利导,逐步提高要求,克服利己主义动机,形成正确的动机。总之,培养正确的动机是意志品质培养的一个重要方面。

(三)参与社会实践,坚持从小事做起

意志品质是人们在长期的社会实践与社会生活中形成的较为稳定的心理素质,它会在人们调动自身力量去克服困难和挫折的实践中体现出来。学习、劳动、集体活动和社会实践等都需要付出意志努力,个体意志的培养就蕴含其中。有些学生感叹自己生不逢时,没有经历大风浪显不出真品性,却忽视在平凡生活、平凡小事中的意志培养。其实,一个人意志的培养和锻炼并不仅仅局限于挫折、困难、逆境,有时"取得成功时坚持不懈要比遭到失败时顽强不屈更重要"。"富贵不能淫,贫贱不能移,威武不能屈"的境界才是意志力的完整体现。

从日常生活的小事到艰苦、重大的工作都是磨炼意志的机会。特别是体育锻炼,更是锻炼意志的有效手段。体育运动不仅仅是一个身体运动过程,更是集心理、意志磨炼为一体的综合过程。自觉地、经常地、积极地参加体育锻炼,可以培养坚强、果敢、机智、吃苦耐劳、锲而不舍的意志品质和精神。

(四)讲究科学的方法,遵循渐进的规律

我国历史上流传着许多颂扬坚韧和勤奋精神的故事,比如"头悬梁"、"锥刺骨"、"卧薪尝胆"、"愚公移山"等。以现代眼光来看,其精神固然可嘉,方法却有失科学和违背心理健康原则。有的学生仿效古人,为了自己的学业,强迫自己超负荷的运转,以锻炼自己的意志。某些意志锻炼方法(如硬靠简单的外界物理强刺激)违背了身心发展、运动规律,强行蛮干,反而使人心身疲惫、损害健康、影响学业,于人无益,于事无补。因此,意志的运用应建立在健康的目标和科学的方法上。

锻炼意志,还要注意循序渐进。俗话说,一口吃不成一个胖子。有的同学为了达到某一目标,滥用意志力,过分强制自己去做超出自己心身现实的事情。如一个体弱的女同学想锻炼身体,规定自己每天要跑多少公里,两天下来反而病倒,这就"欲速则不达"了。所以在磨炼意志的时候,应注意选择突破口,分阶段、有步骤地进行。目标可以具体地按渐进式方式排列,一个目标完成了,对于个体是一种积极的反馈,能增加其自信,从而更积极地完成下一个目标,进入一个良性循环。这样,意志的行为逐步强化为意志习惯,再慢慢固化成一种意志品质,成为良好个性特征。

(五)发挥教师和班集体的作用,给予必要的纪律约束

严格管理教育,使学生养成自觉遵守纪律的习惯。很多人明知故犯,做出违反道德准则的事,这多半是他们的意志不坚强,或没有养成良好的道德习惯所致。因此,学校应严格管理教

育,养成学生自觉遵守道德规范的习惯,特别是对于自制力薄弱的学生来说更为重要。在学生意志品质的形成中,离不开周围的人和环境的影响。特别是在学校教育中,教师和班集体发挥着不可忽视的作用。除了父母之外,学生对在学校生活中与自己朝夕相处的教师有一种特别的信任和尊重,并不自觉地模仿其言行。因此,一位教师如果想培养学生良好的意志品质,自己首先在工作中要表现出目标明确、处事果断、兢兢业业、不畏困难的作风。俗话说,"身教重于言教",教师的行为榜样对学生意志品质的培养有特殊的效果。

学生所在的班集体是其成长的重要环境。在具有良好班风的集体中,学生之间互帮互助,注重集体的利益,学生也会为自己是集体的一员而自豪。当学生建立起对集体的义务感和荣誉感时,就会为了集体的目标和利益,去努力学习,热心支持集体活动,在此过程中,独立、坚强、勇敢、自制等意志品质也得到培养。当然,要形成良好的班风,还要有严格的纪律去约束集体成员朝共同的目标努力。让学生能够自觉遵守集体的规章制度,不做违反纪律的事,这本身就是最好的意志锻炼。

(六)启发学生加强意志的自我锻炼

意志品质的形成过程,也是学生不断自我教育的过程。培养良好的意志品质,不管用什么方法,最终应落实到学生的自我锻炼、自我检查、自我监督、自我鼓励上来。这是最重要,也是最有效的方法和途径,因为只有自我具有主动性和能动性,效果才会更加明显。

教师要让学生学会:①拟定决定要充分估计主客观条件,做到合理、可行;②执行决定要态度坚决、有始有终、坚持不懈。③要制订切实可行的自我锻炼计划,从小处入手,从克服缺点开始,④制订个人的学习生活、体育锻炼以及公益劳动计划,在实施计划的行动中持之以恒,培养顽强的毅力。

学校的政治思想教育、课内外的实践活动以及教师和班集体的影响,要在学生的意志品质形成中真正发挥作用,还必须调动学生自己的主观能动性。随着学生自我意识的增强和自我评价能力的提高,他们逐渐意识到意志品质的重要性,以及自己意志品质的缺点和不足。这为教师启发学生进行意志的自我锻炼提供了条件。在教育实践中,人们发现学生能够做到意志品质的自我锻炼,并有一些行之有效的方法和途径。例如,用格言、座右铭警醒自己;用杰出人物的事迹对照、监督自己的言行;同身边的榜样相比较,找出差距,迎头赶上;制订作息计划和学习计划,并严格执行;自己设计一些加强意志锻炼的活动,并努力实践;每天坚持记日记,反思自己的言行和思想,发现缺点及时改正等。

练习与思考

一、填空题

1. 有明确的_____性,这是意志行动的_____特征。_____相联系是意志的_____特征。
2. 情绪和情感既可以成为意志行动的_____,也可以成为意志行动的_____。
3. 采取决定阶段包括_____、_____、_____和_____等环节。

二、选择题

1. "鱼,吾所欲;熊掌,亦吾所欲也,二者不可兼得……"主要是指( )冲突。
   A. 双趋式　　　B. 双避式　　　C. 趋避式　　　D. 多重趋避式

2. "生,吾所欲;义,亦吾所欲也,二者不可兼得……"主要是指（　　）冲突。
A. 双趋式　　　　B. 双避式　　　　C. 趋避式　　　　D. 多重趋避式
3. "进退维谷"属于（　　）冲突。
A. 双趋式　　　　B. 双避式　　　　C. 趋避式　　　　D. 多重趋避式
4. "与虎谋皮"属于（　　）冲突。
A. 双趋式　　　　B. 双避式　　　　C. 趋避式　　　　D. 多重趋避式
5. 小学低年级儿童一般不会主动地安排作业,只是完成教师布置的作业,做完作业后往往不主动去检查,只是在教师、家长的提醒下才去检查,这说明意志的哪个品质还比较差。（　　）
A. 自觉性　　　　B. 果断性　　　　C. 自制性　　　　D. 坚韧性

三、判断题

1. 一般来说,辩论、旅游、打喷嚏、开窗户、练琴、做作业、预习功课都是意志行动。（　　）
2. 意志的果断性是指办事能当机立断、立即执行、毫不犹豫。"三思而行"遇事能反复推敲、反复思考以后再行动。因此,意志果断性的人就不可能"三思而行"。（　　）
3. 自制性是个体良好的意志品质,而与之相反的消极品质则是犹豫、冒失与任性。（　　）

四、名词解释

意志

五、简述题

简述如何培养良好的意志品质？

六、实例分析

张海迪,1955年秋出生于济南。5岁时患脊髓病,胸以下全部瘫痪,从那时起,张海迪开始了她独特的人生。她无法上学,便在家自学完中学课程。15岁时,海迪跟随父母去了聊城农村,还给当地孩子当起了教书先生。她还自学针灸医术,为乡亲们无偿治疗。后来,张海迪自学多门外语,还当过无线电修理工。在残酷的命运面前,张海迪没有沮丧和沉沦,她以顽强的毅力与疾病作斗争。她虽然没有机会走进校门,却发愤学习,学完了小学、中学全部课程,自学了大学英语、日语、德语和世界语,并攻读了大学和硕士研究生的课程。1983年张海迪开始从事文学创作,先后翻译了《海边诊所》等数十万字的英语小说,编著了《向天空敞开的窗口》、《生命的追问》、《轮椅上的梦》等书籍。其中《轮椅上的梦》在日本和韩国出版,而《生命的追问》出版不到半年,已重印3次,获得了全国"五个一工程"图书奖。

结合案例谈谈你该如何面对挫折？

拓展性阅读推荐

1. 塞利格曼. 学习乐观[M]. 北京:新华出版社,2002.
2. 李海洲,边和平. 挫折教育论[M]. 南京:江苏教育出版社,2001.

第十章 个性及其倾向性

第一节 个性

 案例展示

无价之宝

有一年德国闹饥荒,有个富人把20个穷孩子请到自己家,对他们说:"这只篮子里的面包,你们每人一块,拿吧。以后每天这个时候都到这里来拿,一直到灾难结束为止。"

孩子们你争我夺,大家都挑最大的面包,可是面包抢到手后,他们谁也也没说"谢谢"就走了。

唯有一个衣着整洁的女孩不好意思地站在一边,等别人散去后才拿了剩下的一块小面包,谢了谢主人回家了。

第二天,孩子们,还象第一天那样。可怜的女孩这次拿到的面包还没有别人的一半大。但是,等她回到家里,母亲切开面包的时候,里面却掉出许多白花花的银币。

她的母亲很纳闷,说:"马上把钱送回去,因为这钱肯定是错放到面包里去了。"

这小女孩将钱送了回去。但是富人说:"不,没有错。我是故意把钱放在最小的面包里去,目的是想赏给你,我的孩子。记住,宁可拿最小而不去抢最大面包的人,将来一定会得到比放在面包里的银币更好的赐福。"

一、个性的定义

心理学中的个性概念与日常生活中所讲的"个性"是不同的。

在日常的人际交往中,我们会发现,有的人行为举止、音容笑貌令人难以忘怀;而有的人则很难给别人留下什么印象。对前一种人,我们用"个性"来形容。这种情境下的个性多指"与众不同"。心理学里讲的个性又叫人格,是指一个人独特的、稳定的和本质的心理倾向和心理特征的总和。简单地说,个性就是一个人的整体精神面貌。

个性一词最初来源于希腊语"persona",开始是指演员所戴的面具,后来指演员——一个具有特殊性格的人。一般来说,个性就是个性心理的简称,又称人格。心理学对个性的解释是:一个区别于他人的,在不同环境中显现出来的,相对稳定的,影响人的外显和内隐性行为模式的心理特征的总和。

由于个性结构较为复杂,因此,许多心理学者从自己研究的角度提出个性的定义,美国心理学家奥尔波特(G. W. Allport)曾综述过50多个不同的定义。如美国心理学家吴伟士(R. S. Woodworth)认为:"个性是个体行为的全部品质。"美国个性心理学家卡特尔(R. B.

Cattell)认为:"个性是一种倾向,可借以预测一个人在给定的环境中的所作所为,它是与个体的外显与内隐行为联系在一起的。"前苏联心理学家彼得罗夫斯基认为:"在心理学中个性就是指个体在对象活动和交往活动中获得的,并表明在个体中表现社会关系水平和性质的系统的社会品质。"

就目前西方心理学界研究的情况来看,从其内容和形式分类方面来看,主要有下面五种定义:

第一,列举个人特征的定义,认为个性是个人品格的各个方面,如智慧、气质、技能和德行。

第二,强调个性总体性的定义,认为个性可以解释为"一个特殊个体对其所做所为的总和"。

第三,强调对社会适应、保持平衡的定义,认为个性是"个体与环境发生关系时身心属性的紧急综合"。

第四,强调个人独特性的定义,认为个性是"个人所以有别于他人的行为"。

第五,对个人行为系列的整个机能的定义,这个定义是由美国著名的个性心理学家奥尔波特(G. W. Allport)提出来的,认为"个性是决定人的独特的行为和思想的个人内部的身心系统的动力组织。"

目前,西方心理学界一般认为奥尔波特的个性定义比较全面地概括了个性研究的各个方面。首先,他把个性作为身心倾向、特性和反应的统一;其次,他提出了个性不是固定不变的,而是不断变化和发展的;最后,他强调了个性不单纯是行为和理想,而且是制约着各种活动倾向的动力系统。奥尔波特关于个性的上述定义至今仍被西方的许多心理学教科书所采用。

尽管心理学家们对个性的概念和定义所表达的看法不尽相同,但其基本精神还是比较一致的:"个性"内涵非常广阔丰富,是人们的心理倾向、心理过程、心理特征以及心理状态等综合形成系统心理结构。在本书中我们主要从个性的倾向性(即个性的心理动力)和心理特征两个方面来分析个性。

二、个性倾向性

个性倾向性是指人对客观事物的态度以及对活动对象的选择与趋向,是人从事活动的基本动力,主要包括需要、动机、兴趣、理想、价值观等。个性倾向性是人的个性结构中最活跃的因素,它是人进行活动的基本动力,决定着人对现实的态度,决定着人对认识活动的对象的趋向和选择。个性倾向性是个性系统的动力结构。它较少受生理、遗传等先天因素的影响,主要是在后天的培养和社会化过程中形成的。个性倾向性中的各个成分并非孤立存在的,而是互相联系、互相影响和互相制约的。其中,需要又是个性倾向性乃至整个个性积极性的源泉,只有在需要的推动下,个性才能形成和发展。动机、兴趣和信念等都是需要的表现形式。而价值观和世界观属于上层,它指引和制约着人的思想倾向和整个心理面貌,是人的言行的总动力和总动机。由此可见,个性倾向性是以人的需要为基础、以世界观为指导的动力系统。

三、个性心理特征

心理特征是人在认知过程、情绪和情感过程、意志行动过程中形成并稳定表现出来的特征,是个体多种特征的独特结合,集中反映了一个人的心理面貌。个性心理特征包括能力、气质和性格。

能力是指一个人顺利完成某种活动所必备的心理特征,是直接影响活动效率,并使活动顺利完成的个性心理特征。心理学上的能力有两种含义:一是指个人在行为上所表现的实际能力(actual ability),心理学上称为成就(achievement);二是指将来有机会学习时,可能在行为上表现出来的能力,是潜能的意思,心理学上称为性向(aptitude)。心理学的能力概念不包括常识中所说的体能或社会能力,而是指心理品质或能力,也叫做心理能力(mental ability)。心理能力是指经心理学上特别技术所测量到的能力,是心理学专门术语。

气质是人的心理活动与行为产生的动力特征,表现为心理活动发生的强度(如情绪的强弱、意志努力的程度等)、心理活动的速度和稳定性(如知觉的速度、思维的敏捷程度、注意保持的长短等)以及心理活动的指向性(如心理活动指向外部环境还是内部自身)等方面的特征。气质是先天禀赋的心理特征,新生儿出生不久就能表现出气质上的差异性,例如,有的婴儿活跃多动,有的安静胆小。气质具有稳定性也具有可塑性。

性格是指人对现实稳定的态度和与之相适应的行为方式的总和,是个性的核心。现实生活中,环境的影响会通过人的认知、情绪、情感、意志活动在人脑中保持下来,逐渐形成态度体系。态度是个体对客观事物所持有的评价与行为的心理倾向。客观事物可以是人、事、物,也可以是自己。性格不但指对现实稳定的态度,还包括与这种态度相适应的习惯化了的行为方式。例如,具有创新态度的学生在学习上往往不局限于课堂讲授的内容,更喜欢探究新的课外问题;而具有顺从型特点的学生往往局限于教材和教师课堂,不敢"标新立异"。与能力和气质不同,性格与个体的价值观、人生观和世界观相联系,具有社会评价意义。

五、个性的测量

了解个性的方法很多,如观察法、访谈法、投射测验等。运用标准化的量表来了解一个人典型的行为和个性品质是一种常用的方法。通过心理测验,可以比较准确地了解一个人的气质、性格、价值观等。下面简单介绍几个常用的个性测验。

(一)卡特尔 16PF 人格量表

16 种人格因素问卷是美国心理学家 R. B. 卡特尔教授编制的人格检测,简称 16PF。16PF 量表适用于 16 岁以上的青年和成人,现有五种版本:A、B 本为全版本,各有 187 个项目;C. D 本为缩减本,各有 106 个项目;E 本适用于文化水平较低的被试,有 128 个项目。我国现在通用的是美籍华人刘永和博士在卡特尔的赞助下,与伊利诺伊大学人格及能力研究所的研究员梅瑞狄斯博士合作,于 1970 年发表的中文修订本,其常模是由两千多名港台地区的中国学生得到的。16PF 的常模群体为正常人群,它的评价一般也是针对正常人,因而适用领域很广。它既适合个别施测,也适合团体施测。

每一题都备有三个可能的答案,被试可任选其一。在两个相反的选择答案之间有一个折中的或中性的答案,使被试有折中的选择(例如,我喜欢看球赛:A 是的,B 偶然的,C 不是的;或如,我所喜欢的人大都是:A 拘谨缄默的,B 介于 a 与 c 之间的,C 善于交际的),避免了在是否之间必选其一的强迫性,所以被试答题的自发性和自由性较好。

测验的 16 种人格因素如下:
(1)因素 A 乐群性:高分者外向、热情、乐群;低分者缄默、孤独、内向。
(2)因素 B 聪慧性:高分者聪明、富有才识;低分者迟钝、学识浅薄。
(3)因素 C 稳定性:高分者情绪稳定而成熟;低分者情绪激动、不稳定。

(4)因素 E 恃强性:高分者好强固执、支配攻击;低分者谦虚顺从。

(5)因素 F 兴奋性:高分者轻松兴奋、逍遥放纵;低分者严肃审慎、沉默寡言。

(6)因素 G 有恒性:高分者有恒负责、重良心;低分者权宜敷衍、原则性差。

(7)因素 H 敢为性:高分者冒险敢为、少有顾忌、主动性强;低分者害羞、畏缩、退却。

(8)因素 I 敏感性:高分者细心、敏感、感情用事;低分者粗心、理智、注重实际。

(9)因素 L 怀疑性:高分者怀疑、刚愎、固执己见;低分者真诚、合作、宽容、信赖随和。

(10)因素 M 幻想性:高分者富于想象、狂放不羁;低分者现实、脚踏实地、合乎成规。

(11)因素 N 世故性:高分者精明、圆滑、世故、人情练达、善于处世;低分者坦诚、直率、天真。

(12)因素 O 忧虑性:高分者忧虑抑郁、沮丧悲观、自责、缺乏自信;低分者安详沉着、有自信心。

(13)因素 Q1 实验性:高分者自由开放、批评激进;低分者保守、循规蹈矩、尊重传统。

(14)因素 Q2 独立性:高分者自主、当机立断;低分者依赖、随群附众。

(15)因素 Q3 自律性:高分者知己知彼、自律谨严;低分者不能自制、不守纪律、自我矛盾、松懈、随心所欲。

(16)因素 Q4 紧张性:高分者紧张、有挫折感、常缺乏耐心、心神不定,时常感到疲乏;低分者心平气和、镇静自若、知足常乐。

(二)MMPI 人格测验

明尼苏达多项人格测验(Minnesota Multiphasic Personality Inventory,MMPI)是由明尼苏达大学教授哈瑟韦(S. R. Hathaway)和麦金力(J. C. Mckinley)编制,是迄今应用极广、颇富权威的一种纸-笔式人格测验。该问卷的制订方法是分别对正常人和精神病人进行预测,以确定在哪些条目上不同人有显著不同的反应模式,因此该测验最常用于鉴别精神疾病。中国科学院心理研究所宋维真20世纪80年代将 MMPI 引进我国,称作明尼苏达多相个性调查表。

MMPI 测验中包含了临床量表和效度量表,共 566 题,实际为 550 题,其中 16 题为重复题。若只为了精神病诊断可只做前 399 题。测验时间一般为 45~60 分钟,长的可超过 2 小时。特殊被试可分几次完成,可给被试读题目。

(三)艾森克 EPQ 量表

EPQ 是英国心理学家艾森克(H. J. Eysenck)编制的测量个性方法。他采用因素分析的方法归纳出三个基本因素:内外倾向性(E)、情绪稳定性(N)和精神质(P,又称倔强性)。这三个基本因素构成了个性的三个相互正交的维度。在这三个维度上的不同表现程度,构成了个体不同的人格特征。问卷还设有测验受测者的"掩饰"倾向,即不真实性(L),是操作简单而且信度和效度都比较高的一种人格测量表。EPQ 广泛用于英国和欧洲其他一些国家,20 世纪80 年引进我国,经过修订,建立了中国常模。

问卷设 88 题,受测者按每个题目的陈述,根据自己的实际情况答"是"或"否",分别统计E、N、P、L,原始分数对照常模换成标准 T 分数,就可以对一个人的人格进行鉴定。

(1)E 内外倾向性:分数低表示内向,越高越外向。外向型的人,心理活动倾向于外部,表现为活泼开朗,热情大方,善于交际,情感外露,渴望刺激和冒险,注意力易分散难持久集中,欠缺持久耐力,兴趣易变换。内向型的人,心理活动倾向于内部,比较好静,稳重,内省,沉默少语,交际被动,不喜欢刺激,情感不易外露,注意力稳定难转移,反应缓慢,行为迟缓。

(2) N 情绪稳定性:分数低表示情绪稳定,分数越高表示情绪越不稳定。N 分高者表现为焦虑、紧张、易怒,敏感多疑,对各种刺激反应过为强烈,易冲动,具有攻击性,又或是郁郁寡欢,忧心忡忡。N 分低者表现情绪反应缓慢,心境平和,自控能力通常比较好。

(3) P 精神质又称倔强性:并非暗指精神病,它在所有人身上都存在,只是程度不同,分高的成年人可能比较孤独,少关心他人,不近人情,感觉迟钝,喜欢一些古怪的行为,难以适应环境变化。

(4) L 是测定受试者的掩饰、假托、自身隐蔽等情况。高分者可能测验结果可信度较低,所以,测验结果缺乏参考意义。高分并不说明受试者心理不健康,只是作答时,由于某种原因,不能根据自身真实情况回答问题,使测试不可靠。

六、影响个性形成的因素

个性是怎样形成的?又使我们想到一个古老而又争论不休的问题——先天遗传与后天环境的关系与作用。研究个性的形成仍离不开这一问题。当代心理学家的共识是,个性是在遗传与环境的交互作用下逐渐形成的。在本节内容中,将会介绍影响个性形成和发展的因素。

(一)生物遗传

许多心理学家认为,双生子研究是研究个性遗传因素的最好方法。同卵双生子具有相同的基因,他们之间的任何差异都可归结为环境因素的作用。异卵双生子的基因虽然不同,但在环境上有许多相似性,如出生顺序、母亲年龄等,因此也提供了环境控制的可能性。完整研究这两种双生子,就可以看出不同环境对相同基因的影响,或者是相同环境下不同基因的表现。大量的双生子的研究表明,遗传对个性形成有重要作用。

弗洛德鲁斯(1980)对瑞典 12000 名双生子进行个性问卷的测试,结果发现,同卵双生子在外向和神经质上相关系数为 0.50,而异卵双生子的相关系数为 0.21 和 0.23。20 世纪 80 年代,明尼苏达大学对成年双生子的个性进行了比较研究(1984,1988),有些双生子是一起长大的,有些双生子则是分开抚养的,平均分开的时间是 30 年。结果是,同卵双生子的相关比异卵双生子高很多,分开抚养的与未分开抚养的同卵双生子具有同样高的相关。我们可以从三方面来理解遗传对人格发展的影响。首先,遗传是个性因素不可缺少的影响因素。遗传素质一般包括生理特征、心理特征。这两种特征是人格发展的基础因素,离开一个人的生理特征和心理特征,人格将无从发展。其次,遗传因素对个性的作用随个性特质的不同而不同。如在智力、气质等因素上,遗传因素的作用较重要,而在价值观、信念、性格等与社会因素关系紧密的特质上,遗传作用较小,后天环境的因素更重要。最后,个性的发展受遗传与环境两种因素的共同作用。遗传与环境都不是单独起作用,二者交互作用对人格发展起到影响和塑造的作用。

(二)社会文化因素

文化差异是指生活于不同环境的群体间所存在的生态环境、社会环境的差异和当一个群体与另一群体相比较中,显示出来的独特的语言、习俗、价值观等方面的差异。

每个人都处在特定的社会文化环境中,文化对个性的影响是极为重要的。社会文化塑造了社会成员的个性特征,使其成员的个性结构朝着相似性的方向发展,这种相似性具有维系社会稳定的功能,又使得每个人能稳固地"嵌入"在整个文化形态里。

社会文化对个性的影响力因文化而异,这要看社会对顺应的要求是否严格。要求越严格,其影响力越大。影响力的强弱也要看行为的社会意义,对于社会意义不大的行为,社会允许较大的变异;而对社会意义十分重要的行为,就不允许有太大的变异。

(三)家庭环境因素

家庭是社会的细胞,家庭成员间不仅有其自然的遗传因素,也有其社会的遗传因素。这种社会遗传因素主要表现为家庭对子女的教育作用,俗话说"有其父必有其子",是有一定道理的。父母按照自己的意愿和方式教育孩子,使他们逐渐形成某些个性特质。

研究个性的家庭成因,重点在于探讨家庭的差异和不同的教养方式对个性发展和个性差异的影响。许多研究表明,子女的个性特征与父母的养育方式密切相关,父母不良的养育方式会造成子女个性偏离,这是导致个性障碍的危险因素。父母对子女的教育方式归纳为三类。

(1)权威型:对子女过于支配,孩子的一切由父母控制。孩子表现通常是:消极、被动、依赖、服从、做事缺乏自主性等。

(2)放纵型:父母对子女过于溺爱,过于放任。孩子表现通常是:任性、幼稚、自私、无礼、独立性差等。

(3)民主型:尊重孩子,给孩子一定的控制,也给孩子一定的自主权和正确指导。孩子表现通常是:活泼、快乐、自立、善于交往、富于合作等。

除了家庭教养方式外,还有很多家庭因素影响人格的发展和形成。例如,家庭的社会经济地位、家庭的心理氛围、父母的职业、家庭结构、子女数量以及出生顺序等。

(四)学校教育

学校是一种有目的、有计划地向学生施加影响的教育场所。教师、班集体、同学与同伴等都是学校教育的元素。学校的教育对学生个性的形成和定型有着深刻的影响。

学校的德育使学生形成一定的思想品德、树立正确的人生观和价值观,智育使学生掌握系统的科学文化知识与技能,促进学生智力的发展。

教师对学生个性的发展具有指导定向的作用。教师是一面镜子,有威信的教师,其高尚的品格、渊博的知识、强烈的事业心和责任感都会对学生产生深刻的影响。教师的公正性对学生有非常重要的影响,学生非常看重教师对他们的态度是否公正和公平,教师的不公正态度会使学生的学业成绩和道德品质下降。

同伴群体对学生个性也具有重大的影响。一般来说,少年同伴团体的性质是良好的,但也存在着不良的少年团伙,这种团伙对少年的个性发展影响极坏。学校、家长及社会要用强有力的教育手段来"拆散"它们,使学生远离这种群体,防止它们对学校及社会带来危害。

总之,学校对个性形成与发展的影响是不可忽视的,学校是个性社会化的主要场所。教师对学生个性发展具有导向作用,而同伴群体对个性发展具有"弃恶扬善"的作用。

(五)早期经验

早期经验对个性有重要的影响。伯恩斯坦(Burnstein,1981)研究发现,弃子会使儿童产生心理疾病,孩子会形成攻击、反叛的个性。鲍尔毕(Bowlby,1951)对在非正常家庭成长的儿童和流浪儿作了大量的调查,他得出的结论是,儿童心理健康的关键在于婴儿和年幼儿童与母亲建立的一种和谐而稳定的亲子关系。

调查发现,"母爱丧失"的儿童(包括受父母虐待的儿童),表现出胆小、呆板、迟钝、不与人交往、敌对、攻击、破坏等个性特点,这些个性特点会影响他们一生的顺利发展,出现情绪障碍、社会适应不良等问题。

虽然幸福的童年有利于儿童形成健康的个性,但是早期经验并不是唯一决定个性形成的因素,还要依赖教养方式、遗传等多种因素的相互作用。

(六)自然物理因素

自然物理因素包括生态环境、气候条件、空间拥挤程度等,这些因素也会也影响个性的形成。例如,巴里(Berry,1966)对阿拉斯加州的爱斯基摩人和非洲的特姆尼人进行比较研究,说明了生态环境对个性的影响。爱斯基摩人以渔猎为生,过流浪生活,以家庭为单元,男女平等,没有持久、集中的政治和宗教约束,个性特征表现为坚定、自立、冒险。特姆尼人生活在灌木丛生地带,以农业为主,居住固定,社会结构稳定,有分化的社会阶层,完整的部落规则,个性特征表现为依赖、服从、保守。

(七)自我意识

自我意识是有关自我以及自我与环境关系的认知,是人格发展的重要动力。

自我意识对人格的影响在人生的不同阶段是不同的。在婴儿期,儿童对自我的心理过程没有清晰的意识,所以自我意识对人格的发展基本不起作用。幼儿期,儿童自我意识开始形成,具有了独立的意识,自我对人格的影响开始显现出来。而自我意识对人格影响最大的阶段就要属青春期了。进入青春期的个体越来越关注自我,关注自我在他人心目中的地位和形象,也更加深层次地探索"我是谁?我来自哪里?我要到哪里去?"等问题。在探索这些问题的过程中,人格就会发生相应的变化。

第二节 需要

案例展示

懒惰的仆人

伏尔泰有个仆人,十分懒惰。一天,伏尔泰对他说:约瑟夫,把我的皮鞋拿来。仆人遵命拿来了皮鞋。

伏尔泰问仆人:"你今天早上忘了擦皮鞋了吧?"

约瑟夫回答说:"没忘,只是街上尽是泥,两小时后您的皮鞋又会跟现在一样脏。"

伏尔泰笑笑,一言不发地穿上皮鞋走了。

"先生,"约瑟夫追上来,"钥匙呢?"

"什么钥匙?"

"橱柜的,我好吃午饭呀!"

"我的朋友,"伏尔泰笑道,"吃什么饭呀,两小时后,你又会跟现在一样饿的。"

一、需要的定义

需要是有机体的一种匮乏或不平衡状态,它表现在有机体对内部环境或外部条件的一种稳定的要求,并成为有机体活动的动力。这种匮乏或不平衡既包括生理的不平衡,也包括心理的不平衡。例如,血液含氧量下降,我们会大口呼吸;血糖水平下降,会产生进食的需要;社会动荡会产生安全的需要。当需要得到满足后,这种不平衡状态便消除,当新的不平衡出现时,新的就会需要产生。

需要是指向外界客观环境的,而这种对客观事物的要求可能来自有机体内部,如饿了要进食,也可能来自环境,如家长望子成龙多来自社会环境的竞争。当人们感受到这种对客观事物的要求并感受到不平衡状态,需要就产生了。

需要是个性倾向性的基础,是个性积极性的源泉,它与人的行为的发生有密切关系。人的活动总是受某种需要所驱使,需要一旦被意识到并驱使人去行动时,就以活动动机的形式表现出来。需要激发人去行动,并使人朝着一定的方向去追求,以求得到自身的满足。同时人的需要又是在活动中不断产生与发展的。当人通过活动满足了原有的需要时,人和周围现实的关系就发生了变化,又会产生新的需要。因此说,需要是人的活动的基本动力。

人的需要和动物的需要具有本质的区别。人的需要主要是由人的社会性决定的,具有社会的性质;人的需要的内容以及满足需要的手段也和动物不同;由于人有意识,人的需要会受到主观意识的调节和控制。

二、需要的种类

(一)生理需要和社会需要

从需要的起源划分,需要包括生理需要和社会需要。生理需要是指为保存和维持有机体生命和种族延续所必需的需要。生理需要包括:维持有机体内不平衡的需要,如对饮食、运动、睡眠、排泄等需要;回避伤害的需要,如对有害或危险的情景的回避等;性的需要,如配偶、嗣后的需要。生理需要是生而有之的,人与动物都存在,但人与动物表现在生理上的需要是有本质区别的。马克思曾说过:"饥饿总是饥饿,但是用刀叉吃熟肉来解除的饥饿不同于用手、指甲和牙齿啃生肉来解除饥饿。"可见人的生理需要已被深深地烙上社会的痕迹,已不是纯粹的本能驱动。

社会需要是指人们为了提高自己的物质和文化生活水平而产生社会性需要,包括对知识、劳动、艺术创作的需要,对人际交往、尊重、道德、名誉地位、友谊和爱情的需要,对娱乐消遣、享受的需要等。它是人特有的在社会生活实践中产生和发展起来的高级需要。人的社会需要因受社会的背景和文化意识形态的影响而有显著的个别差异。

(二)物质需要和精神需要

按需要的对象划分,需要包括物质需要和精神需要。物质需要是指人对物质对象的需要,包括对衣、食、住有关物品的需要,对工具和日常生活用品的需要。物质需要是一种反映人的活动对于物质文明产品的依赖性的心理状态,因此,物质需要既包括生理需要又包括社会需要。精神需要是指人对社会精神生活及其产品的需要,包括对知识的需要、对文化艺术的需要、对审美与道德的需要等。这些需要既是精神需要又是社会需要。

物质需要和精神需要有着密切的关系。人在追求美好的物质产品时,同样表现了某种精神需要,如进餐时向往安静、雅致的就餐环境,穿衣要选择时髦的衣着等。精神需要的满足又离不开物质产品,如艺术欣赏离不开乐器、表演者的服饰等。

三、需要的层次理论

美国心理学家亚伯拉罕·马斯洛于1943年提出需要的层次理论。该理论将需要分为五种,像阶梯一样从低到高,按层次逐级递升,分别为生理的需要、安全的需要、归属和爱的需要、尊重的需要、自我实现的需要。另外,还有两种需要,分别是认知的需要和审美需要。这两种需要未被列入到他的需要层次排列中,他认为这二者应居于尊重需要与自我实现需要之间。

生理的需要包括人对事物、水、空气、睡眠的需要。它在人的需要结构中是最重要,也是最有力量的需要。安全的需要表现为人要求稳定、安全、受到保护、有秩序、能免除焦虑与恐惧等。归属和爱的需要是一个人要求与他人建立感情的联系或关系,如结交朋友、追求爱情、参加社团等。尊重的需要包括自尊和希望受到别人的尊重。自我实现的需要表现为个体要在适宜的社会环境中将个人的能力和潜能得到充分发挥,实现个人的理想和价值,并达到个性的和谐发展。

马斯洛认为人类各种基础需要是相互联系、相互依赖、彼此重叠的,只有低层次的需要得到满足后,才会出现高层次的需要。需要的层次越低,它的力量越强。低层次的需要是生理的需要、安全的需要、归属和爱的需要。这些需要通过外部条件就可以满足。尊重的需要和自我实现的需要是高层次的需要,它们是通过内部因素才能满足的,而且一个人对尊重和自我实现的需要是无止境的。同一时期,一个人可能有几种需要,但每一时期总有一种需要占支配地位,对行为起决定作用。任何一种需要都不会因为更高层次需要的发展而消失。各层次的需要相互依赖和重叠,高层次的需要发展后,低层次的需要仍然存在,只是对行为影响的程度大大减小。马斯洛的需要层次理论如图10-1所示。

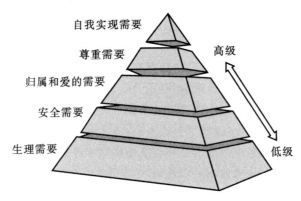

图 10-1 需要的层次理论

马斯洛还认为,一个国家多数人的需要层次结构,是同这个国家的经济发展水平、科技发展水平、文化和人民受教育的程度直接相关的。在不发达国家,生理需要和安全需要占主导的人数比例较大,而高级需要占主导的人数比例较小;在发达国家,则刚好相反。

第三节 动机

案例展示

求知——自强不息

英国物理学家布拉格，小时候家里很穷，凭借着自己对梦想的不懈追求，通过顽强的努力，终于取得了很大的成就。而他曾经历的那段贫穷的岁月，成为了日后激励他前进的动力。

他在学校读书时，因为家里经济条件太差，父母无法给他买好看的衣服、舒适的鞋子，他常常是衣衫褴褛，拖着一双与他的脚很不相称的破旧皮鞋。但年幼的布拉格从不曾因为贫穷而感觉自己低人一等，更没有埋怨过家里人不能给他提供优越的生活条件。那一双过大的皮鞋穿在他的脚上看起来十分可笑，但他却并不因此自卑。相反，他无比珍视这双鞋，因为它可以带给他无限的动力。原来这双鞋是他父亲寄给他的。家里穷，不能给他添置一双舒服、结实的鞋子，即便这一双旧皮鞋，还是父亲的。尽管父亲对此也充满愧疚之情，但他仍给儿子殷切的希望、无与伦比的鼓励和强大的情感支持。父亲在给他的信中这样写道："……儿呀，真抱歉，但愿再过一两年，我的那双皮鞋，穿在你脚上不再大。……我抱着这样的希望，你一旦有了成就，我将引以为荣，因为我的儿子是穿着我的破皮鞋努力奋斗成功的……"这封寓意深刻、充满期望的信，一直像一股无形的力量，推着布拉格在科学的崎岖山路上，踏着荆棘前进。

一、动机的定义及功能

（一）动机的定义

动机是激发并维持人的行为，是行为指向特定目标的动力系统，是一种内部心理过程，不是心理活动的结果。作为内部心理过程的动机无法直接观察，但是可以通过任务选择、努力程度、对活动的坚持性以及言语活动等外部行为来间接推断。例如，通过任务选择我们可以推断个体的行动方向和目标；通过努力程度和坚持性我们可以推断个体动机强度大小。心理学一般将动机看做是人类大部分行为的基础。

动机必须有目标，目标引导个体行为的方向，并且提供原动力。个体对目标的认识，有外部的诱因变成内部的需要，成为行为的动力，进而推动行为。动机要求活动，有生理和心理的活动。生理活动承受着个体活动的努力和坚持，并负责执行一些外在的行为。心理活动包括各种认知行为，如计划、组织、监督、决策、解决问题和评估等。这些活动促使个体获得或达到他们的目标。

（二）动机的功能

从动机与行为的关系上看，动机具有以下几种功能：

1. 激发功能

个体能动性的一个重要表现就是动机行为，即个体因出生某种动机而激发相应的行为，如为了获得长者的赞誉而努力学习。一般有目标的行为都是由动机引发。一种行为是否发生还要看动机的强度，例如，我们在不是非常饥饿的情况下，不会产生进食行为。动机达到一定强度才激发特定的行为。当然动机的强度还影响着活动的效率，这一点我们在动机与行为效率中会谈到。

2. 指向功能

动机不仅激发行为,还将行为指向特定的目标。例如,我们饥饿到一定程度就产生进食行为,进食行为的目标就是吃饱,只有吃饱的情况下,我们的进食行为才会终止。没有目标的动机行为是不存在的。

3. 维持和调节功能

动机对人的行为具有维持和调节作用。这种维持作用是由个体的活动与其预期的目标的一致程度来决定的。当活动指向个体追求的目标时,活动在动机的持续下继续下去;当活动背离了个体追求的目标时,行动的积极性会降低,甚至会终止行为。有时候人在目标很难达到的情况下还能坚持行为,这是人的理想、信念在起作用。

二、动机的分类

(一)生物性动机与社会性动机

根据动机的性质,人的动机可以分为生物性动机和社会性动机。

生物性动机也叫生理动机,是以有机体的生理需要为基础的动机,也叫驱力(drive),如饥、渴、性、睡眠、排泄等。人是社会性生物,所以人的生理需要的满足往往受到人类社会生活的影响。或者说,人的生物性需要往往具有社会性动机的特点。如性的需要是一种基础的生物性需要,对于一个种族的繁衍生息是最重要的。但人的性需要的满足一定要受到一定的社会行为规范的约束,如法律和道德。从这个角度看,社会化了的个体身上,纯粹的生物性动机是很少的。

社会性动机是以人的社会性需要为基础的动机。人有交往的需要、成就的需要、认知的需要等,相应地产生了交往动机、成就动机和认知动机。这些动机推动了人的社会性行为,在促进个体个性发展的同时也成为社会发展的动力。

(二)外部动机和内部动机

按照动机的来源分,动机分为外部动机和内部动机。外部动机是人在外界环境的作用下产生的动机。例如,学生为了获得老师或家长的奖赏而努力学习,这种动机就是外部动机。而如果学生是对学习活动本身感兴趣而努力学习,这种学习动机就是内部动机。所以内部动机是以个体内部需要为基础产生的动机。

外部动机和内部动机的划分不是绝对的。由于动机是推动人的活动的内部心理过程,因此任何环境作用都要转化为人的内在需要,才能真正激发并维持人的行为。例如,学生为了奖赏而努力学习,那么这种奖赏一定具有内部的心理意义才会对学生的学习行为产生影响。这似乎又跟内部需要有关系了。另外内部动机和外部动机还可以相互转化,这也是很难从外在的行为来推断动机是内部还是外部的。就个体的发展来看,在儿童阶段,外部动机具有重要意义。儿童往往先有外部动机,然后逐渐发展起来内部动机。

(三)长远动机和短期动机

根据动机的影响范围和持续作用的时间长短,可以将人的动机分为长远动机或远景动机和短期动机或近景动机。

长远动机来自对活动意义的深刻认识,所以作用时间长、稳定、范围广。短期动机一般由活动本身的兴趣引起,持续作用时间短,范围有限,常常受到个人情绪状态的影响,所以不稳定。例如,为中华之崛起而读书,这样的学习动机就是长远动机;如果为了考试获得好成绩,这样的学习动机就是短期动机。这两种动机相互联系、相互补充。人不但要有远大目标,也要有近期目标。只有将两种动机相结合,才能对行为产生巨大的推动力。

(四)高尚动机和卑下动机

根据动机的性质和社会价值,可以把人的动机分为高尚动机和卑下动机。高尚动机能持久地调动人的积极性,促使个体为社会的发展作出重大贡献;卑下动机违背社会道德甚至法律,不利于社会发展。

三、动机行为产生的条件

动机是一种内部心理过程,行为是否发生还取决于内外条件是否具备。

(一)内在条件

个体为了生存和适应环境而天生具有某些平衡机制,即通过保持某一适合个体生存所需的标准来维持生命。当这种平衡无法通过自身的机制来实现的时候,个体就对环境有了稳定的要求。有了这种需求,驱力就产生了。驱力就是个体为了保持和回复某种平衡状态,而驱使有机体行动的力量。这种连续的作用是"体内失衡而生匮乏状态→ 需要→ 驱力→ 行为"。简而言之,需要是动机行为产生的内部条件。

(二)外在条件

需要是指向环境的一种要求,但是在缺乏满足需要的环境刺激的情境下,动机行为还是无法产生的。另外,有时候个体并没有内在的需求,单凭外部的环境刺激也会产生动机行为。这里的环境刺激,就是动机行为产生的外部条件,叫诱因。诱因的定义就是能够激起有机体的定向行为,并能满足某种需要的外部条件或刺激物。

诱因可以分为正诱因和负诱因。凡是个体趋向或接受它而得到满足时,这种诱因称为正诱因;凡是个体因逃离或躲避它而得到满足时,这种诱因称为负诱因。

动机是由需要与诱因共同组成的。因此,动机的强度或力量既取决于需要的性质,也取决于诱因力量的大小。实验表明,诱因引起的动机的力量依赖于个体达到目标的距离。距离太大,动机对活动的激发作用就很小了。一个人有理想、有抱负,他的动机不仅支配其行为指向近期的目标,而且还能指向远期的目标。因此,空间上邻近的目标,不一定具有最大的激发作用。动机的社会意义与动机的力量也有直接的关系。成就理论告诉我们,除了目标的价值以外,个体对实现目标的概率的估计或期待也有重要的意义。

四、动机与行为效率

(一)动机与行为

动机与行为的关系十分复杂。同一种行为可能有不同的动机,即各种不同的动机通过同一种行为表现出来;不同的活动也可能有同一种或相似的动机。例如,在同一个班级里,学生的学习动机可以是多种多样的。有的学生为了不辜负父母和家人的期望,希望成为集体中的佼佼者,得到老师和同学的称赞;而有的没有明确的动机,每天就是混混日子。不同的学习动机,对学习行为的影响是不一样的,学习效果也不一样。另外,同一种动机,也可以产生不同的行为。例如假期同学都想休息,有的去看电影,有的去打球,有的去上网等。

在同一个人身上,行为的动机也是多种多样的。其中有些动机占主导地位,叫主导动机,有些动机处于从属地位,叫从属动机。例如,有的学生主导动机是学到真才实学,长大后为社会作贡献,同时他也有成为优等生、报答父母养育之恩的愿望,这些动机则处于从属地位。主导动机和从属动机的结合,组成个体的动机体系,推动个体的行为。所以,个体的活动往往不是受单一动机的驱使,而是由他的动机系统所推动的。只有了解一个人的动机才能比较准确地解释其行为,并对行为作出比较准确的控制与预测。

(二)动机与行为效率的关系

动机与工作效率的关系主要表现在动机强度与工作效率的关系上。一般地认为,动机强度越大,对行为的影响越大,工作效率越高;反之亦然。但事实并非如此。心理学的研究表明,动机强度与工作效率之间的关系并不是简单的线性关系,而是倒 U 字形曲线关系。中等强度的动机最有利于任务的完成,也就是说,动机强度处于中等水平时,工作效率最高。一旦动机强度超过了这个水平,对行为反而产生一定的阻碍作用。例如,学习动机太强,急于求成,个体会产生焦虑和紧张情绪,记忆和思维活动也会受干扰,学习效率下降。

心理学家耶克斯和多德森(Yerkes&Dodson,1908)研究表明,各种活动都存在一个最佳的动机水平。动机不足或过分强烈都会使各种效率下降。研究还发现,动机的最佳水平随任务性质的不同而不同。在比较容易的任务中,工作效率随动机的增强而提高;随着任务难度的增加,动机的最佳水平有逐渐下降的趋势。也就是说,在难度较大的任务中,较低的动机水平有利于任务的完成。这就是著名的耶克斯-多德森定律,如图 10-2 所示。

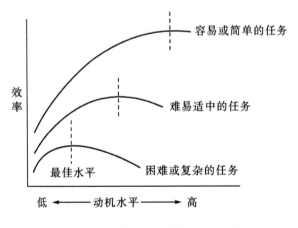

图 10-2 耶克斯-多德森定律示意图

第四节 兴趣

王冕学画

明朝时候,浙江诸暨出了一个有名的画家,叫王冕。王冕小时候家里很穷,父亲让他去给地主放牛。

王冕喜欢画画。有一年初夏,在一个雨过天晴的傍晚,王冕到湖边去放牛。这时候,太阳透过白云,照得满湖通红。湖边的山上,青一块,绿一块,十分好看。树叶经雨水洗过,绿得更加可爱。湖里的荷花也开得格外鲜艳,荷叶上的水珠像珍珠似地滚来滚去,真是美丽极了。王冕心里想:要是能把这幅景象画下来,该多好啊!对,我先学着画荷花吧!

他向学生要了几枝破笔,把树叶捣烂,挤出汁水当作绿色的颜料;把红色的石头研成粉末,和水调匀,当作红色的颜料,就坐在湖边上画起荷花来。

起初,王冕画的荷花、荷叶,都像长了翅膀要飞似的,一点也不像。可他并不灰心,画一张不像,就再画一张。他一边画,一边对着荷花仔细地琢磨。这样画来画去,琢磨来琢磨去,他画的荷花简直跟湖里长出来的一样,好看极了。画荷花成功了,他接着学习画山水,画牛马,画人物,到后来,不论画什么东西,他都画得很好。

一、兴趣的定义

兴趣是人们力求认识某种事物和从事某项活动的心理倾向。它以认识或探索外界的需要为基础,表现为人们对某件事物、某项活动的选择性态度和积极的情绪反应。兴趣在人的实践活动中具有重要的意义,可以使人集中注意,产生愉快紧张的心理状态。

兴趣对一个人的个性形成和发展、生活和活动有巨大的作用,这种作用主要表现在以下几个方面:

(1)对未来活动的准备作用。例如,对于一名中学生来说,对化学感兴趣,就可能激励他积累各种化学知识,研究各种化学现象,为将来研究和从事化学方面的工作打基础,作准备。

(2)对正在进行的活动起推动作用。兴趣是一种具有浓厚情感的志趣活动,它可以使人集中精力去获得知识,并创造性地完成当前的活动。美国著名华人学者丁肇中教授就曾经深有感触地说:"任何科学研究,最重要的是要看对自己所从事的工作有没有兴趣,换句话说,也就是有没有事业心,这不能有任何强迫……比如搞物理实验,因为我有兴趣,我可以两天两夜、甚至三天三夜在实验室里,守在仪器旁,我急切地希望发现我所要探索的东西。"正是兴趣和事业心推动了丁教授所从事的科研工作,并使他获得了巨大的成功。

(3)对活动的创造性态度的促进作用。兴趣会促使人深入钻研、创造性地工作和学习。就中学生来说,对一门课程感兴趣,会促使他刻苦钻研,并且进行创造性地思维,这不仅会使他的学习成绩大大提高,而且会大大地改善学习方法,提高学习效率。由此可知,人的兴趣不仅是在学习、活动中发生和发展起来的,而且又是认识和从事活动的巨大动力。它可以使人智力得到开放,知识得以丰富,眼界得到开阔,并会使人善于适应环境,对生活充满热情。兴趣确实对人的个性形成和发展起到作用的巨大。

南宋末年诗论家、诗评家严羽的《沧浪诗话》被称为宋代诗话的压卷之作,其宗旨是总结晚唐以来五、七言诗的发展,树立盛唐榜样,揭示诗歌的本质,以矫正宋诗流弊。严羽在《沧浪诗话》中提出的"妙悟"、"兴趣"、"别材别趣"、"入神"等命题引起了七百余年的论争,还有相当多的问题至今尚无定论。本书重点分析其"兴趣"说的理论层次及其具体的审美特征。

二、兴趣的分类

兴趣的分类可以从多角度来分类。根据兴趣产生的方式,可以将兴趣分为直接兴趣和间接兴趣。直接兴趣是由事物本身或活动过程本身引起的,如看电影、读小说的兴趣多是直接兴趣。间接兴趣是认识事物的目的和活动的结果所引起的,它和当前认识的客体只有间接的关系,如科学家完成科学实验后,对繁杂的数据处理没有兴趣,只对研究的结果感兴趣,这种兴趣就是间接兴趣。直接兴趣的作用时间短暂,而间接兴趣的作用比较持久。

兴趣还可以分为个体兴趣和情境兴趣。个体兴趣是指个体长期指向一定客体、活动和知识领域的一种相对稳定的兴趣。这种兴趣与个体的情感和价值观相联系。个体兴趣与引起正情绪的客体或活动相联系,愉快和投入是典型的情趣情感。情境兴趣是指由环境中的某一事物突然激发的兴趣。它持续时间短,对个体的知识、偏好系统产生影响,是一种唤醒状态的兴趣。

根据兴趣的发展水平和稳定程度,可以将兴趣分为兴趣、爱好和志趣。兴趣是人对某种事物或活动给予优先的注意,并具有向往的心情。当兴趣进一步发展成为从事实际活动的倾向时,就变成了爱好。如有音乐爱好的人,他就不只是喜欢音乐,而且还有从事音乐活动的倾向,他或者对乐器爱不释手,经常演奏,或者经常练习唱歌,经常参加演唱活动。兴趣与爱好是有区别的:兴趣是对某种事物或某种活动的认识倾向,爱好则是实际从事某种活动的倾向,它和特定的活动是分不开的,爱好进一步巩固,便会成为一个人的志趣。志趣是兴趣的最高水平,它和一个人的职业理想、为在职业上取得成功而奋斗不息的精神紧密联系在一起,成为一个人生活中不可缺少的组成部分。

第五节 价值观

案例展示

岳母刺字

岳飞小时候家里非常穷,母亲用树枝在沙地上教他写字,还鼓励他好好锻炼身体。岳飞勤奋好学,不但知识渊博,还练就了一身好武艺,成为文武双全的人才。

当时,北方的金兵常常攻打中原。母亲鼓励岳飞报效国家,并在他背上刺了"精忠报国"四个大字。孝顺的岳飞不敢忘记母亲的教诲,那四个字成为岳飞终生遵奉的信条。每次作战时,岳飞都会想起"精忠报国"四个大字,由于他勇猛善战,取得了很多战役的胜利,立了不少功劳,名声也传遍了大江南北。

岳飞还建立起一支纪律严明、作战英勇的抗金军队——"岳家军"。"岳家军"的士兵都严格遵守纪律,宁可自己忍受饥饿,也不打扰人民;晚上,如果借住在民家或商铺,他们天一亮就起来,为主人打扫卫生,清洗餐具后才离去。"岳家军"的士气让金军闻风丧胆。金兵统帅长叹道:"撼山易,撼岳家军难!"在一次岳家军与金军的战役中,岳家军追到距金兵大本营只有四十五里,眼看就要大功告成,收复江山时,皇帝赵构怕岳飞打败金兵后,接回原先的皇帝,而自己的王位就保不了,因此和奸臣秦桧连发十二道金牌,命令岳飞退兵。秦桧还诬告岳飞谋反,将他关入监狱,以"莫须有"的罪名将岳飞毒死。

岳飞死时只有三十九岁。他一生谨记母亲的教诲,即使在死的那一刻,也没有忘记母亲"精忠报国"四个字。

一、价值观的定义

价值观是指主体按照客观事物对其自身及社会的意义或重要性进行评价和选择的原则、信念和标准。价值观是一个人思想意识的核心,对个人的思想和行为具有一定的导向或调节作用。符合价值观标准的事物和行为就被认为是有价值的,否则就被认为是没有价值的。个人的价值观直接影响着个体对各种观念、事物和行为的判断,使个体发现事物对自己的意义,确定自己的奋斗目标,并按照自己认为有价值的事情或目标去做。

价值观具有相对的稳定性和持久性。在特定的时间、地点、条件下,人们的价值观总是相对稳定和持久的。比如,对某种事物的好坏总有一个看法和评价,在条件不变的情况下这种看法不会改变。

在不同时代、不同社会生活环境中形成的价值观是不同的。一个人的价值观是从出生开始,在家庭和社会的影响下,逐步形成的。一个人所处的社会生产方式及其所处的经济地位,对其价值观的形成有决定性的影响。当然,报刊、电视和广播等宣传的观点以及父母、老师、朋友和公众名人的观点与行为,对一个人的价值观也有不可忽视的影响。

价值观对人们自身行为的定向和调节起着非常重要的作用。价值观决定一个人的自我认识,它直接影响和决定一个人的理想、信念、生活目标和追求方向的性质。价值观的作用大致体现在以下两个方面:

第一,价值观对动机有导向的作用。人们行为的动机受价值观的支配和制约,价值观对动机模式有重要影响,在同样的客观条件下,具有不同价值观的人,其动机模式不同,产生的行为也不相同,动机的目的方向受价值观的支配,只有那些经过价值判断被认为是可取的行为,才能转换为行为的动机,并以此为目标引导人们的行为。

第二,价值观反映人们的认知和需要状况。价值观是人们对客观世界及行为结果的评价和看法,因而,它从某个方面反映了人们的人生观和世界观,反映了人的主观认知世界。

二、价值观的分类

价值观是多种多样的,心理学家从不同角度对价值观进行了分类。德国哲学家、心理学家施普兰格根据社会文化生活方式把人的价值观区分为六种。它们是经济价值观、理论价值观、审美价值观、社会价值观、政治价值观和宗教价值观。经济价值观是以谋求利益为最高价值。有这种价值观的人倾向于从经济观点来看待一切事物,判断事物的有用程度,他们的目标是获取财富。实业家多属于这种价值观。理论价值观是以发现事物的本质为人生的最高价值。有这种价值观的人对批判的观点或思想感兴趣。他们追求各种观念和理想,不大注意具体问题。哲学家和科学家多持这种价值观。审美价值观是以感受事物的美为人生的最高价值。有这种价值观的人致力于使事物变得更有魅力。艺术家多持这种价值观。社会价值观崇尚人的交往和帮助他人。这种价值观的人致力于增进社会福利。社会活动家多持这种价值观。政治价值观是以掌握权力为最高价值。有这种价值观的人拼命追求权力,且有一种强烈支配和控制他人的欲望。政治家多持这种价值观。宗教价值观是以超脱现实生活为最高价值。他们的主要兴趣在于创造最高的和绝对满意的境界和体验。宗教信仰者或者传教士多持这种价值观。

施普兰格认为,人们的生活方式朝着这六种价值观方向发展。六种价值观念的绝对划分并不表示有这六种典型人物存在,分类只是为了更好地理解。事实上,每个人都或多或少地具有这六种价值观,只是核心价值观因人而异。

罗基奇于1973年提出的价值系统理论认为,各种价值观是按一定的逻辑意义联结在一起的,它们按一定的结构层次或价值系统而存在,价值系统是沿着价值观的重要性程度的连续体而形成的层次序列。他根据工具——目标维——度提出了两类价值系统:

(1)终极性价值系统,用以表示存在的理想化终极状态或结果。它包含的内容有:舒适的生活、振奋的生活、成就感、和平的世界、美丽的世界、平等、家庭保障、自由、幸福、内心平静、成熟的爱、国家安全、享乐、灵魂得到拯救、自尊、社会承认、真正的友谊、智慧。

(2)工具性价值系统,是达到理想化终极状态所采用的行为方式或手段。它包含的内容有:有抱负、心胸宽广、有才能、快活、整洁、勇敢、助人、诚实、富于想象、独立、有理智、有逻辑性、钟情、顺从、有教养、负责任、自控、仁慈。

罗基奇的价值调查表中所包含的这18项终极性价值和18项工具性价值,每种价值后都有一段简短的描述。施测时,让被试按其对自身的重要性程度对两类价值分别排序,将最重要的排在第1位,次重要的排在第2位,依此类推,最不重要的就排在第18位。用这个量表可以测得不同的价值在不同的人心目中所处的相对位置,或相对重要性程度。罗基奇的量表的优点在于,它是在一定的理论框架指导下编制而成的,其中包括的价值项目较多且简单明了,便于被试掌握,施测也容易。并且,这种研究方法是把各种价值观放在整个系统中进行的,因此更体现了价值观的系统性和整体性的作用。

人们的生活和教育经历不同,因此价值观也多种多样。行为科学家格雷夫斯(Graves)为了把错综复杂的价值观进行归类,曾对企业组织内各式人物作了大量调查,就他们的价值观和生活作风进行分析,最后概括出以下七个等级:

第一级:反应型。这种类型的人并不意识自己和周围的人类是作为人类而存在的。他们可是照着自己基本的生理需要作出反应,而不顾其他任何条件。这种人非常少见,实际等于婴儿。

第二级:部落型。这种类型的人依赖成性,服从于传统习惯和权势。

第三级:自我中心型。这种类型的人信仰冷酷的个人主义,自私并爱挑衅,主要服从于权力。

第四级:坚持己见型。这种类型的人对模棱两可的意见不能容忍,难于接受不同的价值观,希望别人接受他们的价值观。

第五级:玩弄权术型。这种类型的人通过摆弄别人,篡改事实,以达到个人目的,他们非常现实,积极争取地位和社会影响。

第六级:社交中心型。这种类型的人把被人喜爱和与人相处看作重于自己的发展,易受现实主义、权力主义和坚持己见者的排斥。

第七级:存在主义型。这种类型的人能高度容忍模糊不清的意见和不同的观点,对制度和方针的僵化、空挂的职位、权力的强制使用等敢于直言。

这个等级分类发表以后,管理学家迈尔斯等人在1974年就美国企业的现状进行了对照研究。他们认为,一般企业人员的价值观分布于第二级和第七级之间。就管理人员来说,过去大多属于第四级和第五级,随着时间的推移,这两个等级的人渐被第六、七级的人取代。

练习与思考

一、填空题

1. 个性的结构包括_____和_____。
2. 个性心理特征是个性结构中_____的成分,它主要包括_____、_____和_____。
3. 个性心理特征是在_____中形成和表现的,已经形成的个性心理特征调节着_____的进行。
4. 根据需要的起源,可把人的需要分为_____、_____;根据需要的对象,可以把人的需要划分为_____、_____。
5. 人的生理需要和动物的生理需要有_____,人的生理需要受_____制约。
6. 动机是在_____的基础上产生的,是_____的表现形式。
7. _____和_____是动机产生的必要条件。
8. 动机对活动具有_____功能、_____功能、_____功能。
9. 根据动机的起源,可以把动机分为_____动机和_____动机;根据其性质和社会价值,可将其分为_____动机和_____动机;根据其影响范围和持续作用的时间,可分为_____动机和_____动机;根据其在活动中作用的大小,可分为_____动机和_____动机。
10. 兴趣是在_____基础上发生和发展的,_____的对象就是兴趣的对象。

二、选择题

1. 个性心理结构主要包括( )。
   A. 认识过程、情感过程和意志过程　　B. 心境、热情和应激
   C 感知记忆思维和想象　　　　　　　D. 个性倾向性和个性心理特征
2. 个性积极性的源泉是( )。
   A. 需要　　　　B. 动机　　　　C. 兴趣　　　　D. 理想和信念
3. 需要层次理论的倡导者是( )。
   A. 斯金纳　　　B. 桑代克　　　C. 马斯洛　　　D. 杜威
4. 能对人的工作与学习产生实际效果的兴趣品质是( )。
   A. 兴趣的效能性　B. 兴趣的广度　C. 兴趣的持久性　D. 兴趣的指向性
5. 一般来说,有利于解决问题的动机强度是( )。
   A. 强烈　　　　B. 较弱　　　　C. 微弱　　　　D. 中等

三、判断题

1. 个性的本质是人心理特征的总和。( )
2. 动机是人活动的基本动力,是个性积极性的源泉。( )
3. 兴趣是在爱好的基础上发展起来的。( )
4. "人心不同,各如其面"表明个性的独特性。( )
5. 需要转化为动机需要一个过程,它是以愿望为中介的。( )
6. 个性倾向性是人们进行各种活动的基本动力,是个性心理结构中最活跃的因素。( )

四、名词解释

1. 个性
2. 个性倾向性
3. 个性心理特征
4. 需要
5. 动机
6. 兴趣
7. 需要层次理论

五、简述题

1. 个性的基本特征是什么？
2. 简述马斯洛的需要层次理论。
3. 动机有何功能？

第十一章 个性心理特征

学习目标

1. 了解能力、才能、天才、气质、性格等概念和能力的基本类型
2. 理解能力结构的理论、性格与气质的关系、影响性格形成与发展的主要因素
3. 掌握能力与知识、技能的关系，气质的类型及其主要特征，气质在教育中的应用以及如何塑造良好的性格

主要概念

个性心理特征　能力　气质　性格

第一节　能力

案例展示

不一样的兄弟俩

有兄弟两人，都具有较强的观察能力、语言表达能力和说服能力。年幼时，哥哥更专注于学习专业知识，知识面丰富，而弟弟对人际交往比对知识更感兴趣，人们都说哥哥能力强。成年后，有服务于他人精神的哥哥求职于咨询业，事业成功。独立、喜怒不形于色、处理事情灵活的弟弟从事推销工作，事业成功。人们评价两兄弟能力都很强，因为他们专业技能都过硬。

人们对兄弟两的评价客观、科学吗？

一、能力的定义

不同活动对人们的能力要求不同，人们在不同活动中表现出的能力也有所不同。能力就是指顺利完成某一活动所必需的主观条件，是直接影响活动效率，并使活动顺利完成的个性心理特征。能力总是和人完成一定的活动相联系在一起的。离开了具体活动既不能表现人的能力，也不能发挥人的能力。通常，能力包括两个层面的理解：一是指完成某项活动的现有水平，即人已经学会的知识和技能；二是指个体能完成某项活动的可能性，即个体具有的潜力和可能性。例如，某人具有灵活而敏捷的思维、较好的语言表达、较强的记忆，那么他就具有完成外交工作的潜能，但受到年龄、学业经历等因素影响，目前还不能完成外交工作。

前面的案例中，人们根据知识掌握情况和技能表现来评价兄弟俩的能力强恰当吗？心理学认为把知识或技能等同于能力是不恰当的。

能力是一个人比较稳定的个性心理特征,它表现在人们掌握知识和技能的难易、快慢、深浅、巩固程度以及应用知识解决实际问题等方面。知识是人脑对客观事物的主观表征。技能是指人们通过练习而获得的动作方式和动作系统。三者概念有差异,且三者的发展不是完全一致的。在不同的人身上可能具有相等的知识或技能,但他们的能力不一定是相等水平的;而具有同样水平能力的人也不一定有同等水平的知识或技能。

同时,三者也存在一定的内在联系。一方面,知识和技能是能力的基础,只有那些能够广泛应用和迁移的知识和技能才能转化为能力。能力是在掌握知识技能的过程中形成和发展的,离开了学习和训练,任何能力都不可能发展。因此,通常能力的形成和发展较知识技能的获得要慢。另一方面,能力的高低会影响掌握知识技能的水平,掌握知识技能必须以一定的能力为前提,能力是掌握知识的内在条件。所以,能力是掌握知识技能的前提,又是掌握知识技能的结果。三者是相互转化、相互促进的。

二、能力的分类

从前面的案例中我们可以发现人的能力是多种多样的,按照不同标准能力可以分为不同类别。

(一)才能和天才

按能力的水平高低将能力分为才能和天才。人们要完成某种活动时往往需要多种能力的结合,这些能力相互结合才能保证活动的顺利进行,这种结合在一起的能力就叫才能。天才是指多种高度发展的能力的独特结合,它使人能够顺利地、独立地、创造性地完成某些复杂的活动。天才善于在活动中进行创造性思维,取得突出而优异的活动成果,达到常人难以达到的程度和水平。

(二)一般能力和特殊能力

按能力所表现的活动领域将能力分为一般能力和特殊能力。一般能力又称智力,是指在进行各种活动中都必须具备的能力,包括观察、记忆、思维、想象等能力,它保证人们有效地认识世界。特殊能力又称专门能力,是指完成某项专门活动所必备的能力,如音乐能力、绘画能力、数学能力、运动能力等。

一般能力和特殊能力相互促进。一方面,一般能力在某种特殊活动领域得到特别发展时,就可能成为特殊能力的重要组成部分。例如,人的一般听觉能力既存在于音乐能力之中,也存在于言语能力中。没有听觉的一般能力的发展,就不可能发展言语和音乐的听觉能力。另一方面,在特殊能力发展的同时,也发展了一般能力。观察力属一般能力,但在画家的身上,由于绘画能力的特殊发展,对事物一般的观察力也相应增强起来。人在完成某种活动时,常需要一般能力和特殊能力的共同参与。总之,一般能力的发展为特殊能力的发展提供了更好的内部条件,特殊能力的发展也会积极地促进一般能力的发展。

(三)模仿能力和创造能力

按能力的创造程度将能力分为模仿能力和创造能力。模仿能力是指通过观察别人的行为、活动来学习各种知识,然后以相同的方式作出反应的能力。创造能力则指产生新思想和新产品的能力。模仿按现成的方式解决问题,创造能力能提供解决问题的新方式与新途径。人们常常是在模仿能力的基础之上发展创造能力,模仿能力可以说是创造能力的前提和基础。

(四)流体能力和晶体能力

美国心理学家卡特尔等人,根据因素分析提出将人的能力分为流体能力和晶体能力。流体智力随神经系统的成熟而提高,随年龄的衰老而减退,是人的基本能力,如知觉速度、机械记忆、识别图形关系等,它不受教育与文化影响。晶体智力通过掌握社会文化经验而获得,是以习得的经验为基础的认知能力,如人类学会的技能、语言文字能力、判断力、联想力等,它受后天的经验影响较大。

(五)认知能力、操作能力和社交能力

能力按照它的功能可划分为认知能力、操作能力和社交能力。认知能力指接收、加工、储存和应用信息的能力,包括知觉、记忆、注意、思维和想象等能力。操作能力指操纵、制作和运动的能力,包括劳动能力、艺术表现能力、体育运动能力、实验操作能力等,操作能力是在操作技能的基础上发展起来的,成为顺利地掌握操作技能的重要条件。社交能力指人们在社会交往活动中所表现出来的能力,包括组织管理能力、言语感染能力等。

这三种能力相互关联。认知能力中必然有操作能力,操作能力中也一定有认知能力。在社交能力中包含有认知能力和操作能力。

三、能力的结构

能力结构指一个人所具备的能力类型及各类能力的有机组合。能力不是某种单一的特性,而是具有复杂结构的多种心理特征的总和。探讨能力的结构、分析能力的构成因素是非常必要的。

(一)因素说

1. 二因素说

英国心理学家和统计学家斯皮尔曼通过因素分析提出了能力的二因素说。该学说认为,能力由两种因素构成:一般因素(又称G因素)和特殊因素(又称S因素)。G因素是人的基本的心理潜能,是决定一个人能力高低的主要因素。S因素是保证人们完成特定作业或活动所必需的能力。完成任何一项活动时,都有G和S两种因素参加。活动中包含的G因素越多,各活动成绩的正相关也就越高;相反,包含的S因素越多,成绩的正相关就越低。

G因素是每一种活动都需要的,是人人都有的,所谓一个人"聪明"或"愚笨",正是由G量大小决定的。由此,斯皮尔曼认为,一般因素G在智力结构中是第一位的,也是非常重要的因素。

2. 群因素说

群因素说是由美国心理学家塞斯顿通过运用由他创造的另一种因素分析方法对能力因素进行处理而提出的。塞斯顿认为,任何能力活动都是依靠彼此不相关的许多能力因素共同起作用的,因此,可以把能力分解为诸种原始的能力。

塞斯顿对56种测验的结果进行了因素分析,最后确定了7种原始的能力,即词的理解、言语流畅性、数字计算能力、空间知觉能力、记忆能力、知觉速度和推理能力。但后期实验数据的因素分析表明这7种原始能力间存在一定相关。

能力究竟是一种一般性的单一因素呢,还是多种特殊的不相干的能力因素的混合物?基本上可以认为,能力的结构中,确实有一些特殊的成分对某些特殊的能力活动起特定的作用,

但也还有某种一般的能力，它对所有的能力活动都起着必要的作用。

(二)三维结构模型

美国心理学家吉尔福特提出了智力三维结构模型。他认为，智力结构应从操作、内容、产品三个维度去考虑。智力的第一个维度是操作，即智力活动的过程，包括认知、记忆、发散思维、聚合思维、评价五个因素；第二个维度是内容，即智力活动的内容，包括图形、符号、语义、行为四个因素；第三个维度是产品，即智力活动的结果，包括单元、门类、关系、系统、转换、蕴含六个因素。把这三个变项组合起来，会得到 $4 \times 5 \times 6 = 120$ 种不同的智力因素。吉尔福特把这些构想设计成立方体模型，共有120个立体方块，每一立方块代表一种独特的智力因素。

后来，吉尔福特将智力加工内容维度中的图形分为视觉和听觉两部分，智力因素为150种。后他又将智力活动过程中的记忆分为短时记忆和长时记忆两部分。至此，将智力分为180种元素。

吉尔福特的智力三维结构模型，是当前西方比较流行的一种智力理论。

(三)层次结构理论

英国心理学家弗依提出能力的层次结构理论，在斯皮尔曼的G因素和S因素之间增加了两个层次。他认为，能力最高层次是一般因素，相当于斯皮尔曼的G因素；其次是言语－教育能力和操作－机械能力两大因素群；第三层是小因素群，如言语－教育能力又可分为言语因素、数量因素等；最后是特殊因素，相当于斯皮尔曼的S因素。

(四)三元智力理论

美国心理学家斯腾伯格从信息加工心理学的角度出发，提出了三元智力理论。他认为，智力理论可分为三个分理论：情境分理论，阐明智力与环境的关系；经验分理论，阐述智力与个人经验的关系；成分分理论，揭示智力活动的内在心理结构。其中，智力成分结构有三个层次：元成分，是高级管理成分，其作用是实现控制过程，包括在完成任务过程中的计划、鉴别和决策；操作成分，其作用是执行元成分的指令，进行各种认知加工操作，如编码、推断、提取、应用、存贮、反馈等；知识获得成分，学会如何解决新问题，如何选择解决问题的策略等。

三元智力理论是现代智力理论的代表之一，它与当代认知心理学的发展产生了契合，使智力理论的研究有了突破性进展，不再局限于传统的因素分析方法，为今后的智力理论与实践的研究指出了一条可行之路。

(五)多元智力理论

美国心理学家加德纳认为，现行智力测验的内容，因偏重对知识的测量，结果是窄化了人类的智力，甚至曲解了人类的智力。按照加德纳的解释，智力是在某种文化环境的价值标准之下，个体用以解决问题与生产创造所需的能力。它主要包括以下七种能力：语言能力，包括说话、阅读、写作的能力；音乐智力，包括对声音的辨识与韵律表达的能力；逻辑数理智力，包括数字运算与思维思考的能力；空间智力，包括认识环境、辨别方向的能力；身体运动智力，包括支配肢体以完成精密作业的能力；内省智力，包括认识自己并选择自己生活方向的能力；人际智力，包括与人交往并和睦相处的能力。

第二节　气质

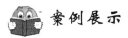

案例展示

为何他们的反应不一样？

某剧院的演出正式开始了五分钟后,剧院门口来了四个迟到的观众,工作人员按照惯例,禁止他们入场。

先到的 A 面红耳赤地与工作人员争执起来,他争辩说,戏院的时钟快了,打算推开工作人员径直跑到自己的座位上去,并说他不会影响任何人,结果与工作人员闹得不可开交。

迟一点到来的 B 立刻明白,工作人员是不会让他进入剧场的,但楼上还有个检票口,他认为从那里进入或许便当一些,就跑到楼上去了。

差不多同时到达的 C 看到不让进入正厅,就想："第一场大概不太精彩,我还是暂且去小卖部转转,到幕间休息时再进去吧。"

最后到来的 D 说："我真不走运,偶尔来一次戏院,就这样倒霉!"非常沮丧地回家去了。一晚上都不开心。

四个人的心理活动都涂上了个人独特的色彩,这种色彩在心理学中是如何定义的呢?

一、气质的定义

生活中,有的人性情开朗、热情、坦率;有的人柔弱,多愁善感;有的人机智灵敏,思维灵活,但注意与兴趣易于转移;有的人迟缓、稳定、缺乏灵活性,但注意稳定、持久。这些人在心理活动和行为方式上的种种表现不随活动内容改变而改变,总以相同或类似的方式呈现。现代心理学认为这种人固有的、典型的、稳定的心理活动和行为方式所表现出来的动力特点的综合就是气质。

气质通常称之为秉性、脾气、性情,是表现在心理活动的强度、速度、灵活性与指向性等方面的一种稳定的心理特征,它为人的全部心理活动表现染上了一层浓厚的色彩。人的气质差异是先天形成的,受神经系统活动过程的特性所制约。孩子刚一出生时,最先表现出来的差异就是气质差异,有的孩子爱哭好动,有的孩子平稳安静。

二、气质类型及其特征

(一)气质类型

气质是一个古老的心理学问题,从公元前5世纪开始,学者们就从各个角度对气质进行了分类。

1. 体液说

古希腊著名医生希波克拉底于公元前5世纪在从医实践中观察到了人们的气质特征,并且主观臆断人体内有四种体液:血液、粘液、黄胆汁和黑胆汁。四种体液谐调,人就健康;四种体液失调,人就会生病。希波克拉特曾根据哪一种体液在人体内占优势把气质分为四种基本类型,即多血质、粘液质、胆汁质和抑郁质。多血质的人体液混合比例中血液占优势,粘液质的人体内粘液占优势,胆汁质的人体内黄胆汁占优势,抑郁质的人体内黑胆汁占优势。

2. 高级神经活动说

巴甫洛夫通过动物实验发现,不同动物形成条件反射是有差异的,不同动物的高级神经活动的兴奋与抑制过程有独特的、稳定的结合,从而构成不同的高级神经活动类型。在此基础上,巴甫洛夫提出了高级神经活动类型学说。

人的高级神经基本活动有三种特性,即神经过程的强度、平衡性和灵活性。神经过程的强度是指神经细胞和整个神经系统工作的性能,也就是经受强烈刺激和持久工作的能力。平衡性是指兴奋和抑制两种神经过程间的相对关系。神经过程平衡的动物,其兴奋与抑制过程的强度相近。神经过程不平衡的动物表现为或兴奋过程相对占优势,抑制过程较弱;或抑制过程相对占优势,兴奋过程较弱。灵活性是指兴奋过程与抑制过程的相互转化的速度。如果两种过程更迭得迅速,表明神经过程灵活;反之则灵活性低。

根据神经过程特性的不同组合,巴甫洛夫确定出四种高级神经活动类型,对应四种气质类型,三者的相互关系可表示为表11-1。

表11-1 高级神经活动类型与气质类型对应表

气质类型	神经系统的基本特点	高级神经活动类型
多血质	强、平衡、灵活	活泼型
粘液质	强、平衡、不灵活	安静型
胆汁质	强、不平衡	兴奋型
抑郁质	弱	抑制型

(二)气质特征

1. 多血质的特征

多血质对应的神经系统特点是强、平衡、灵活,其特点是兴奋与抑制过程都比较强,且容易转化,反应敏捷,表现活泼,能适应变化的外界环境。

多血质的人情感和行为动作发生得很快,变化得也快,但较为温和;具有外向性,易于产生情感,热情活泼,善于交际,容易适应不断变化的环境;语言具有表达力和感染力,表情生动;机智灵敏,思维灵活,但常表现出对问题不求甚解;注意与兴趣易于转移,不稳定,不愿做需要耐心的工作;在意志力方面缺乏忍耐性,毅力不强。

2. 粘液质的特征

粘液质对应的神经系统特点是强、平衡、不灵活型,其特点是兴奋与抑制过程都较强,但两者转化较困难,情绪兴奋性较低,安静、沉着,反应较为迟缓。

粘液质的人情感和行为动作进行得迟缓、稳定、缺乏灵活性;具有内向性,沉默寡言,安静,稳重,善于克制、忍让,很少产生激情,交际适度,善于保持心理平衡,遇到不愉快的事也不动声色;注意稳定、持久,难于转移;思维灵活性较差,对新事物不敏感,缺乏热情,显得因循保守、过分刻板,但比较细致,喜欢沉思;在意志力方面具有耐性,对自己的行为有较大的自制力;办事谨慎细致,从不鲁莽,但对新的工作较难适应,可塑性差。

3. 胆汁质的特征

胆汁质对应的神经系统特点是强而不平衡,其特点是兴奋、抑制过程都强,但兴奋过程略强于抑制过程,是易兴奋、奔放不羁的类型。

胆汁质的人情感和行为动作产生得迅速而且强烈，有极明显的外部表现；具有外向性，性情开朗、热情、坦率，但脾气暴躁，易于冲动，自制力差，好争论；情感发生迅速，激烈但不持久；精力旺盛，活动迅速，不易疲劳，经常以极大的热情从事工作，但有时缺乏耐心；思维具有一定的灵活性，但对问题的理解具有粗枝大叶、不求甚解的倾向；意志坚强、果断勇敢，注意稳定而集中但难于转移。

4. 抑郁质的特征

抑郁质对应的神经系统特点是弱型，其特点是兴奋与抑制过程都弱。过强的刺激容易引起疲劳，甚至引起神经衰弱、神经官能症，并以胆小畏缩、反应速度缓慢为特征。

抑郁质的人情感和行为动作进行得都相当缓慢，柔弱；具有内向性，不活泼，易疲劳且不易恢复；情感容易产生，体验深刻，隐晦不外露，多愁善感；对人与事观察比较细腻，敏感性高，思维敏锐且深刻，富于想象；在意志方面常表现出胆小怕事、优柔寡断，不能接受强烈刺激，抗挫折能力差，但对力所能及的工作表现出坚忍的精神；不善交往，常感孤独。

在现实生活中，单纯的四种气质类型的人是极少数的，中间型或混合型的人占绝大多数。

三、气质与教育

(一)气质无好坏之分

人的气质本身无好坏之分，气质类型也无好坏之分，它不能决定人的社会价值，也不能决定人的成就。气质只能影响心理过程的强度、速度和倾向性，而不能影响心理活动的内容和性质。每一种气质都有积极和消极两个方面，在这种情况下可能具有积极的意义，而在另一种情况下可能具有消极的意义。如胆汁质的人可成为积极、热情的人，也可发展成为任性、粗暴、易发脾气的人。气质相同的人可有善恶和成就高低的区别。任何一种气质类型的人既可以成为品德高尚、有益于社会的人，也可以成为道德败坏、有害于社会的人。任何气质的人只要经过自己的努力都能在不同实践领域中取得成就。达尔文和果戈里一样同属于抑郁质类型，但他们都在自己的专业方面获得巨大成就。

(二)气质类型与教育

气质虽然不影响活动的性质，但可以影响活动的效率，因此虽然气质无好坏之分，我们还是可以按照社会需要适当地改变气质，从而更好地适应生活。

首先，气质具有可教育性。气质类型既具有稳定性，又具有可变性，通过教育可以有效地改造人的气质。个体的气质类型是先天就有的生理遗传因素的反映，但是气质类型可以在各个不同的环境和教育影响下得到改造。现实生活中，人们的先天气质特征常常被人们的后天环境教育形成的行为方式特点所掩盖，使人的日常行为表现与人的先天气质迥然不同。比如，一个具有胆汁质的传统工艺者在长期的细致手工活中，磨练出耐心、细致、沉着、认真、埋头苦干的行为方式，这种特征掩盖和改造了他胆汁质的易冲动、好激怒的气质特征。如果在教育过程中考虑到这一点，就能够有效提高学生工作、学习和生活的效率。

其次，在实施教育的过程中，教育工作者要考虑到学生的气质类型，采取因材施教、有针对性的教育方法。例如，严厉的批评对于胆汁质或多血质的学生会促使他们遵守纪律，改正错误，但对抑郁质的学生则可能产生不良后果。这就要求教育工作者考虑学生的气质特点。又如，在改变作息制度和重新编班时，多血质的学生很容易适应，无需特别关心，而对于粘液质、抑郁质的学生则需给予更多的关怀和照顾,才能使他们逐步适应新的环境。

最后,在教育过程中,要让学生发挥主观能动性。要让其认识、感受、接纳教育因素对自身气质的影响,增强自我意识,在生活、学习中自觉克服气质的消极因素,强化气质的积极因素。

(三)气质与职业选择

人们所从事的职业,不同的岗位,对从业人员的气质有不同的要求。某种气质特征,往往能为胜任某项工作提供有利条件,而对另一些工作又表现出明显的不适应。研究和实践都表明,气质特征是选择职业的重要依据之一。

多血质的人择业时,积极主动,热情大方,善于推销自己,适应性强,很受用人单位欢迎,通常适合于出头露面,交际方面的职业,如记者、律师、公关人员、秘书、艺术工作者等。

粘液质的人择业时,沉着冷静,目标确定后,具有执著追求、坚持不懈的韧性,从而弥补了其他素质的不足,一般适合于医务、图书管理、情报翻译、教员、营业员等工作。

胆汁质的人择业时,主动性强,具有竞争意识,通常倾向选择且适合于竞争激烈、冒险性和风险性强的职业或社会服务型的职业,如运动员、改革者、探险者等,甚至到偏远及开放地区从业。

抑郁质的人择业时,思虑周密,有步骤,有计划,一般较适合从事理论研究工作等。

个体在求职时应从自己的实际气质特征出发,认真考察职业气质要求与自身特征的对应关系,选择那些能使自己气质的积极方面得到发挥的职业与岗位,避开消极的一面。

第三节 性格

案例展示

性格决定命运

有位美国记者采访晚年的投资银行一代宗师J·P摩根,问道:"决定你成功的条件是什么?"老摩根毫不掩饰地说:"性格。"记者又问:"资本和资金何者更重要?"老摩根一语中的地答道:"资本比资金重要,但最重要的还是性格。"

确实,翻开摩根的奋斗史,无论他成功地在欧洲发行美国公债,慧眼识中无名小卒的建议,大搞钢铁托拉斯计划,还是力排众议,甚至冒着生命危险推行全国铁路联合,都是由于他倔强和敢于创新的性格。如果排除这一条,恐怕有再多的资本也无法开创投资银行这一伟大开创性的事业。

1998年5月,华盛顿大学350名学生有幸请来世界巨富沃伦巴菲特和盖茨演讲,当学生们问道"你们怎么变得比上帝还富有?"这一有趣的问题时,巴菲特说:"这个问题非常简单,原因不在智商。为什么聪明人会做一些阻碍自己发挥全部工效的事情呢?原因在于习惯、性格和脾气。"盖茨表示赞同。无论是在工作和生活中,都是性格决定命运,性格好比是水泥柱子中的钢筋铁骨,而知识和学问则是浇筑的混凝土。

一、性格的定义

性格是人在对客观现实的稳定态度和习惯化了的行为方式中表现出来的个性心理特征。

具体来说,人的性格主要表现在两个方面,即"做什么"和"怎么做"。"做什么"反映人对现实的稳定的态度,表明个体追求或者拒绝的对象;"怎么做"反映人习惯化了的行为方式,表明个体是如何追求或者拒绝他所要追求或回避的对象。这两个方面是相互联系的,因为人对现实的态度决定着其行为方式,而行为方式又可以体现出他对现实的态度。

性格是在社会生活实践中逐渐形成的,一旦形成就比较稳定,它会在不同的时间和情况下表现出来。性格的稳定性并不是说它形成之后便一成不变,性格具有一定的可塑性。性格是在现实生活中形成的,当一个人生活环境发生重大的变化时,也会给他的性格特征带来一定的影响。

二、性格与气质的关系

首先,气质和性格存在相同之处,都属于个性心理特征,都是比较稳定的心理现象。在个性心理特征的三个组成部分,即能力、气质和性格中,性格具有核心意义。能力反映的是个体完成某种活动的可能性,其本身只有高低或大小之分;气质反映的是个体心理活动的动力特征,其本身只有积极或消极之分;而性格则反映个体"做什么"和"怎么做",受到社会规范制约和评价,有好坏或善恶之分。日常生活中我们所说的"好人"或"坏人",就是针对其性格来说的。个体之间个性差异的核心是性格的差异。

其次,气质与性格存在一定的差别。气质没有好坏之分,体现了人的生物属性,是先天的与生俱来的,不容易改变。性格有明显的社会道德评价的意义,直接反映了一个人的道德风貌,体现了人的社会属性。性格是后天形成的,受社会历史文化的影响,较易改变。

最后,气质和性格相互作用,某种气质的人更容易形成某种性格,性格可以在一定程度上掩饰、改变气质。一方面,各种气质的人可能形成相似的性格特征,但气质赋予这些特征以某种"色彩"。例如,不同气质的人,可以同样形成"勤劳"这一种对待劳动态度的性格特征。但是它的表现形式就会不一样。另一方面,气质可以影响一些性格的形成和发展。例如,自制力这种表现意志方面的性格特征,有人表现自制是经过了很大的克制和努力,有人表现自制则比较自然、比较容易。另外,一些性格特征具有较多的动力性质,鲜明地表现着气质的特点,如引起情绪反应的快慢和情绪活动的强弱等。

三、性格的类型

性格的类型是指一类人身上所共有的性格特征的独特结合。由于性格自身的复杂性,对于性格分类的标准和原则尚存在争议,下面介绍几种常见的性格分类方法。

(一)以心理机能优势分类

英国的培因和法国的李波特根据理智、情绪、意志三种心理机能在性格结构中所占优势不同,把人的性格分为理智型、情绪型、意志型。理智型的人常以理智对待周围发生的一切,用理智支配和控制自己的行为;情绪型的人常用情绪来体验一切,易受情绪左右,感情用事;意志型的人行动目标明确,积极主动,有较强的自制力。在生活中大多数人是属于混合型的。

(二)以心理活动的倾向性分类

瑞士心理学家荣格根据个体力比多的流向把人的性格划分为外向型和内向型。力比多指向外部的属于外向型,其特点是活泼开朗,情感外露,善于交际,独立性强,容易适应环境的变化。力比多指向内部的属于内向型,其特点是沉默寡言,孤僻,交际面窄,反应缓慢,适应环境能力差。在现实生活中,绝大多数人都是兼有外向型和内向型的中间型。

(三)以个体独立性程度分类

美国心理学家威特金等人根据场的理论将人分为场依存型和场独立型。场依存型的人要依靠外在参照物进行信息加工,因而容易受到环境或附加物的干扰,易受他人意见左右,过分注意、依赖他人提供的社会线索,好社交;场独立型的人则倾向于利用内在的、自身的参照系,具有独立判断事物、发现问题、解决问题的能力,关心抽象的概念和理论,不善于社交。

(四)以价值观分类

德国教育家、哲学家普兰格根据人对社会生活的价值观把人格类型划分为理论型、经济型、审美型、社会型、权力型和宗教型六种。理论型的人以追求真理为目的,总是冷静而客观地观察事物,力图把握事物的本质,情感退到次要地位。经济型的人以经济的观点看待一切事物,视经济价值高于一切。审美型的人总是从美的视角来评价事物的价值,对实际生活不太关心。社会型的人重视社会价值,有献身精神,以爱他人为人生的最高价值。权力型的人有强烈的支配和命令他人的欲望,重视权力,以掌握权力为最高价值。宗教型的人坚信宗教,富有同情心,以慈悲为怀,将信仰宗教为最高价值。

(五)以职业选择进行分类

美国心理学家霍兰德根据性格特征与职业选择之间的关系,将人的人格类型划分为常规型、企业型、社会型、艺术型、研究型和现实型六种。常规型的人能自我控制,易顺从,想象力差,喜欢有秩序的环境,对单调的、习惯性的工作感兴趣,如会计、仓库管理员等。企业型的人精力旺盛,有冒险精神,喜欢支配别人,有独立的见解,如部门经理等。社会型的人善于社交,乐于助人,重友谊,有责任感,适合从事教育、医疗等工作。艺术型的人富有想象力,善于创作,追求自由,适合从事文学创作、音乐等工作。研究型的人处事慎重,善于分析,好奇心强,适合从事有观察、科学分析的创造性工作。现实型的人遵守规则,喜欢安定,重视实际的利益而不重视社交,但缺乏洞察力,适合从事机械操作、制图等工作。

(六)以行为模式进行分类

研究者根据某一类群体的性格特征和患病的关系,提出了三种行为模式,并以此将人的性格分为A型、B型、C型三种。A型性格的人富有攻击性,极端好胜,缺乏耐心,怀有敌意,有时间的紧迫感,行动快,忙碌,勤奋,不知满足,极富有竞争性,野心勃勃,视成功为人生的价值标准。研究表明,A型性格的人更容易患冠心病。B型性格的人和A型性格的人正好相反,他们为人随和,总是悠闲地去面对他们的生活环境,很少有竞争性,对人不温不火,较少有敌意,对生活和工作容易满足,喜欢节奏慢的生活。C型性格的人善良,容易与人相处,做事不果断,服从外界权威,容易牺牲自我、忍气吞声、逆来顺受,往往过度克制自己,压抑自己的悲伤、愤怒、苦闷等情绪。在生活中,这类人往往属于"大好人"、"与世无争"的人。这种人在遇到挫折时,其实内心并不是无怨无恨,只不过强行对自己进行压制罢了。C型性格者患癌症的危险性比一般人高三倍。

四、影响性格发展的因素

性格的形成与发展离不开先天遗传与后天环境的共同作用。心理学家认为,性格是在遗传与环境的交互作用下逐渐形成并发展的。

(一)先天遗传因素的影响

遗传主要是指那些与生俱来的解剖生理特点,如神经系统、感觉器官和运动器官的特性。这些特性反映在日常生活中就类似我们经常发现个体的某些性格特征往往与他们的父母或兄弟姐妹存在一定的相似性。

(二)后天环境因素的影响

性格形成的过程就是在一定的社会文化背景下,通过与环境的相互作用,由自然人转化为社会人的过程。因此,环境同样也是影响性格形成发展的一个决定性因素,后天环境主要包括家庭、学校、社会三个方面。

1. 家庭的影响

家庭作为一个社会单位,是儿童最早接触的社会环境,对个体性格形成发挥着无可替代的作用。T·帕金斯把家庭看成是"制造性格的工厂"。家庭是最早向儿童传播社会经验的场所,它不仅仅为儿童提供一个物质环境,也提供了"精神环境"。一方面,社会上的各种关系都通过家庭影响儿童;另一方面,家庭的各种因素,如家庭的氛围、家庭经济条件、家庭的教养方式、家庭的结构、家庭中子女的出生顺序和儿童在家庭中的地位等都会对儿童个性的形成产生重要的影响。

如孩子在父母经常争执不休、不和谐的家庭氛围中成长,长大后往往会封锁自己,不善与人交流,对任何人缺乏热情信任,情感无常。再如,如果在粗暴的教育方式下成长,孩子的性格会胆小、懦弱,无自立意识,无自主主见,与人相处唯唯诺诺,生怕做错事挨家长呵斥等。又如艾森伯格的研究认为,长子或独子比中间的孩子或末子具有更多的优越感。儿童在家庭中的地位越受重视,对家庭的作用越明显,其个性发展倾向于自信、独立、优越感强;反之,则会形成依赖、盲从、优柔寡断、不善交际的个性特征。

2. 学校的影响

学校教育是一种有目的、有计划的培养人的活动。英国思想家欧文说:"教育人就是要形成人的个性。"儿童接受学校教育的时期是个性形成的关键时期。学校教育从学习知识、班级集体、师生交往、同伴交往等方面影响个体性格的发展。

首先,儿童在系统地学习科学知识的过程中发展性格。学习是一种艰苦的脑力劳动,通过学习可以发展儿童的坚持性、自制力、主动性和独立性等良好的性格特征,并在系统学习科学知识的过程中形成科学的世界观。

其次,儿童在学校接触除家庭外的第二个社会组织——班级集体。班级的要求、规则会产生一定的班级舆论和同学评价,从而对儿童个性的发展产生具体的影响。班级让儿童尝到集体生活的乐趣,也有利于培养学生合群、组织性、纪律性、自制、利他、勇敢和顽强等优良的性格特征,有利于克服孤独、自私等不良的性格特征。

最后,儿童在与教师和同伴的交往过程中,会学会为人处事的方式,发展自己的个性。学校是以教师和学生之间的相互关系为主轴构成的社会集体,教师对学生的榜样作用、对学生的期望和管理方式均影响着学生的个性发展。如教师对学生的期望、期待、关注将会促进儿童形成独立、自信、主动等性格特征。儿童除了与教师有着纵向关系外,也和同伴之间保持着密切的横向关系。同伴能让个体逐渐理解合作与竞争的社会规则,同时,儿童也能在与同伴互相探讨、互相交流、互相学习的过程中不断修正自己性格上的缺点,不断发展和完善自己性格的不足。

3. 社会的影响

个体在生存的过程中不可避免地要从事一些社会实践活动,而这些社会实践活动对个体的个性形成和发展会起到一定的作用。如登山活动可以培养个体顽强、坚毅的性格特征。学生实习或参加工作后,职业的要求对性格发展也有重要作用。长期地从事某种特定的职业,个体会按照社会对这种实践活动的要求不断强化自己的角色行为,从而相应地形成这种实践活动所对应的性格特征。如科学研究工作者通常具有实事求是、独立思考、一丝不苟的性格。

五、塑造良好的性格

性格的形成和发展受到内外因素的影响,尤其是后天环境的影响,但必须认识到后天环境因素要被个体接受和理解才能转化为个体的需要和动机,才能推动其去行动。我们应当把主观与客观因素相结合,适当调节情绪,认真积极地参加组织活动,以养成良好的性格。

(一)形成良好的道德品质

一个人的道德品质可以反映他的性格以及心理健康,拥有良好的道德品质必然可以促进优良性格特征的形成和发展。如个体在日常生活中热爱生活、热爱集体、热爱劳动,能够经常保持愉快的情绪、广阔的胸怀,不以自我为中心,富有同情心,能替他人考虑,他的个性也会更为合群、利他、自信、大方。

(二)树立积极向上的人生观

性格还受到世界观、人生观的制约与调节。个体有了坚定的人生目标与生活信念,性格自然会受到熏陶,表现出乐观、坦荡、自信等良好的性格特征。反之,如果失去了人生目标和生活的勇气,性格也会变得孤僻和古怪。

(三)正确认识自己的性格特征

人贵有自知之明,对自己的性格特征进行科学的分析与评价,才能使自己不断地进行性格的学习与磨练,不断形成良好的性格。分析的过程,是一个深化自我认识的过程,是性格不断完善与发展的重要环节。如果发现自己的不良性格特征,也不必过于焦虑和自卑,应该把完善的性格特征作为自己一生追求的目标去努力,这样就能使自己的人格健康,有助于将不利的情况变为有利。

(四)在实践中磨练性格

性格体现在行动中,也要通过实践、实际行动来塑造。实践应具有广泛性。学习实践、生产实践都可以磨练自己的性格。现在我们物质生活丰富,生活环境安逸,就需要自发地寻找一些锻炼意志的实践活动,培养不怕困难、勇于斗争的性格和乐观向上的精神,从而适应社会的需要。

练习与思考

一、填空题

1. 顺利完成某一活动所必需的主观条件称为_____。
2. 按能力所表现的活动领域将能力分为_____和特殊能力。
3. 卡特尔等人根据_____提出将人的能力分为流体能力和晶体能力。
4. _____是指接收、加工、储存和应用信息的能力,包括知觉、_____、注意、_____和想象等能力。
5. _____是指一个人所具备的能力类型及各类能力的有机组合。

6. 塞斯顿提出的能力结构理论是_____。
7. 美国心理学家吉尔福特提出的智力三维结构模型中智力的三个维度分别是_____、_____、_____。
8. 斯腾伯格提出的三元智力理论中智力万分结构的三个层次分别为_____、_____、_____。
9. 人的气质类型可分为_____、_____、_____、_____四种。
10. 气质指一个人所特有的、主要由生物决定的、相对稳定的心理活动的动力特征,主要表现在心理活动的_____、_____、_____及指向性方面。
11. "禀性难移"是指气质的_____性,气质会随着教育和环境的变化而变化反映了气质的_____性。
12. 具有胆汁质气质的人,其对应的高级神经类型是_____型,而抑郁质所对应的则是抑制型,多血质所对应的是_____型,粘液质对应的是安静型。
13. 情绪多变,富有表情,注意力易转移是_____气质的典型特征。
14. 坚韧、执拗、淡漠是_____气质的典型特征。
15. 气质更多地与人的_____有关,所以后天环境不易改变。
16. 荣格认为力比多指向外部的属于_____,力比多指向内部的属于_____。

二、选择题

1. 将一般智力活动所共有的操作方式、操作内容、操作产品确定为智力的三个维量,从而构成智力的三维结构模型。这一构想的提出者是( )。
   A. 斯皮尔曼   B. 吉尔福特   C. 塞斯登   D. 霍尔
2. 智力是( )的综合。
   A. 观察能力   B. 思维能力   C. 一般能力   D. 特殊能力
3. 人们在认识及其活动效率方面表现出的不同,称之为( )的个别差异。
   A. 气质   B. 性格   C. 能力或智力   D. 意志行动
4. 根据斯皮尔曼提出的能力二因素说,当活动中包括的一般因素较多时,( )。
   A. 各种作业成绩的正相关越高
   B. 各种作业成绩的正相关越低
   C. 各种作业成绩之间相互独立
   D. 各种作业成绩取决于特殊因素,而与一般因素无关
5. 大多数心理学家把( )看做是人的一种综合认知能力,包括观察力、记忆力、思维想象能力。
   A. 意志力   B. 智力   C. 创造力   D. 人格特质
6. 最早将智力结构分为一般因素(G因素)和特殊因素(S因素)的学者是( )。
   A. 吉尔福特   B. 推孟   C. 斯皮尔曼   D. 韦克斯勒
7. 按照能力发展的高低程度,可把能力分为( )等层次。
   A. 知识、技能、才能   B. 能力、才能、天才
   C. 观察力、想象力、思维力   D. 能力、智力、智能
8. 按照能力和先天禀赋和社会文化因素的关系,可把能力分为( )。
   A. 一般能力和特殊能力   B. 创造能力和模仿能力

C. 液体能力和全体能力 D. 认识能力和操作能力

9. 气质类型的特点是（　　）。
   A. 无好坏之分　　B. 都是好的　　C. 都是坏的　　D. 多血质最好
10. 气质概念的最早提出者是（　　）。
    A. 亚里斯多德　　B. 希波克拉底　　C. 柏拉图　　D. 克瑞奇米尔
11. 下列心理活动中，属于个性心理特征的是（　　）。
    A. 思维　　B. 意志　　C. 兴趣　　D. 气质
12. 某人活泼好动、反应迅速、注意力容易转移，他是属于（　　）气质类型。
    A. 胆汁质　　B. 多血质　　C. 粘液质　　D. 抑郁质
13. 某人安静沉稳、寡言少语、反应缓慢、情绪不外露、注意稳定不易转移，他是属于（　　）气质类型。
    A. 胆汁质　　B. 多血质　　C. 粘液质　　D. 抑郁质
14. 在个性结构中，始终有道德评价意义的，有好坏之分的是（　　）。
    A. 气质　　B. 性格　　C. 能力　　D. 意志
15. 最不适合做飞行员工作的是（　　）。
    A. 胆汁质类型的人　　B. 胆汁—多血气质类型的人
    C. 多血质气质类型的人　　D. 抑郁气质类型的人
16. 我们划分气质类型的依据主要是个体的（　　）。
    A. 血型　　B. 体型　　C. 内分泌腺类型　　D. 高级神经活动类型
17. 性格属于下列（　　）心理现象。
    A. 认识过程　　B. 情感过程　　C. 意志过程　　D. 个性心理特征
18. 提出"场独立性和场依存性"的心理学家是（　　）。
    A. 荣格　　B. 威特金　　C. 麦克莱伦　　D. 马斯洛
19. 父母的（　　）教养态度有利于培养儿童的独立、合作、温顺等良好性格。
    A. 民主　　B. 保护　　C. 支配　　D. 拒绝

三、判断题

1. 智商越高，人的创造力就越强。（　　）
2. "高分低能"是用来说明能力的与知识无关。（　　）
3. 气质同性格相比，有着特别突出的社会评价意义，性格则没有。（　　）
4. 身段高矮胖瘦等特征属气质的特征。（　　）
5. 气质类型本身无好坏，各有积极和消极的方面。（　　）
6. 人的气质特征的变化比性格特征变化快。（　　）
7. 气质直接决定人的职业定向和社会价值、成就的高低。（　　）
8. 不论是哪一种气质，只要努力都有可能成为优等生。（　　）
9. 性格是人在实践活动中，在与客观世界相互作用的过程中形成和发展起来的。（　　）

四、名词解释

1. 能力
2. 才能
3. 一般能力和特殊能力

4. 晶体能力和流体能力
5. 气质
6. 高级神经活动特征
7. 胆汁质
8. 多血质
9. 粘液质
10. 抑郁质
11. 性格
12. 场独立性和场依存性

五、简述题

1. 简述个体能力的差异。
2. 简述斯腾伯格的三元智力理论。
3. 什么是晶体智力、流体智力？它们各自发展的特点是什么？
4. 谈谈你对知识、技能、能力关系的认识。
5. 谈谈气质和性格的关系。
6. 如何针对幼儿气质的进行教育？
7. 简述气质与职业的关系。
8. 如何塑造幼儿良好的性格？
9. 试述并评价几种主要的能力理论。
10. 分析说明性格的形成和发展。

六、实例分析

分析下列小说人物的气质类型与性格特点，并在现代社会给他们找一份适合各自的职业。

人物1：张飞

人物2：王熙凤

人物3：薛宝钗

人物4：林黛玉

如果他们是幼儿，分别应如何教育他们，请根据他们的特点制订一些教育策略。

拓展性阅读推荐

1. 斯皮尔曼. 人的能力：它们的性质与度量[M]. 袁军，译. 杭州：浙江教育出版社，1999.
2. 托马斯·里德. 论人的理智能力[M]. 李涤非，译. 杭州：浙江大学出版社，2010.
3. 任月圆. 比能力更重要的是什么[M]. 北京：中国纺织出版社，2011.
4. 静涛. 性格决定命运气质改变人生大全集[M]. 上海：立信会计出版社，2011.
5. 韦尔斯. 观人学：通过外部特征和内在气质解读人的性格[M]. 王德伦，译. 北京：中国商业出版社，2005.

第十二章
学习过程中的心理问题

第一节 学习概述

 案例展示

"树根理论"

1999年,世界管理大会中提出"树根理论"。这个理论指出:如果将一个企业比做一棵大树,学习力就是大树的根,也就是企业的生命之根。也就是说一个企业如同一棵大树,所有的树看上去枝繁叶茂,果实累累,但没有重视树根,结果经过一段时间大树枯萎了,一检查发现树根烂了,此时再想挽救为时已晚。现代社会是一个学习化社会,对学习的要求比以往任何时候都更高,每个人必须不断地学习,不断地应对新知识、新环境的挑战。美国学者托布斯说,未来的文盲不是不识字的人,而是不会学习的人。

一、学习的定义

在日常生活中,"学习"一词得到了大量的使用。例如,教师教导学生"好好学习",社区倡导老年人"活到老,学到老",单位要求建立"学习型组织"……这些说法其实就是指对知识、技能的学习,或是注重了人的行为的改变。在心理学意义上,学习的内涵可能与日常的说法有所不同。即便同样是心理学上的学习概念,不同的心理学流派,甚至同一流派的不同时期,对其理解与诠释都可能是有差异的。

在心理学发展的过程中,诸多学者都曾给学习下过定义。如将学习视为"形成有组织的知识并使之变得更有组织的过程"、"增加其知识和技能的所有过程"、"知识或技能的获得"、"通过社会合作、交互来进一步确定意义",等等。可见,要真正对学习下一个定义是不容易的。为方便进一步研究,我们可以将学习这一概念作广义与狭义之分。

(一)广义的学习

广义的学习是指人与动物在生活过程中获得个体经验,并依靠经验而产生的行为或行为潜能比较持久的变化。这是当前比较常见的表述,我们可以从以下几个方面来理解。其一,学习是一个普遍的现象,不只是人,即使是动物在生命历程中都伴随着学习。它不仅表现为有组织的知识、技能等的学习,还可能包括态度、价值取向的学习。其二,学习与经验的习得有关,学习者依靠反复的练习积累经验进行学习。但是,那些由于本能与成熟而产生的行为,不论其有多复杂,都不能称作学习。其三,学习表现为个体行为或行为潜能发生了较为持久与稳定的变化,这也是学习所产生的结果。这种变化可以是显性的,如儿童学会阅读、书写、游泳、弹琴,也可能是隐性的,如学会艺术鉴赏。但是,因疲劳、药物、疾病或情绪波动等引起的变化则不能

称之为学习。

从上面的分析可知,广义学习是人与动物所共有的,学习不同于本能,它是后天习得的。人类的学习和动物的学习有相似之处:都是有机体对环境的一种适应。当然,动物的学习与人类的学习还是有本质区别的,动物的学习更多的是从生物学意义上讲的,而人类的学习则具有鲜明的社会属性,此时,学习就不局限于对环境的简单适应,而是具有主体性的、社会的意义,例如,关于品德的学习只能是人类的学习。人类的学习除掌握直接经验以外,还要学习人类社会积累起来的科学文化知识等。必须提及的是,人类的学习往往以语言为中介,这也是动物的学习所不具备的。

(二)狭义的学习

狭义的学习一般专门指学生在学校期间的学习。学生的本质属性是什么?或者说学生不同于其他人群之处何在?我们的理解是:学生是以学习为主要任务的人,他们的学习是人类学习的特殊形式。在学校这个特殊的环境里,所开展的教学工作是有目的、有计划、有组织的,通过教师的教学工作,学生进行学习,能够有效解决个体经验与人类社会历史经验之间的矛盾,简捷地将人类积累的科学文化知识转化为学生个体的精神财富,使他们在短时间内达到人类发展的一般水平。显然,狭义的学习具有如下特点:其一,学生所进行的狭义学习总是以学习前人经验为主,也即是以学习间接经验为主,学习的中介是书本、语言等。其二,狭义的学习既离不开教师有计划、有目的、有组织的指导,也离不开学生主体性的发展,学生对所学内容进行有意义的建构。其三,通过学习,学生能系统地掌握科学基础知识,形成基本技能,发展智力、体力和创造能力,形成良好的思想品德和高尚的审美情趣,促进学生个性的自主发展。

显然,学生的学习既具有人类学习的一般特点,又具有鲜明的特殊性。教师必须充分了解学生学习的特点与需要,有针对性地改进教学方式,以促进学生的学习。在教学实践中,要让学生真正成为学习的主人。必须反对那种将学生视为知识的容器的观念,将学生置于完全被动的境地,因为这样就会导致学生被动、机械式的学习。

二、学习的分类

虽然说学习是人们司空见惯的现象,几乎每个人都可以就学习有自己的看法,但事实上它却又是比较复杂的心理现象,如关于学习的机制、学习动机、学习迁移、学习策略等的问题就不是每个人能够回答的了。为更好地研究学习理论,首先要对学习进行分类。

(一)根据学习的内容与结果划分

从学校教育的实际出发,可以根据学习的内容与结果,将学习划分为四个类别。

1. 知识的学习

不同的学科领域对知识的理解是不同的。在这里所说的知识,是指个体通过与环境相互作用后获得的信息及其组织。换一个维度讲,知识是对事物属性及其联系的反映,是学生进行学习的主要客体,在学生的学习任务中占据重要地位。其实,知识还可以再作区分,即作为人类社会共同财富的知识与作为个体头脑中的知识。人类社会的知识是独立于个体而客观存在的,但个体头脑中的知识并不是客观现实本身,用心理学术语来讲,它就是个体的一种主观表征,即人脑中的知识结构。个体已有经验对于知识的学习具有重要作用,建构主义的知识观就十分强调已有经验对意义建构的影响。

2. 技能的学习

技能是通过练习获得的能够完成一定任务的动作系统。例如,技能按其性质和表现特点,可区分为如书写、骑车等活动的动作技能以及如演算、写作之类的智力技能两种。知识与技能的获得分别用"掌握知识"、"形成技能"来表述,知识可以通过语言文字等形式传授,但是技能的形成必须通过不断的练习。技能的学习同样也是重要的学习任务,传统意义上所讲的"双基"就是指基础知识与基本技能。

3. 智能的学习

智能是"智慧"与"能力"的综合。发展能力一直是学生接受教育的任务之一。智能的学习主要是提高人的认识能力。感觉、记忆、思维等过程,可称为"智慧"。"智慧"所产生的结果就是行为与语言,表现为"能力"。在智能结构中,思维力是核心,智能的学习必须强调对学生的思维训练。例如,教师要帮助学生学会分析问题、解决问题、运用知识与技能适应新情境的能力。

4. 道德品质与行为习惯的学习

学生是社会的成员,增强社会性是学习的主要内容之一。道德品质与行为习惯的学习对于学生的社会性发展无疑具有重要意义。这类学习主要是代表社会对学生提出的道德与行为的要求,并指导学生将这些要求转化为自己内在的需要。这种外在要求与内在需要的矛盾的不断解决的过程就是学生道德、行为发展的过程。

(二)根据学习的理解程度不同划分

认知派教育心理学家奥苏伯尔将学习分为机械学习和有意义学习两种。

1. 机械学习

机械学习是指学习者在缺乏相关经验,或者已有经验与现行的学习之间没有建立有效联系的情况下,新学习的知识难以纳入学习者原有的认知结构,从而依靠死记硬背的方式所开展的学习。机械学习的特点是学生机械模仿、不求甚解,知识得不到有效内化,其结果是学生获得的是机械的、孤立的、片断的知识,这种学习方式难以促进学生的发展。教师注入式的教学方式将学生视为学习的容器,容易导致学生的机械学习。

2. 有意义学习

有意义学习就是学习者运用原有经验,使新知识与学习者原有认知结构的适当观念之间建立"非人为"和"实质性"的联系,从而通过理解进行的学习。有意义学习产生的条件主要有:其一,学习者原有认知结构中应具有可以用来同化新知识的适当观念,它能对新知识起"固着"作用,如学习者已经掌握的有关的概念、命题、表象和其他有意义的符号等;其二,学习材料本身具有逻辑意义,并且学习者本人应具备有意义学习的心向,即对学习活动的内部动机和心理倾向。简单地说,有意义学习的过程也就是新旧知识相互联系、相互作用的过程。

倡导有意义学习并不否认机械学习的价值,对于一些学习内容,机械学习仍是必要的,如一些无规律的英文单词、数学公式、历史年代、地理名词等。有意义学习则对于优化学生的认知结构,加强新旧知识的联系具有重要作用。强调有意义学习,切实改变学生的学习方式是促进学生发展的条件。教师启发式教学有助于调动学生学习的积极性,使学生学会思考,主动建构知识的意义。

(三)根据学习方式划分

根据学习方式的不同,奥苏伯尔将学习分为接受学习与发现学习。

1. 接受学习

接受学习是指学生通过教师所呈现的他人的经验或学习内容来掌握现成知识的一种学习方式。在接受学习中,学生所学全部内容都是以确定的方式由教师传授给学生的,学生没有或者较少重复别人获得知识的过程,不必进行独立的发现,只需通过接受的方式,并将学习内容纳入到自己的认知结构之中,通过消化吸收成为自己的经验,并能够在需要的时候加以运用或再现。

接受学习并不等同于机械学习。接受学习可能是有意义的,从而成为有意义的接受学习;也可能是机械的,从而成为机械的接受学习。例如,较为低级的接受学习如同鹦鹉学舌,对所学内容一知半解。同时,我们还要将接受学习与被动学习区别开来。被动学习是与主动学习相对的,它是指学生由于缺乏学习的需要、动机、兴趣或者缺乏必要的学习能力和基础等原因,因而不积极主动地参与学习活动。接受学习可以是主动的学习,当然也可能是被动的学习。有效的接受学习必须是有意义的、主动的接受学习。

2. 发现学习

接受学习具有较为悠久的历史,并长期占据主导地位,在课堂上接受学习并不鲜见。20世纪以来,以美国哈佛大学心理学家布鲁纳为代表的学者大力提倡发现学习。发现学习是学生通过自己的独立学习,积极思考,以获取知识,并发展探究性思维的一种学习方式。发现学习的核心在于发现,更准确地说是"再发现",因为所谓的发现可能是他人早已存在的结论,但对自己来说却是前所未闻、具有新意的。发现学习更多地强调学习的过程,而不是学习的结果,在此过程中,学生的内在学习动机起了重要作用。在发现学习中,学生的学习任务是参与知识的发现(其实是重复别人的发现)过程;教师的主要任务则在于成为学生的发现过程的帮助者、引导者、促进者。

要注意的是,发现学习与有意义学习、主动学习也是有区别的:发现学习可能是有意义的,也可能是机械的;可能是主动的,也有可能是被动的。接受学习与发现学习对于学生的学习都显得十分重要,前者可以帮助学生在较短时间内掌握大量科学文化知识,具有鲜明的简捷性,后者则可以从多方面更好地让学生体验学习的过程,发展学生的能力。

第二节 学习动机

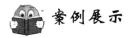

凿壁偷光

西汉著名学者匡衡,出身于贫寒的农民家庭,从小就很渴望读书学习,可是父母没有能力供他读书,甚至连书本也买不起,匡衡只好向别人借书来看。某天晚上,匡衡很希望在睡前读一读书,但由于家中穷得连灯油也没有,根本没法点灯读书。正当匡衡发愁时,忽然发现丝丝的光线,正从墙壁的缝隙中透射过来,原来这是邻居的灯光。匡衡心生一计,便用凿子把那小缝挖大成一个小洞,然后捧着书,倚在墙边,利用那点微弱的光线阅读。从此,匡衡每晚就借邻居的灯光,埋首苦读,最后成为了著名的学者。

动机是推进人的活动以满足某种需要的内部状态,是某种行为发生的内部动力。例如,饮水动机会导致饮水行为,购物动机会导致购物行为。同样,学习与动机的关系非常紧密,学习动机也会引发学习行为。

一、学习动机的定义

学生是以学习为主要任务的人,学生的学习状况不仅取决于其学习基础、学习能力与学习条件,也取决于其学习动机。学生的学习动机是推动学生学习的动力。教师的一个重要的教学任务就是培养、激发学生的学习动机。如果教师对学习动机不能较好地理解,就难于开展有效的教学活动。那么,什么是学习动机呢?

一般认为,学习动机是激发个体进行学习活动、维持已引起的学习活动,并使个体的学习行为朝向一定的学习目标的一种内部心理机制。值得注意的是,学习动机与学习目标之间既相互联系,又相互区别。后者更多的是强调学生学习活动所要达到的结果,而前者则是驱使学生追求结果的原因。学习动机一旦形成,就会贯穿学习的全过程,从而有效促进学习,而学习活动的有效开展又会反过来增强学习动机。

二、学习动机的基本结构

心理学研究表明,学习动机由不同的心理因素构成。学生的学习愿望实质上是主体的一种学习需要;学生的学习活动实质上是一种学习期待。学习需要与学习期待是学习动机的两个基本构成因素,这两者之间相互作用、相互制约,共同形成学习动机系统。

(一)学习需要及内驱力

需要是有机体感到某种欠缺而力求获得满足的心理倾向,它是有机体自身和外部生活条件的要求在头脑中的反映。学习需要是指个体在学习活动中感到有某种欠缺而力求获得满足的心理状态。一旦获得满足,就会产生新的需要。它在主观上表现为学习者对于学习的愿望与意向,而这种愿望与意向正是促进学习的动力源泉。学习需要从它发挥的作用来说,就是学习的内驱力。

学习需要与内驱力关系密切。奥苏伯尔认为,学校情境中的成就动机主要由以下三个方面的内驱力组成,即认知内驱力、自我提高的内驱力和附属内驱力。这三种内驱力就是学习需要的三个组成因素。其一,认知内驱力是在理解事物、掌握知识的需要基础上产生的,它直接指向学习任务本身,以求知作为目标,由知识的获得而得到满足。显然,这是一种内部动机。其二,自我提高的内驱力是指胜任某些活动并获得尊敬的需要基础上产生的,其目标在于获得某种地位。例如,学生通过刻苦学习而取得较好的名次。所以,它是一种间接的学习需要,属于外部动机。其三,附属内驱力也可称为交往内驱力,是指个体为了获得教师、家长等的赞许而努力学习的一种需要。它既不直接指向学习任务本身,也不把学业成就看做赢得地位的手段,而是为了从教师、家长等那里获得赞许和认可。这种内驱力也属于外部动机。

上述三种内驱力,在学生中是普遍存在的。对于不同的学生,以及不同的成长时期,其比重是不完全相同的。应当说三种内驱力综合地对学生的学习发生影响。

(二)学习期待及诱因

学习期待是个体对学习活动要达到的目标所进行的一种主观估计,它是另一个构成学习动机结构的基本要素。由此可见,学习期待与学习目标有着密切的关系,学习期待就是学习目标在个体头脑中的反映。

诱因是指能够激起有机体的定向行为,并能满足某种需要的外部条件或刺激物。应当注意,它是一种外部的存在。前面所提及的,与之相对应的内在的存在就是内驱力。凡是使个体产生积极学习行为的刺激物,称为积极诱因或正诱因。例如,为了激发学生学习的积极性,教师所提供的奖赏、荣誉等都是积极的诱因。如果使个体产生躲避学习的行为,那么这种诱因就是消极诱因或负诱因。学习期待就其作用来说就是学习的诱因。

学习需要和学习期待共同构成了学习动机的两个基本成分,两者密切相关,相互作用。首先,学习需要是学生从事学习活动的最根本动力,如果没有这种自身产生的动力,个体的学习活动就不可能发生。另外,学习需要是产生学习期待的前提之一,因为正是那些能够满足个体的学习需要与那些使个体感到可以达到的目标的相互作用而形成了学习期待。其次,学习期待基于学生对自身学习目标及其结果的一种预想,期待自己的学习能够发生符合社会以及自己要求的变化,必然成为动机形成的因素,它实质上也指向了学习需要的满足,促使自己通过努力从而实现学习目标。

三、学习动机的类型

学习是复杂的活动,而学习动机同样比较复杂。教师开展教学工作必须了解和掌握学生学习动机的类型与特点。

(一)外部学习动机和内部学习动机

学生相同的学习行为可以由不同的学习动机引起。根据学习动机的动力的来源,心理学将学习动机划分为外部学习动机与内部学习动机。

1. 外部学习动机

所谓外部学习动机是指学生追求学习活动本身之外的目标而产生的学习动机,如迎合学校和家庭的期望、获得奖学金及各种荣誉称号或者避免惩罚等。外部学习动机总与学习结果或者其他与学习活动以外的因素有关,此时,学习活动仅仅是一种实现目的的手段,而不是目的本身。学习活动以外的诱因对于这种学习动机的激发与维持起着关键作用。一旦外部诱因消失,则这种动机也自然消失。

2. 内部学习动机

所谓内部学习动机是指学生的学习是因为好奇心、求知欲、责任感、学习兴趣等内部因素所引起的学习动机,其特点是学生关注的是学习本身,而且学习本身能够使学生感到满足,因而这种动机具有持久性。具有内部学习动机的学生在学习的自主性、自觉性、独立性方面较好,不易被外界所干扰。

值得注意的是,进行外部学习动机和内部学习动机的划分并不是绝对的。因为动机从根本上来说,也还是推动学习活动的内部心理动力,即便外部动机是由外部因素引起,但这些外部因素也必然是个体内在需要的一种反映。例如,学生为获取教师的奖励而学习是典型的外部动机的作用,那么教师这种"外在的力量"必须转化为学生个体内在的需要,才能成为学习的推动力。若教师提出奖励的目标,而学生却对这些奖励采取无所谓的态度,就谈不上外部学习动机了。外部学习动机与内部学习动机并不是此消彼长的关系,对于特定的学习活动可能两种学习动机并存,如一个学生认真学习,既是因为喜欢学习,享受学习的过程,同时又想在班级获得较好的名次。这就提醒教师,在教育过程中要强调内部学习动机的正向功能,但也不能忽视外部学习动机的积极意义。

(二)近景的直接性动机和远景的间接性动机

根据学习动机与学习活动的关系及其作用时间的长短,可以将学习动机分为近景的直接性动机和远景的间接性动机。

1. 近景的直接性动机

这种动机直接指向学习活动,来源于对学习内容或学习结果的兴趣。例如,学生对当前的学习任务有较强的求知欲,对所学的学科有浓厚兴趣。教师上课深入浅出、生动形象,可以较好地吸引学生,使学生产生学习的需求,这就是近景的直接性动机。有许多学生喜欢收看电视里的"百家讲坛"节目,乐此不疲,也是这种动机的体现。显然,这种学习动机对于引起学生的学习具有直接的作用。但是也要看到,这种动机的稳定性可能比较差,一旦环境等因素发生变化,学习动机很快就会衰退。在学校经常有这样的现象:学生对某位教师上的课感兴趣,并为之付出努力,如果换成其他教师授课,有些学生就会感到不能适应,不再对这门课程感兴趣,也不愿意再花费时间与精力。

2. 远景的间接性动机

远景的间接性动机是与学习的间接结果相联系的,是与学习的社会意义和个人的前途相连的。这种动机反映了社会、家庭等要求,也反映了学生对学习意义的认识。高尚的、正确的间接性动机相对于直接性动机来说,它的作用更为稳定和持久,不易被情境中的偶然因素所干扰,能激励学生努力学习并取得好成绩。因此,教师要帮助学生树立高尚的、正确的间接性动机。

(三)一般学习动机和具体学习动机

根据学习动机起作用的范围不同,可将学习动机分为一般动机和具体动机。

1. 一般动机

一般动机是指在所有学习活动中都能够表现出来的、较为稳定持久的学习动机。一般动机从学习的内容范围来看,可以在各种不同的学习活动中表现出浓厚的学习兴趣。例如,从内容维度来看,这些学生对学校开设的所有课程都有学习的心理倾向;从时间维度来看,对学习的兴趣贯穿于学校生活的始终,甚至维持到在以后的工作中,或毕生都从事学习活动。一般动机也可以说是普遍型的学习动机。一般动机主要与学习者自身的价值观念和性格特征等密切相连,具有高度的稳定性。

2. 具体动机

具体动机是在某一或某些具体学习活动中表现出来的动机。由这种动机支配的学生,常常只对某一门或某几门课程感兴趣,而对其他学习内容则缺乏兴趣,也可称之为偏重型学习动机。这类学习动机往往是受到其他因素的影响而形成的。如学生与某教师关系较好,心理上较为亲近,从而产生"亲其师,信其道"的效应,对这位教师所任教课程就表现出学习兴趣。也有学生是由于课程学业水平因素而表现出对课程的喜恶。例如,在进行学习时,对某些学业较为成功的课程表现出学习的愿望与兴趣,也就是通常所说的"偏科",这就是具体动机在起作用。由于这种动机主要受到外界情境因素的影响,其作用是暂时的、不稳定的。

四、学习动机与学习效果的关系

学习动机对学习行为起着激发、定向、维持的作用,而且还直接影响学习效果。

首先,从学习动机的强弱来看,学习动机对学习效果可能产生正面的作用,也可能产生反面的作用。具有一定学习动机的学习者对于学习目标往往是比较明确的,这就有助于学习。但是,动机的强度又不是越强越好,而是学习动机存在一个最佳水平。在一定范围内,学习效果随学习动机强度增大而提高,直至达到学习动机最佳强度而获最佳,之后则随学习动机强度的进一步增大反而呈现下降的趋势。这种学习效果随学习动机的变化关系呈一个"倒U形",学习动机的强度适宜,对学习就会有较好的促进作用。如果学习动机水平过弱或过强,学习效果一般来说是不高的。这个规律称之为耶克斯－多德森定律。

其次,学习动机的类型也会对学习效果产生明显的影响。正如世界上找不到两片相同的树叶,学生之间也总是存在差异的,他们的学习动机也是多种多样的。例如,有些学习优秀的学生,学习动机水平较高,不仅有具体的近期目标,还有明确的远期目标,并将近期目标与远期目标有机统一起来。而部分学业不良的学生动机水平较低,往往只有近期目标,或者只有比较空洞的远期目标,不能实现两种目标的统一。再如,具有内部学习动机的学生与具有外部学习动机的学生相比,前者更能克服学习中的困难,从而取得更好的学习效果。

当然,学习效果也会反过来影响学习动机,学习效果的状况作为一种反馈信息,对于加强或削弱学生原有的学习动机具有较大影响。学生在学习过程中求知欲得到了满足,学习效果较显著,就会产生积极的情绪体验,使其原有的学习动机得到加强。如果学习效果较差,学生往往会失去继续学习兴趣与信心,可能会出现厌学、自暴自弃等消极现象,从而大大削弱了学习动机。

五、影响学习动机形成的因素

学习动机受到多种因素的制约与影响。影响学习动机的因素可以分为内部因素与外部因素。内部因素是根据,外部因素是条件,外部因素通过内部因素而发生作用。在学习动机的影响因素中,学生的内部因素无疑起着决定性的作用。但是,也不能忽视外部因素的作用。

(一)影响学习动机形成的内部因素

学习动机是学习的一种驱力,学生自身的因素是引发学习动机的内部因素,它包括学生的自身需要、年龄特点以及焦虑水平等。

1. 学生的自身需要

学习动机与学生的需要之间具有密切的关系。我们知道,当人产生需要而未得到满足时,会产生一种紧张不安的心理状态,在遇到能够满足需要的目标时,这种紧张的心理状态就会转化为动机,推动人们去从事某种活动,去实现目标。如果先前所设定的学习目标能够实现,学生就会获得心理满足,此时又会产生新的需要,引起新的动机。由此,可以认为学习者的需要是影响学习动机的重要因素。由于每个人的生活和经历各不相同,他们的需要也分别具有独特性,从而对于学习动机产生较大影响。例如,学习者的需要在类型上、在程度上不同,反映在学习上动机的强度水平也就有很大的差异。

2. 学生的年龄特点

学生处于不同的年龄阶段,其主导性学习动机也是不完全相同的,个性心理发展程度也不相同。从总体来说,随着年龄和知识经验的增长,与社会需要相适应的学习动机就越来越强,并成为主导性的学习动机。同时,与学习活动相联系的直接近景性动机也会发生变化,更趋于逐步形成间接远景性动机。例如,对于学龄较低的学生而言,他们更容易受到直接兴趣的影响,对教学内容的生动性以及教师、家长的积极评价有更多要求,难以意识到学习的真正价值。

3. 学生的焦虑水平

焦虑是一种一般性的不安、不舒适、紧张、担忧等的感觉,原因在于害怕失败,担心不能完成任务。焦虑对于学习会产生较大影响,但焦虑与学习之间并不是简单的线性关系。焦虑水平的影响与学习性质有关。对于简单的学习任务,一定程度的焦虑水平反而有助于促进学习,使学习者保持警觉与完成任务的心向。但是如果面对较为复杂、新颖的学习任务,较高程度的焦虑就会抵制学习,如会导致学习注意力分散,影响学习策略的使用。焦虑程度过高或过低,都不利于学习任务的完成。相对学习任务来说,中等难度的焦虑水平对于学习是有益的。因此说,焦虑是影响学习动机的一个重要因素。

(二)影响学习动机形成的外部因素

影响学习动机形成的外部因素除了学习任务之外,主要还包括社会的、学校的、家庭的因素,只有将上述因素综合考虑,从宏观的视角来把握学生学习动机的外在根源,才能引导学生更好地开展学习活动。

1. 学习任务

对于学生来说,教师给他们安排的学习任务会直接影响到学习动机的形成。学习任务对于不同的学生来说其价值性是不同的。首先是学习任务的价值,如果学习任务对于学生是有价值的,就会得到重视。有学者研究认为,这种价值体现在三个方面,分别是:兴趣价值,即学习本身就是快乐的;获得性价值,即学业成功可以取得好的成绩,是对自己学习能力的一种证明;利用性价值,即完成学习任务可以实现一些外在的目标,如获得奖金、有利于求职等。其次是学习任务的难度,如果学习任务过难则会抑制学习动机,同样,如果是需要花费较长时间完成的学习任务也会降低学习动机。

2. 社会因素

在教育与社会的关系中,社会的政治、经济、文化、科技等诸因素对教育起着制约作用。社会环境是影响学生学习动机的重要外部因素。尤其是随着学生年龄的增长,社会因素的影响越来越明显。在社会因素中,社会舆论的影响比较引人注意。例如,在我国封建社会"书中自有黄金屋"等观念的引导下,读书人普遍具有追求功名富贵的学习动机;在当代也曾一度存在"学好数理化,走遍天下都不怕"的舆论氛围,使许多学生产生学习理工类专业的动机。值得欣喜的是,随着课程改革的不断深入,重视素质教育的社会氛围为学生树立正确的学习动机创造了良好的条件。

3. 学校因素

学校是学习的最主要场所,学校因素在许多方面影响了学生的学习动机。例如,学校的物质环境、校风、教风、学风等都对学习动机产生影响。从更微观的角度来看,班级对于学生形成学习动机来说,起着至关重要的作用。班级的学习风气、班级学生之间的交往水平、教师在课堂教学中的言行举止等都是影响学习动机的因素。由于学生具有向师性,教师的作用尤其应该予以注意。如果教师治学严谨、求学创新,以专注的精神投入教学活动,必定会给学生树立一个良好的榜样。皮格马利翁效应提示我们,教师的期望可以有效地帮助学生形成正确的自我意识,提升成就动机水平。此外,教师特别是班主任在学生动机形成方面起的作用更大,直接对学生产生影响,班主任还可以协调多方面的力量,共同促进学生的学习动机的形成。

4. 家庭因素

学生的学习动机在较大程度上体现了家庭的要求。在学生动机形成过程中,家庭的文化背景、精神面貌也起着极为重要的作用。家庭良好的学习氛围容易使学生产生普遍性的、持久性的学习动机。反之,学生的学习动机水平则可能较低。家庭的教育方式中,专制型的教育方式由于期望值过高,要求过严,会给学生带来较大心理压力,反而可能抑制了学习动机。放任型的教育方式由于过于宽松,对学生的期望较低,也会导致学习动机过低的状况发生。当然,家庭成员的关系也有所影响,如亲子关系较好的家庭,父母与子女之间容易沟通,对学习动机的形成具有积极作用。特殊家庭的学生,如对留守儿童、单亲家庭儿童一般来说,其学习动机受到家庭的影响也是较大的。

六、学习动机的培养与激发

学习动机对于学习行为起着激发、定向、维持与强化等功能,因此有意识地培养和激发学生的学习动机是促进有效学习的必然要求。由于影响学习动机的因素是复杂的,在具体实践中必须运用不同途径培养与激发学习者的学习动机。

(一)学习动机的培养

学习动机的培养是指学习者把社会、学校和家庭以至自身的需要变为自己内在的学习需要的过程。

1. 了解和满足学生的需要

学生的学习动机产生于需要,学习需要是学生学习积极性的源泉。学习动机的培养过程其实就是使学生从没有学习需要或很少有学习需要,到产生学习需要的过程。在教学过程中,教师不能仅仅围绕教学目标从事教学,而是要关注学生的发展需要,了解学生已有的知识、能力基础以及与学习相关的生活经验、思维方式、情感态度、认知水平等,认真要分析学生的需求。不考虑学生的需要,只从教的角度而不考虑学的角度从事教学,学生的学习动机就会成为无源之水。了解学生的学习需要仅仅是一个前提,教师还要依据实际情况尽可能满足学生的学习需要。这就要求以学生的发展需求为切入点,既要关注学习任务对于学生发展的外在需求,又要关注学生的内在发展需要。更重要的是,教师还要通过一些方式使学生将学习需要转化为学习行为。

2. 培养学生的成就动机

成就动机这一概念源自成就需要。成就动机主要是使人追求较高水平的目标,并为之付出努力。关于成就动机涉及两种倾向:一种是为追求成功而付出努力的倾向,另一种是为避免失败而付出努力的倾向。成就动机较高的学生追求成功,但也不畏惧失败,因而常常表现为积极向上的姿态;相反,成就动机较低的学生往往对成功很少有追求,非常害怕失败,焦虑程度较高。尽管追求成功与避免失败都能引起学习行为,但二者所起的作用是有着显著差异的,前者明显优于后者。由于成就动机的形成离不开一定的社会、教育条件,因此成就动机是可以培养的,这就决定了学校要积极采取措施以适当的方式提高学生的成就动机,这样做的结果就是学生对取得成就较为关注,能够依据学习任务自主地选择追求的目标,并为之付出努力。

3. 对学生进行归因训练

在进行学习动机培养时,不能忽视学生看待成败的归因问题。所谓归因就是将成功或失败归于何种因素。有人容易将成败归因于外部因素,如环境、任务的难度、外部的奖惩、运气等。还有人容易将成败归因于内部因素,如能力、努力、态度、兴趣等。显然,对于学生来说,采取何种归因会对后续的学习活动产生影响,尤其是对学习结果的期待产生影响。例如,学习困难的学生容易将学业失败归因于外部不可控因素,如运气不好、能力差、任务太难等。这就容易使他们产生一种无助的心理,降低他们为学习任务付出努力的可能。此外,不同的归因方式还会使人产生不同的情感反应,如果归因于内部因素(如努力、能力),成功时会感到自豪与满足,失败时会感到羞愧与内疚。对于那些归因于外部因素(如难度、运气)的人来说,无论成败都难以引起强烈的情感反应。积极的归因方式可以增强学习动机的强度,提高学生的学习成绩,而不良的归因方式则可能降低学习动机强度,对学习活动产生消极影响。在学生完成一定的学习任务后,教师应指导学生进行合理的归因,引导学生找出成败的真正原因。合理的归因除了增强学习动机之外,还能有助于克服习得性无助感。

4. 培养学生的认知兴趣

兴趣是积极探究某种事物或进行某种活动的倾向。学生有各种各样的兴趣,其中认知的兴趣是推动学生学习的因素之一,有利于形成内在学习动机。研究表明,人都有认知的好奇心与求知欲,与之相适应的行为即有探索、操作等,从而出现学习行为。对于学生来说,有较强认知兴趣,在进行学习活动时往往思维活跃,精神饱满,不易疲劳,效果显著。认知兴趣可以是一般的兴趣,即对许多事物都感兴趣,也可以是特殊的兴趣,即对特定的事物感兴趣。当学生具有较浓厚的认知兴趣时,这种兴趣就会驱使他们积极地从事相关的学习活动。显然,认知兴趣会使学生产生学习动机,我们甚至可以直接称之为认知动机。

(二)学习动机的激发

学习动机的激发是指在一定教学情境下,利用一定的诱因,使学生将已形成的学习需要调动起来,以提高学习积极性的过程。通过学习动机的激发过程可以使学生潜在的学习动机转化为实际的学习行为。学习动机的培养与激发既相互区别,又有密切联系。动机培养是动机激发的前提与基础,动机激发是动机培养的继续,因而通过激发学习动机可以进一步培养和加强已有的学习动机。

1. 帮助学生设立恰当的学习目标

学习目标是学生预期的学习结果,是奋斗的方向。教师不能一味地运用类似于"认真学习"、"努力提高"等的抽象要求来引导、要求学生学习,而是要为学生设置较为具体的学习目标,并相应提供一些实现这些学习目标的方法。通过这样的措施,学习者可以明确学习的要求,避免了盲目性。较为远大的目标固然可能有利于学生学习远景性动机的形成,但难以对当前的学习产生稳定、持久的效果。难度适中、具体明确的学习目标应当能够让学生通过努力实现。例如,一个学年或学期的课程学习目标可以分解为单元甚至课时的学习目标,从而激励学生学习。当然,学习目标的设立可以是教师帮助学生完成,更具有积极意义的举措是教师引导学生自主设立学习目标。

2. 创设问题情境

问题情境的作用在于引起学生的认知矛盾,使学生积极思考,主动求知,自己概括结论。所谓"问题情境"就是创设一种使学生产生疑问,并渴望得到答案,经过一定的努力能够使问题得到解决的学习情境。创设问题情境的过程也可以简单称为"设疑"。有效的问题情境可以产生追求外界信息、指向学习活动本身的内驱力,这样,学生的求知欲强烈,内在学习动机就会得到激发。问题情境能否取得效果,关键在于问题创设是否合理。对于不同的学生,同样情境的作用可能截然不同,主要看问题情境提供的学习任务与学生已有知识经验的适合度如何。如果学习任务对于学生来说太容易或太难,就不能取得预期的效果。一般来说,可以采取如下策略:提出与学生已有知识经验"冲突"的问题,使其产生解决这一"冲突"的心理倾向,在此过程中可以向学生介绍一些解决问题的途径、方案等,让学生收集、分析、加工相关信息,从而找出问题的答案。要做到这一点,教师应当熟悉学习任务的内容,掌握新旧知识之间的联系,对学生的学习状况有清晰的了解,使学习任务与学生已有知识经验之间呈现中等难度的配合状态。

3. 充分利用反馈信息

学习结果的情况如何直接影响学生对后续学习的学习动机。对于学习结果的反馈是一种非常好的信息资源。学生可以利用反馈信息充分了解自己的学习状况,知道自己在哪些方面有进步,哪些方面还有不足,从而扬长避短,不断调整学习方式,以取得更好的学习效果。反馈信息要做到及时、准确。及时是指能够在学习行为发生后较快地向学生提供相关信息,以便学生能第一时间改善学习状况;准确是指关于学习结果的反馈信息要实事求是,具有较强的针对性。与信息反馈密切相关的是相应的评价。评价可以是分数、等级、评语等,这些评价能够发挥强化作用。一般来说,在评价时要慎用负强化,多用正强化,当然,反馈、评价、强化要针对学生的具体特点进行。如对于不太自信的学生多给予表扬鼓励,对于学业良好但又容易骄傲的学生则应提出较高要求,辅以适当的批评,更有利于他们的发展。

第三节 学习迁移

案例展示

闻一知十

《论语·公冶长》中"赐也何敢望回?回也闻一以知十,赐也闻一以知二。"讲的是孔子有两个得意的学生,一个叫子贡,另一个叫颜回。有一次,鲁国受到齐国的武力威胁。孔子的学生中有很多人想去游说齐国,想劝说其不要攻打鲁国。最后孔子只同意了子贡的请求。子贡不但去了齐国,还到了南方的吴国、越国和北方的晋国。子贡"挑唆"起这几个大国间的混战,小小的鲁国就免去了一场浩劫。虽然子贡这么能干,但孔子还是认为他比颜回要差一些。有一天,孔子故意问子贡:"你和颜回相比,到底哪个强一些呢?"子贡回答说:"我怎么敢和他比呢?他闻一知十,我闻一知二。"孔子点头说:"你不如他,我也不如他啊。"

学习的目的在于运用,能够做到"举一反三"、"触类旁通",将所学内容运用到类似的情境或解决类似的问题。因而,"为迁移而学"成了学习心理研究的一个重要话题。那么,学习迁移的内涵是什么?如何实现学习的迁移?

一、学习迁移的定义

学生在学习过程中会发现,一种学习可能对另一种学习产生影响。如语文阅读能力提升可能有助于英语阅读活动;学习英语单词后再学习俄语单词,既有促进作用,但又发现可能阻碍了学习……。在生活中这样的例子也不少,如学会骑自行车后再学骑摩托车,就容易些;会弹电子琴的人对于钢琴的学习也会觉得更简捷一些。以上大多是从知识、技能角度举例的。

如果在家爱劳动,那么在学校往往也爱劳动,则说明从态度、行为角度发生了影响。这些现象其实就是迁移所造成的。迁移广泛地存在于知识、技能、态度和行为的学习过程中。学习者在进行新的学习时,并不是一张白纸,而是要受到已有知识、技能、态度或行为等的影响。可以说,只要有学习,就有迁移,不同的是迁移的程度与方向而已。迁移与学习的关系如此紧密,因此研究学习不能不研究迁移。

一般认为,学习迁移就是在某一种学科或情境中获得的知识、技能、态度或行为对在另一学科或情境中知识、技能、态度或行为的获得产生影响。也就是说,学习迁移就是指一种学习活动对另一种学习活动的影响,这种影响可能是正向的,也可能是反向的。

二、学习迁移的分类

学习迁移是一种较为普遍的现象,如果从不同的维度进行划分,可以有不同的分类。

(一)正迁移和负迁移

根据迁移的影响效果,可以把迁移分为正迁移与负迁移。

1. 正迁移

正迁移也叫"助长性迁移",是指一种学习对另一种学习所起到的积极的促进作用。它通常表现为一种学习为另一种学习提供了良好的心理准备状态,使学习活动所需的时间减少,或练习次数降低。换个角度说,也可以是使另一种学习更加深入,在单位时间习得更多的内容。在学习内容较为相似的情况下,正迁移往往容易发生。例如,方程式知识的学习有助于不等式知识的学习,数学知识的学习有助于物理知识的学习,素描的学习有助于油画的学习,学习滑冰对学习滑雪有正迁移。

2. 负迁移

负迁移也叫"抑制性迁移",是指一种学习对另一种学习起干扰甚至抑制作用。通常表现为一种学习使另一种学习所需的学习时间增加、所需要的练习次数提高,或者是阻碍另一种学习的顺利进行,导致影响对学习内容的准确掌握。一般来说,在两种学习既相似又不相似的情境下,负迁移较易发生。例如,学习汉语拼音后再学习英文国际音标时所产生的干扰现象就是负迁移的表现。在生活中也会遇到类似的情况,如学会骑三轮车会对学习骑自行车产生消极影响。可见,负迁移主要是由于新旧学习之间容易混淆导致的。

由此,迁移既有积极的一面,也有消极的一面。除正负迁移之外,还有所谓"零迁移",顾名思义,就是两种学习之间未发生明显的联系,相互之间未产生明显的影响。学会了弹奏手风琴对于学习绘画可能所起的作用就微乎其微了,这就是零迁移。

(二)顺向迁移和逆向迁移

从迁移的影响方向来分,迁移可以分为顺向迁移和逆向迁移。

1. 顺向迁移

顺向迁移是指先前学习对后继学习发生的影响。通常所说的"举一反三"、"触类旁通"就是顺向迁移的例子。如学会自行车,更容易学会骑摩托车,属于顺向迁移。再如,在物理课程中有力的平衡、杠杆平衡等概念,就可能对化学课程中的化学平衡、生物课程中的生态平衡概念的认识产生正向的影响。这也是顺向迁移。

2. 逆向迁移

逆向迁移是指后继学习对先前学习发生的影响。例如,在物理课程中,一般先学力的知识,再分别学习不同性质的力。而学习了重力、弹力、摩擦力以后,反过来又会对力这一概念有更深刻的理解,因而对先前所学力的知识产生积极影响。再如,普通心理学是教育心理学的先修基础课程,一般先学习普通心理学,后学习教育心理学。但是在学习教育心理学以后,学生会对先前所学习的普通心理学的领会程度加深。这两个例子是正迁移性质的逆向迁移。对于喜爱语言类学习的学生来说,掌握外语语法之后,又可能反过来对掌握母语语法起干扰或抑制作用,则属于负迁移性质的逆向迁移。逆向迁移通常发生在学习者面临学习新知识或解决新问题时,需对原有的知识进行补充、改组或修正,使原有的知识结构发生一定的变化。

在学习过程中,顺向迁移与逆向迁移是相互联系、密切进行的,只注重顺向迁移是片面的。学习时,我们不仅要期望顺向正迁移,而且还要期望逆向正迁移。

(三)特殊迁移和非特殊迁移

根据迁移发生的方式来分,可以分为特殊迁移和非特殊迁移。

1. 特殊迁移

特殊迁移也称为具体迁移,是指学习迁移发生时,学习者原有的经验组成要素及其结构没有发生变化,将习得的具体的、特殊的经验直接迁移到另一种学习中去,或经过某种要素的重新组合,以迁移到新情境中去。举例来说,舞蹈的学习可以由多个动作要素组成,如果对这些要素重新排列组合,可以编成新的舞蹈项目。再如,体育中的跳水项目包含了弹跳、空翻、入水等要素,运动员对这些项目掌握以后必然会对其他新的跳水项目有较大帮助。

2. 非特殊迁移

非特殊迁移也称一般迁移、普遍迁移,是将一种学习中习得的一般原理、方法、策略和态度等迁移到另一种学习中去。结构主义学者布鲁纳即认为一般迁移是十分重要的,因为基本的原理、规则、方法、策略和态度具有广泛迁移的可能性,能够在具体化后运用到具体事例中去。学生所习得的阅读技能的一般方法可以对语文、外语的学习有促进作用即是一个显著的例子。

毋庸置疑,特殊迁移就其迁移的范围而言往往不如非特殊迁移广,仅适用于非常有限的情境中,但是,就特定领域的学习来说,它又是十分必要的。

(四)横向迁移和纵向迁移

根据迁移的概括水平层次,把迁移分为横向迁移和纵向迁移。

1. 横向迁移

横向迁移也叫做水平迁移、侧向迁移,指先行学习内容与后继学习内容在难度、复杂程度和概括层次上属于同一水平,两种学习之间的相互影响即为横向迁移。显然,学习内容之间的逻辑关系是并列的,如数学学习中的直角、钝角、锐角、平角等概念之间的关系是并列的,都处于同一抽象和概括层次,各种概念的学习之间的相互影响即横向迁移。再如,幼儿学会称呼邻居家的男性为"叔叔"后,他可能会对所遇到的任何陌生男性均称呼为"叔叔"。

2. 纵向迁移

纵向迁移也叫垂直迁移,指先后两种学习内容是不同水平的学习,在内容的抽象程度与概括水平之间有差异,这样的学习活动之间产生的影响是纵向迁移。也就是说,是具有较高的概括水平的上位学习内容与具有较低的概括水平的下位学习内容之间的相互影响。具体可以将纵向迁移分为自下而上的迁移与自上而下的迁移。前者是指下位的较低层次的学习内容影响着上位的较高层次的学习内容的学习,例如,学生原有知识经验中的"长方形、菱形、梯形"等的学习会有助于上位概念"四边形"的学习;在学习物理知识时,对"核裂变、核聚变"等概念的掌握有助于理解"核反应"的特征。后者则正好相反,是指上位的较高层次的学习内容影响着下位的较低层次的学习内容的学习,例如,理解了"三角形"的意义有助于理解"等腰三角形、等边三角形、直角三角形"。

(五)自迁移、近迁移与远迁移

根据迁移的范围不同来分,可以分为自迁移、近迁移与远迁移。

1. 自迁移

如果个体所学习的经验影响着结构特征与表面特征都基本相同的其他情境中的任务操作属于自迁移。自迁移经常表现为原有经验在相同情境中的重复。例如,数学三角函数解题过程中,所用思路对同类题目的迁移。

2. 近迁移

近迁移即把所学的经验迁移到与原初的学习情境比较相近的情境中。例如,将学习英语的方法用在学习法语上。再如,同一学科内的学习之间的迁移也是近迁移。

3. 远迁移

如果个体能将所学的经验迁移到与原初学习情境极不相似的其他情境中时,即产生了远迁移。例如,将学校习得的知识运用到与学校差距较大的生活情境中,即为远迁移。

当然,对自迁移、近迁移与远迁移的区分也是相对的,可以视具体的情形而定。

综上所述,迁移现象的发生是较为普遍的,其类型不同,所要求的条件也会各异。因此,我们必须充分了解迁移的分类,以更好地理解迁移的内涵,提示迁移的规律,从而提高学生学习的效果与效率。

三、影响学习迁移的因素

(一)学习材料之间的共同要素

在早期的心理学实验中,心理学家桑代克就得出结论,通过练习,被试的学习成绩可以得到明显提高,练习能够在同类活动中产生迁移,从而提出了学习迁移的"共同要素说"。桑代克指出,学习之间的迁移关键在于先前的学习同后来的学习之间所包含的共同要素的多少。共同因素越多,迁移就越可能发生。因此,共同要素是迁移的基本条件之一。例如,毛笔字与钢笔字之间有着相同的机制,因此,毛笔字写得好的人很可能钢笔字也写得好,这就是一种正向的迁移。但是,两种学习之间毕竟又有着不同之处,这时又可能产生负向的迁移。其实,负迁移的出现也从另一个角度证明了共同要素说。

(二)知识经验的概括水平

学生在学习时,不是一无所有的"白板",而是具有一定的知识经验作为学习基础的。如果原有的知识经验概括水平较高,则迁移的可能性就较大。反之,知识经验的概括水平较低,则能够迁移的范围也相应较小。因此,知识经验的概括水平直接影响到迁移的效果。产生学习迁移的关键在于学生能对两种学习任务之间进行概括,发现内在的共同原理。当前,学习理论强调基本原理与基本概念的掌握,是十分有道理的,因为这些原理、概念等概括水平较高,所以适应的范围较广,学生一旦掌握这些原理、概念,就能高质量地发挥其迁移作用。

(三)学习者的认知结构

认知结构,简单来说就是学习者头脑里的知识结构,他们已有的全部观念内容和组织。广义上的认知结构是指学生已有的观念的全部内容及其组织;狭义上所说的认知结构是指学生在某一学科领域的特殊知识观念的全部内容及其组织。认知结构的清晰性、稳定性等直接影响到新知识的学习结果。奥苏伯尔认为,学习迁移是原有认知结构与新学习知识的相互作用,是影响学习迁移的关键因素。因此,将学习内容的最佳知识结构以最佳的方式呈现给学生,使其形成良好的认知结构并最终优化为各种能力,是促进学习积极迁移的重要条件。

(四)心理定势

心理定势又称作心向,是一种特殊的心理准备状态,也即是由先前学习引起的,能对后继学习活动产生影响的一种心理准备状态。心理定势对学习迁移的影响是双重的,它是一把"双刃剑":其积极的方面表现为当学习任务与已有思路一致时,会对当前的学习任务有促进作用,正迁移效果明显;反之,则会妨碍学生思维的灵活性,阻碍和抑制学习任务的进行,表现为负迁移。因此,对于定势要利用其积极的方面,克服其消极的方面。例如,在实际教学过程中,既要引导学生培养解决类似问题的心向,也要引导学生在遇到原先已有的方法不能解决问题的时候,要灵活地改变思维方式。

(五)对学习者的指导

学习者所接受的指导也对学习迁移产生影响。例如,帮助学生形成良好的学习态度,必定会对学习生成一种比较稳定的心理反应倾向,有利于迁移的形成。再如,对学习方法的指导,客观上有助于学生运用已有的知识学习新知识,解决新问题,通俗地说就是学会学习,在这个过程中必定会促进迁移的发生。当代教学注重新型学习方式的转变,如"自主、合作、探究"学习方式的建构就强调指导学生在学习活动中产生问题、解决问题、分享经验,这无疑会增加实现迁移的机会。同时,对学生的学习指导也包含了防止习惯思维对问题解决的负面影响,尽量避免负迁移的发生。可见,科学合理的指导有利于扬长避短,充分发挥迁移的效能。

四、学习迁移的意义

在学习心理的研究领域,学习迁移一直是比较热门的话题。学习的目的不只是掌握知识与技能,还在于在不同的情境中灵活运用知识与技能。学习迁移对于学习效率的提升有着重要价值。众所周知,学习迁移在学习活动中是一个普遍的现象,如果学生能够正确对待学习迁移,将对其发展产生良好影响。"为迁移而教"成为当前学校教育的一个取向。

(一)有助于新知识的理解与掌握

知识的飞速增长决定了学生所要学习的知识是一个海量的存在。学生所学习的知识要发挥最大效能,关键在于尽可能在更多的领域高效地习得新知识。因此,利用学习迁移促进新知识的理解与掌握是必由之路。例如,奥苏伯尔所提出的"先行组织者"理论在本质上就是利用先前概括的经验对后继学习的一种迁移作用。所谓先行组织者是指安排在学习任务之前呈示给学习者的引导性材料,它比学习任务具有更高一层的抽象性和包摄性。提供先行组织者的目的就在于用先前学过的材料去解释、整合和联系当前学习任务中的材料,它就类似于一个支撑点,促进新旧知识之间的迁移。

(二)有助于学生学会学习

让学生学会学习是教育的终极目标之一,"教是为了不教"不只是一句口号,还包含丰富的理论意义。学会学习从狭义上来理解就是学会运用学习策略、学习方法,养成良好的学习习惯。更高层次上来理解就是学生充分发挥主体作用,认真探索学习策略和学习方法,促进自身潜能的开发。培养学习者学习迁移的能力,学会举一反三、融会贯通,有利于学生学会学习。这样,学生就能够恰当运用和迁移自身原有的知识和技能,从而能够更快地适应新的环境,更好的发展自己。

(三)有助于学生创新能力的形成

创新能力是运用知识和理论,在不同的领域产生新思想、新理论、新方法和新发明的能力。创新能力的形成固然需要一定的知识作为基础,但是还依赖于所掌握知识和技能的不断概括化、系统化,能够使知识和技能不断向前延伸,也即运用迁移使知识和技能所能发挥的作用最大化。善于创新的人不仅要有丰富的知识,还需要敏锐地发现事物之间的联系。学习迁移是向能力转化的关键。知识的类化过程只有在学习的迁移中才能实现。因此,学习迁移对于提高解决问题的能力具有促进作用,是迈向创新的重要环节。试举一个通俗的例子:鲁班在手指被茅草割破后受到启发,将其原理迁移,最后发明了锯子。

第四节 学习策略与学习方法

案例展示

好学不如巧学

吴文俊是中国著名的数学家,1949 年在法国斯特拉斯堡大学取得博士学位。在拓扑学的示性类和示嵌类、数学机械化等领域中作出了重要贡献,后者得益于他对中国数学史的研究。这是近代数学史上的第一个中国原创的领域,被国际上称为"吴方法",曾荣获首届国家科学技术奖。吴之俊在少年时代就十分注重学习方法,一次数学课上,老师详细讲解了一道几何题的解析过程,他并不满足听懂老师的讲课,而是充分调动自己的思维,把以前所学的总结归纳,用了三种方法将老师讲的这道题做了出来。他在上课时认真将老师讲的精华部分记录下来,课后加以整理,进行归类。用红色笔记概念、方法,蓝色笔记解题的过程。在复习时,他只要看看笔记,就能有条理、有重点复习学过的知识。

学生的学习如果要取得成效,除了有较强的学习动机,并为此付出努力之外,还要注意掌握学习策略与学习方法。当前,学校教育活动正经历着从关注"教师的教"向关注"学生的学"的转变,在此背景下,强调研究教学策略、教学方法的同时,强调研究学习策略与学习方法,这也是近年来心理学研究的热门话题。指导学生的学习活动,首先必须认识学习策略与学习方法的内涵,在此基础上指导学生掌握科学的学习策略与学习方法。

一、学习策略与学习方法的内涵

学生的学习离不开学习策略与学习方法的学习,从表面来看二者好像是一回事,其实它们有着相似之处的同时,还存在着较大的差别。

(一)学习策略的定义

对学习策略的利用水平是衡量学生学习能力的重要标准,同时也是影响学生学业成绩的重要因素。一般来说,学业成绩优良者通常具有较好的学习策略。那么,学习策略从何而来?是教师的传授还是学生的体悟?这就需要首先明晰学习策略的定义。

在我国古代,"策略"一词还未与"学习"结合起来使用,但实际上已有关于学习策略的相关论述。如教育家孔子的"学而不思则罔,思而不学则殆"思想辩证地体现了学与思的结合的学习策略。

关于什么是学习策略,到目前为止还没有一个得到完全公认的定义。不同的学者提出不同的观点。例如,尼斯比特等人的"六成分说"认为学习策略包含六种成分:质疑、计划、调控、审核、修正、自评。温斯坦的"四成分说"认为学习策略包含四种成分:认知信息加工策略,如精加工策略;积极学习策略,如自我检查;辅助性策略,如处理焦虑的办法;元认知策略,如监控新信息的获得。迈克卡等人则认为学习策略中包括着认知策略、元认知策略和资源管理策略三个大的部分。在诸多概念表述中,如果加以归纳,可以大致分为三个类别。其一,将学习策略视为学习的规则系统;其二,将学习策略视为学习的过程与步骤;其三,将学习策略视为具体的学习方法与技能。

尽管关于学习策略的表述互有分歧,但它们都从不同侧面揭示了学习策略的特征。在此基础上,可以认为,学习策略是指学生在学习活动中用来保证有效学习而有计划、有意识地提出的整体学习方案。

学习策略有不同的分类体系,一般认为,学习策略包括注意策略、记忆策略、精加工策略、组织策略以及自我调节策略等。

(二)学习方法的定义

爱因斯坦有一个著名的公式,即"成功=刻苦努力+方法正确+不说空话"。方法的重要性不言而喻。方法一般是指具体化、操作化了的方式和措施,某种程度上可以看做是策略的具体化。方法是根据研究对象的规律,在理论与实践两个方面把握对象的一种形式,是认识世界与改造世界的工具与手段。但是,方法是在一定原则的指导下在总结经验的基础上形成的,因此又具有一定的独立性,当然,其形成和运用受到策略的影响。从这个意义上说,学习方法就是学习者在具体的学习活动中,为达到一定的学习目的而采取的各种手段与措施。

学习方法作为完成学习任务的手段和措施,具有以下特征。第一,学习方法应当符合学习规律,总是指向学习目标与任务,能够针对不同的学习内容选择不同的学习方法。第二,学习方法应具备一定的可操作性,在某种意义上,学习方法就是一系列学习的有效步骤,类似于操作性较强的程序。第三,学习方法有利于提升学习效率,其检验的标志就是运用学习方法以后学习的效果如何。第四,学习方法使用的效率还在于能够重复运用,能够在处于相近的学习情境,学习相近的学习内容甚至是跨学科的内容时迁移。

(三)学习策略与学习方法的关系

1. 学习策略与学习方法的共同之处

(1)对它们的探讨都是从学习者学习的角度提出的,都是为了从理论与实践的层面指导学生开展有效的学习活动。它们是学习者在学习时有明确的学习目的,有意识地充分发挥自己学习的资源优势,以一定的具体的操作或手段进行高效的学习活动。

(2)学习策略和学习方法从来就是与学习活动紧密联系的,表现为源自于学习,又服务于学习。在实践应用中不断接受检验,并加以调整完善,最终体系化,形成适合于学习者的策略与方法。

(3)学习策略和学习方法是学习成功的前提条件,也是学习的目的,为什么这么说呢？学习者的学习,应当也将学习策略与学习方法本身的学习纳入到学习内容中去,一旦习得,将为学习者的终身发展创造良好的条件。

(4)学习策略与学习方法都属于心智操作的范畴,都是为了实现学习目标,解决学习问题而采取的"程序",可以细化为一系列步骤。

值得提及的是,学习方法也是影响学习策略的重要因素:它不仅决定着学习策略实施的基本途径和活动方式,而且还影响着学习策略的实施效果。因此,学习策略要高度重视学习方法的选择和运用,通过对学习方法的精心选择和优化组合去促进学习策略的优化与完善。

2. 学习策略与学习方法的不同之处

学习策略与学习方法又不完全等同,我们可以从以下几个方面进行认识。

(1)学习策略既有宏观的,又有相对微观的;既有抽象的,也有相对具体的,既与具体学习任务发生联系,也与一般学习过程相联系。学习方法则较为微观、具体,往往与学习任务有着较为直接的联系。

(2)学习策略比较灵活,包括了监控、反馈等学习过程,是学习者基于对学习任务的认真分析,以及对自己学习特点的分析与综合后形成的方案。学习方法往往需要在一定的学习情境中不断运用、进而熟练掌握。

(3)学习策略是学习者在学习规律的指导下,指向学习活动的最优化。学习方法则由于服务于直接的学习任务,在总体来看未必达到最优化。

(4)学习方法属于一种程序性知识,它更关注的是如何去做；而学习策略属于策略性知识,它更关注的是为什么要这样做,以及怎样才可以做得更好。

二、学习策略的指导

(一)学习策略指导的意义

当前以及今后的社会是一个学习化社会,一个人要得到良好的发展,就必须成为一个终身学习者。学生作为以学习为主要任务的人,更应当重视学习。但是,在校期间的学习时间总是有限的,步入社会仍然需要自主学习,这就需要建构起属于自己的学习策略。何况即使在校学习期间,学习策略也是进行有效学习的必要条件。学生不只是学习知识、技能,还要学会学习,因此,对学生学习策略的指导就是一种必然的选择。

学习策略是学习者的一种信息加工活动,是对关于学习所涉及的具有一定全局性、长远性、根本性的问题。它包含了学习者对学习问题的思考、理解、判断与谋划,例如形成学习目标、制定学习计划、选择学习方法等,还包括如何对计划进行科学的实施、反馈和修正。可见,习得学习策略对于学生的学习是非常重要的,学生对学习目标的认知、对学习状态的调整、对学习方法的运用都可以得到教师的指导。尤其是在学生不能自主建构学习策略的时候,这种指导的意义更为突显。

(二)影响学习策略效果的因素

1. 学习者的特点

学习者是学习活动的主体,不同年龄阶段的学习者,其学习策略的发展水平存在着较大的差异。必须考虑学习者的自身情况,只有符合学习者的年龄特征、兴趣、需要和学习基础的学习策略才能真正达到我们期望的目标。学习者的现有知识基础、智力发展水平、学习动机、认识方式等因素直接制约着对学习策略的选择。因此,必须认真分析研究学习者的特点。学习策略的选择超出了学习者思维发展的阶段,就可能起不到应有的作用。例如,学习策略中常用的复述策略,对于5岁以下的儿童就不适宜。而对于6~7岁的学习者来说,在合理的指导下,他们可以运用复述策略,但是仍然不能独立使用。11~12岁的学习者则能够自觉运用这一策略。

2. 学习者对学习策略的领会水平

不同的学生对于学习策略有着不同的领会水平,例如,有学生在面对学习任务时,表现得比较自信,不仅在知识与技能的数量方面占优势,更重要的是具有良好的学习策略领会能力,能够有效地驾驭这些策略。显然,这些学生在学习时表现出有计划性、善于反思,他们对学习任务较为敏感,知道在学习时应当选择何种策略,并能够在运用策略过程中不断加以反思、调整。

3. 学习策略的适用范围

学习策略的形成、选择以及运用,需要学习者依据学习的性质、学习的内容、自身已有的学习条件等实际情况加以分析、综合,进而进行方法的选择与确定。但是,学习者必须明确,任何策略都不是万能的,学习策略也是如此。在一定范围内适用的学习策略一旦超越这个范围可能就是低效的甚至是无效的。学习策略有着鲜明的的情境脉络,适合的策略才是好的策略。合理学习策略的选择体现了学习者对学习规律的思考与把握和程度,反映了学习者思维能力和水平。

(三)学习策略指导的过程

20世纪中期,人们就开始关注学习策略在学生学习过程中的运用。学习策略的指导方式应当是怎样的?是单纯的学习策略指导还是结合学科教学进行?人们为此进行了不懈的探索,并积累了不少切实可行的经验。

1. 专门指导与学科渗透相结合

学习策略无疑有助于学生的学习,特别是自主学习。缺少学习策略的学习是不能称为自主学习的。学习策略并不局限于具体的方法与要求,因此,学习策略具有抽象、一般的属性。通过形式训练的方式进行专门的指导,是不依托于具体的学习内容而言的。这样做的优点是概括性强,理论上讲能够适应不同的学习任务,但实际上脱离具体的内容进行学习策略的指导往往容易导致形式化倾向。实践证明,一味讲求运用专门的学习策略课程来促进学习策略的形成往往收效甚微。在学科教学与学习中渗透学习策略的指导成为一种主流,但也要防止沉迷于具体的运用,而不能升华、概括,从而缺乏系统性。因而,专门指导与学科渗透相结合是一个较好的选择。

2. 把握学习策略形成的时机

不同的学习策略形成的时机是不同的,学习策略的指导要注意抓住关键期。例如,操作性的知识在习得早期,比较容易改进,但是如果通过多次练习达到自动化程度,也即形成了行为习惯,再想改进就比较困难。这就表明,学习策略的指导要及时进行。太早或太迟都会严重影响学习策略指导的实效。教师要在学习策略指导前充分了解学生的初始状态,并为不同的学生确定不同的学习策略形成的目标。

3. 进行策略示范

学习策略不同于具体的学习方法,具有一定的抽象性,教师可以借助于一定的学习材料,向学生进行学习策略使用的示范,包括对具体步骤的运用条件与范围的介绍,从而让学生明确使用的过程,理解学习策略使用的可行性,不断积淀学习策略,并能够依据不同的学习任务在众多的学习策略中灵活选择合适的学习策略,最终形成综合运用学习策略的能力。在示范使用的过程中让学生充分体验学习策略的价值,是十分必要的。

4. 学习策略的运用、反思与评价

学习策略的指导是一个特殊的过程。教师首先应当发展学生的一般能力,掌握基本的学习方法。在此基础上,要求学生依据个人的特点将学习策略内化,在具体的学习任务中充分实践,不断验证,逐渐形成自己的学习策略。教师要精选适合于学习策略形成的学习材料,不断训练,使学生能够达到熟练的水平。在策略使用过程中,教师要指导学生有意识地反思所运用的策略是否很好地适合当前的学习任务,可以作何种修正,体会学习策略的运用范围,并促进学习策略的迁移。经过一段时间的指导,教师要组织学生对以往的学习策略进行评价,分析策略的有效性,使学生认同学习策略,创新学习策略。

三、学习方法的指导

古往今来,积累了大量的学习方法。这些方法之所以经常被采用,主要是因为它们都有重要的使用价值,能够较好地提高学习效率。但是,对于学习者个体来说,学习方法又不能凭空产生。这是一个不断模仿、理解、吸收、生成的过程。此外,任何学习方法又不是万能的,都要求有一定的适应范围与条件,一旦超出这个范围与条件,学习方法就可能失去它的效用。加强对学习者的学习方法的指导可以使他们少走弯路,加深对学习方法的理解,最终实现融会贯通。

(一)学习方法指导的意义

学习方法指导就是要教给学习者一些学习的方法,鼓励他们采用适合于自己的方法,主动地进行学习,通过最优途径,学生会形成学习方法体系,并获得选择和运用适当的学习方法进行有效学习的能力。

1. 学习方法是培养学习能力的需求

学生的学习是其终身发展的前提与基础。学会学习不仅是实现学习者主体地位的需要,也是当前教学方法改革的一项重要内容。如何使学生成为学习的主人,其中一个主要的举措就是要大力研究教法与学法的关系,将重心从教法转移到学法上来。加强对学习方法的研究以及加强对学习方法指导的研究已经成为学习理论研究的重要课题。笛卡尔说过:"最具有价值的知识就是关于方法的知识"。贝尔纳则说过:"良好的方法能使我们更好地发挥天赋的才能"。因此,进行学习方法指导是最大限度地培养学生学习能力的必然要求。

2. 学习方法是充分发挥内因的需求

众所周知,外因是变化的条件,内因是变化的依据,外因通过内因起作用。指导学习方法其实就是对外因与内因的一种定位。正确处理内因与外因的关系,就要求让学生成为学习的主人,指导者此时是学习者的引导者、帮助者、促进者。在强调培养创新型人才的今天,获取新知识、自主培养能力是基本的要求。学习方法的掌握使学生这个内因发挥作用的前提。

(二)学习方法指导的原则

原则能够起着指导和制约的作用,它是人们在总结实践经验基础上,根据一定的目的和规律的认识而制定的基本准则。学习方法的指导如果遵循一定的原则可以加速教学进程,提高学习效果。常见的学习方法指导的原则有以下几个方面。

1. 针对性原则

学习方法的指导必须依据学生的实际特点以及学习目的与内容,针对性地加以指导。例如,我们必须充分考虑学习者的年龄特征。就以小学生来说,他们的认知水平有限,抽象思维还比较欠缺,注意的持久性较差,在关注小学生的现有知识基础、智力发展水平、学习动机、认识方式等因素的基础上,侧重对他们的较为具体的学习技能的培养,有利于良好学习方法的形成。即使同一年龄阶段的学生,由于学习类型的差异,也需要采取不同的学习方法的指导形式。对于知识基础较好,学习态度较为端正,相对比较优秀的学生,可以采取帮助其加以总结,充分发挥其主体性。相反,在对于那些学习目的不明确、学业水平较差的学习者来说,首先要做的是解决其学习兴趣、态度问题,进而进行具体学习方法的指导。

2. 启发性原则

学习是一个主体建构的过程,学习方法更需要学习者自身进行体验与生成。启发性原则就是指在学习方法的指导过程中必须要承认学习者的主体地位,引导他们进行独立思考,注意调动他们学习的积极性、自觉性和主动性,提高分析、解决学习问题的能力。"不愤不启,不悱不发","愤者,心求通而未得之状也;悱者,口欲言而未能之貌也"。学习者学习方法也是习得的,在他们还没有进入积极的思维状态,尚未达到似有所悟,可以暂先不直接告知,而是引导他们独立思考,自己体悟,通过启发而不是灌输所习得的学习方法才容易被内化,并得到灵活使用。

3. 实践性原则

在进行学习方法指导时,要紧密围绕学习者的学习活动,而不能单纯地进行理论阐述或理论灌输。理论固然重要,但要做到理论联系实际,这是人类认识活动的普遍规律之一。学习活动是一个实践的过程,指导学习者习得学习方法,就要注意在学习实践中理解、运用学习方法,达到学懂会用、学以致用。例如,指导记忆的方法,就要提供科学的记忆方法,并要求学习者进行大量记忆训练,从中掌握记忆的方法。另外,还要注意,根据不同学生的实践,鼓励形成适合自己的学习方法。

(三)学习方法指导的过程

1. 帮助学生制定学习计划

凡事预则立,学习者的学习也是如此。制订学习计划的意义在于使学习有着明确的目标,对学习结果有明确的期待。学习计划的内容主要包含学习的目标、任务、实施步骤、时间安排等。学习计划有利于良好学习习惯的形成,从而真正提高学习效率,避免时间的浪费。在指导学生时要注意以下几点。第一,学习计划要全面具体。为了确保学习任务的完成,要多考虑学习的具体安排。例如,要安排好学习时间。第二,从学习实际出发。学习计划不是学习的点缀品,必须依据学习的实际情况,否则在执行计划时会面临许多困难,导致计划无法得到实施。第三,学习计划要留余地。学习、生活总会有一些不能预料的因素,例如,学习的各种条件发生了变化。此时,学习计划即使再实际,也可能出现难以完成的现象。为了保证计划的实现,学习计划要留有机动时间,目标也不要订得过高。第四,对学习计划适时调整。在计划执行到一定阶段以后,就应当检查一下学习效果如何,以便及时调整计划,使之更加切实可行。

2. 指导学生合理安排时间

在学习计划制定好以后,就有一个执行的问题,其中关于时间的安排又是计划执行的重中之重。事实上,如何安排时间不仅是学习所要面对的问题,也是一个现代社会公民需要认真面对的问题。对社会成功人士的调查研究发现,他们对于时间的掌握与控制能力较强。那么,对于学生来说,合理安排时间,进而提高学习效率是一个必然的选择。首先,要指导学生明确学习的目标与计划,就要对学生以往时间利用的习惯与效率进行客观的分析,要求学生在心理与行为上为学习做好准备,具体来说,在心理上准备就是一种面对学习的良好心境,使学习状态调整到最佳;在行为上准备就是整理好学习用品,对学习环境充分适应。其次,做时间分段安排,尤其要充分利用好优势的时间段,注意劳逸结合,勇于反思,对一个时期学习时间的安排情况作出总结,调整时间的分配方式。当然,对于学生来说,不可能完全能够安排所有学习时间,必定受到学校、家长等的影响,因此合理利用零星的时间是十分必要的。

3. 引导学生自主选择学习方法

学习方法相对于学习策略更加具体,因此更多地依靠模仿、练习等操作性行为,在此基础上加以归纳总结,认真体悟。学习方法有着鲜明的工具性,既然是工具,就必然存在是否需要使用工具,使用什么工具,怎么使用工具更具效率等一系列具有选择性的问题。在指导时要注意以下几点:其一,指导学生在具体的学习情境中掌握具体的学习方法。如在语文课程的学习中掌握字词学习的方法、文章阅读的方法、写作的方法等。对于英语课程的学习则要掌握听、说、读、写、译的方法。其二,在掌握具体学习方法的基础上,引导学生体会不同学习方法的使用范围与条件。其三,面对不同学习任务尝试已有的学习方法,如果不能较好适应,则指导学生创新思路,探索新的学习方法。在指导时,要尊重学生的选择,允许学生有不同的理解,让他们学会分辨不同观点的正误。

练习与思考

一、填空题

1. 认知派教育心理学家奥苏伯尔将学习分为有意义学习和_____两种。

2. 有意义学习就是学习者运用原有经验,使新知识与学习者原有认知结构的适当观念之间建立"_____"和"_____"的联系。

3. 根据学习动机的动力来源,心理学可以将学习动机划分为_____动机与_____动机。

4. 奥苏伯尔认为,学校情境中的成就动机主要由以下三个方面的内驱力组成,即认知内驱力、自我提高内驱力和_____内驱力。

5. 负迁移也叫"_____迁移",是指一种学习对另一种学习起干扰甚至抑制作用。

6. _____迁移是指先前学习对后继学习发生的影响。

7. 学习汉语拼音后会对学习英语产生影响,这属于学习的_____现象。

二、选择题

1. 以美国哈佛大学心理学家布鲁纳为代表的学者大力提倡（　　）学习。
   A. 有意义学习　　B. 机械学习　　C. 接受学习　　D. 发现学习
2. 韦纳认为，学习动机中"稳定的内部因素"是指（　　）
   A. 努力　　　　B. 能力　　　　C. 任务难度　　D. 运气
3. 以下说法正确的是（　　）。
   A. 应当以外部动机为主，内部动机为辅
   B. 应当更多地给成绩好的学生奖励，作为强化
   C. 老师应根据学生学习动机的差别，鼓励学生的学习
   D. 激励学生学习的最好方法就是开展竞赛
4. 有关学生动机的培养，说法正确的是（　　）。
   A. 为学生选择的榜样越优秀越好
   B. 给学生的建议不应太具体，越抽象越好
   C. 可以帮助学生把对某一学科的兴趣迁移到另一学科上
   D. 告诉学生失败都是由于外部因素导致的
5. 以下哪种学习动机属于内部动机（　　）
   A. "万般皆下品，唯有读书高"　　B. "书中自有颜如玉，书中自有黄金屋"
   C. 读书是一种乐趣　　　　　　　D. "为中华之崛起而读书"
6. 已经获得的知识、动作技能、情感和态度等对新的学习的影响称为学习的（　　）。
   A. 迁移　　　　B. 动机　　　　C. 策略　　　　D. 技巧
7. 一种学习对另一种学习起到积极的促进作用的迁移称为（　　）。
   A. 负迁移　　　B. 正迁移　　　C. 横向迁移　　D. 纵向迁移
8. 由于处于同一概括水平的经验之间的相互影响而发生的迁移称为（　　）。
   A. 顺向迁移　　B. 逆向迁移　　C. 水平迁移　　D. 垂直迁移
9. 根据迁移的不同抽象概括水平可分为（　　）。
   A. 正迁移与负迁移　　　　　　　B. 同化性迁移与顺应性迁移
   C. 水平迁移与垂直迁移　　　　　D. 一般迁移与具体迁移

三、判断题

1. 广义学习是人与动物所共有的。（　　）
2. 倡导有意义学习并不否认机械学习的价值。（　　）
3. 学习动机只对学习活动的发起起作用。（　　）
4. 根据迁移发生的方式，迁移又可分为特殊迁移和非特殊迁移。（　　）
5. 原有的认知结构的概括水平对迁移起至关重要的作用。（　　）
6. 一般而言，经验的概括水平越高，迁移的可能性越大，效果越好。（　　）
7. 学习策略就是学习方法。（　　）

四、名词解释

1. 广义学习与狭义学习
2. 有意义学习
3. 发现学习

4. 学习动机

5. 学习迁移

6. 顺向迁移

7. 学习策略

五、简述题

1. 什么是学习？动物学习和人类学习有何不同？

2. 如何培养学生的学习动机？

3. 影响学习动机形成的因素有哪些？

4. 影响学习迁移的因素有哪些？

5. 简述迁移在教育中的意义和作用。

6. 如何在学习策略方面给予学生指导？

六、讨论题

1. 学业成功与失败是学生学习中经常遇到的,联系实际谈谈怎样对学生进行成就归因训练。

2. 联系实际论述在教学工作中如何促进学习迁移。

拓展性阅读推荐

1.（日）古市幸雄. 每天坚持30分钟[M]. 龙利方,译. 北京：金城出版社,2009

2. 施良方. 学习论[M]. 北京：人民教育出版社,1994.

参考文献

[1]张厚粲. 大学心理学[M]. 2版. 北京:北京师范大学出版社,2001.
[2]彭聃龄. 普通心理学[M]. 4版. 北京:北京师范大学出版社,2012.
[3]朱智贤. 心理学大词典[M]. 北京:人民教育出版社,1989.
[4]叶奕乾,等. 普通心理学[M]. 4版. 上海:华东师范大学出版社,2010.
[5]叶浩生. 心理学史[M]. 北京:高等教育出版社,2007.
[6]梁宁建. 基础心理学[M]. 北京:高等教育出版社,2004.
[7]沈政,林庶芝. 生理心理学北京[M]. 2版. 北京大学出版社,2007.
[8]Richard J. Gerrig,Philip G. Zimbardo. 心理学与生活[M]. 王垒,王甦,译. 北京:人民邮电出版社,2005.
[9]彭聃龄. 普通心理学[M]. 4版. 北京:北京师范大学出版社,2012.
[10]叶奕乾,等. 普通心理学[M]. 4版. 上海:华东师范大学出版社,2010.
[11]桂守才. 基础心理学[M]. 北京:人民教育出版社,2007.
[12]梁宁建. 基础心理学[M]. 北京:高等教育出版社,2004.
[13]阳红,等. 心理学新编[M]. 武汉:华中师范大学出版社,2006.
[14]彭聃龄. 普通心理学[M]. 4版. 北京:北京师范大学出版社,2012.
[15]叶奕乾,等. 普通心理学[M]. 上海:华东师范大学出版社,2010.
[16]桂守才. 基础心理学[M]. 北京:人民教育出版社,2007.
[17]张厚粲. 大学心理学[M]. 2版. 北京:北京师范大学出版社,2001.
[18]杨治良. 记忆心理学[M]. 2版. 上海:华东师范大学出版社,1999.
[19]李林,杨治良. 内隐记忆研究的新进展:概念、实验和模型[J]. 心理科学,2004,27(5):1161-1164.
[20]杨治良. 内隐记忆的初步实验研究[J]. 心理学报,1991(2):113-119.
[21]彭聃龄. 普通心理学[M]. 4版. 北京:北京师范大学出版社,2012.
[22]叶奕乾,等. 普通心理学[M]. 4版. 上海:华东师范大学出版社,2010.
[23]桂守才. 基础心理学[M]. 北京:人民教育出版社,2007.
[24]王雁. 普通心理学[M]. 北京:人民教育出版社,2003.
[25]阳红,等. 心理学新编[M]. 修订版. 武汉:华中师范大学出版社,2006.
[26]张厚粲. 大学心理学[M]. 2版. 北京:北京师范大学出版社,2001年
[27]黄希庭. 心理学导论[M]. 2版. 北京:人民教育出版社,2007.
[28]王甦,汪安圣. 认知心理学[M]. 北京:北京大学出版社,1992.
[29]梁宁建. 当代认知心理学[M]. 上海:上海教育出版社,2007.
[30]黄希庭. 心理学导论[M]. 北京:人民教育出版社,2001.
[31]彭聃龄. 普通心理学[M]. 广州:广东高等教育出版社,2004.

[32]张积家.普通心理学[M].广州:广东高等教育出版社,2004.

[33]叶奕乾,等.普通心理学[M].修订版.上海:华东师范大学出版社,1997.

[34]阳红,等.心理学新编[M]修订版.武汉:华中师范大学出版社,2006.

[35]克里斯汀·韦尔丁.EQ情商[M].天津:天津教育出版社,2011.

[36]M·艾森克.心理学——一条整合的途径(下)[M].上海[M]:华东师范大学出版社,2000年

[37]Dennis·Coon.心理学导论——思想与行为的认识之路[M].9版.北京:中国轻工业出版社,2004.

[38]罗伯特·所罗门.幸福的情绪[M].北京:中国人民大学出版社,2011.

[39]阳红,等.心理学新编[M]修订版.武汉:华中师范大学出版社,2009.

[40]梁宁建.基础心理学[M]2版.北京:高等教育出版社,2011.

[41]彭聃龄.普通心理学[M]4版.北京:北京师范大学出版社,2012.

[42]叶奕乾,等.普通心理学[M]4版.上海:华东师范大学出版社,2010.

[43]桂守才.基础心理学.[M]北京:人民教育出版社,2007.

[44]蔡笑岳.心理学.[M]北京:高等教育出版社,2007.

[45]Richard J. Gerrig,Philip G. Zimbardo.心理学与生活[M].王垒,王甦,译.北京:人民邮电出版社,2005.

[46]彭聃龄.普通心理学[M].北京:北京师范大学出版社,2012.

[47]付建中.普通心理学[M].北京:清华大学出版社,2012

[48](美)罗伯特·费尔德曼.普通心理学[M].北京:人民邮电出版社,2004

[49]Richard J. Gerrig,Philip G. Zimbardo.心理学与生活[M].王垒,王甦,译.北京:人民邮电出版社,2005.

[50]彭聃龄.普通心理学[M].北京:北京师范大学出版社,2012.

[51]付建中.普通心理学[M].北京:清华大学出版社,2012.

[52](美)罗伯特·费尔德曼.普通心理学[M].北京:人民邮电出版社,2004.

[53]彭聃龄.普通心理学[M].北京:北京师范大学出版社,2004.

[54]施良方.学习论[M].北京:人民教育出版社,1994.

[55]刘国权.小学教育心理学[M].北京:人民教育出版社,2004.

[56]张大钧.教育心理学[M].北京:人民教育出版社,1999.